对看到停不住的中国史

三国

史壮宁 著

北京理工大学出版社
BEIJING INSTITUTE OF TECHNOLOGY PRESS

版权专有　侵权必究

图书在版编目（CIP）数据

好看到停不住的中国史. 三国 / 史壮宁著. — 北京：北京理工大学出版社，2022.5

ISBN 978-7-5763-1186-0

Ⅰ.①好… Ⅱ.①史… Ⅲ.①中国历史—通俗读物②中国历史—三国时代—通俗读物 Ⅳ.①K209②K236.09

中国版本图书馆CIP数据核字（2022）第050653号

出版发行 /	北京理工大学出版社有限责任公司
社　　址 /	北京市海淀区中关村南大街5号
邮　　编 /	100081
电　　话 /	（010）68914775（总编室）
	（010）82562903（教材售后服务热线）
	（010）68944723（其他图书服务热线）
网　　址 /	http://www.bitpress.com.cn
经　　销 /	全国各地新华书店
印　　刷 /	三河市华骏印务包装有限公司
开　　本 /	710毫米×1000毫米　1/16
印　　张 /	18.5
字　　数 /	216千字
版　　次 /	2022年5月第1版　2022年5月第1次印刷
定　　价 /	60.00元

责任编辑 / 朱　喜
文案编辑 / 杜　枝
责任校对 / 刘亚男
责任印制 / 李志强

图书出现印装质量问题，请拨打售后服务热线，本社负责调换

目录

后汉哀歌

怒怼残暴董卓的袁绍，原来是一条硬嘎嘎的血性汉子！ / 002

"吾有上将潘凤，可斩华雄"，段子背后能读出哪些内涵？ / 005

董卓是中国历史上被"点天灯"的第一人？他死前有什么预兆？ / 009

卧底的美女貂蝉并不姓貂，真正操纵她的幕后黑手是曹操！ / 011

有人当面直言曹操是奸雄，曹操能把他怎么样？ / 013

吕布：什么三姓家奴？要说反复无常，我哪能比得上大耳贼刘备！ / 015

三国第一猛将吕布从没用过方天画戟？豪杰枭雄们用的都是手戟？ / 018

刘备在谈笑间就把吕布玩死了，他究竟败在哪里？ / 022

刘备的老同学差点统一了北方，怎么在空中楼阁上自焚了？ / 029

曹操派刺客刺杀刘备，如何被诸葛亮慧眼识破？ / 033

您心里的太平盛世什么样？"奸雄"曹操有一个美好答案 / 036

曹操怎么不嫉妒关羽的武功？杨修之死暗藏宫斗玄机 / 038

三国北方绝代美女，与江南二乔齐名，曹氏父子三人都被俘虏 / 041

铜雀台是用来窝藏美女的？这首诗让人误解了曹操 / 046

曹操的身高只有一米六？ / 050

曹操能挥剑搏杀数十人，这个文学家竟然会武术？ / 053

因为这两件事，曹丕的名声臭了，可他真的有点冤 / 058

曹操把中医害惨了？华佗烧掉的书是不是《黄帝外经》？ / 063

华佗是印度人？陈寅恪先生欠考虑了吧？ / 069

英雄见英雄，刘备第一次见孙策有什么奇怪的举动？ / 073

三分天下

刘备才是扫地僧？一个只会哭的皇N代如何让关张诸葛信服？ / 076

过五关斩六将都是虚的，关二爷追随流亡江湖的大哥最让人景仰 / 080

有人弱弱地问：82斤的青龙偃月刀，关老爷真舞得动吗？ / 084

孙权拿着瓶子往下倒，在舍利的冲击下，铜盘竟然破了 / 086

江湖老牛与卧底嫩草的对弈——刘备那段让人欲说还羞的婚姻 / 090

蜀主刘备是条克妻的硬汉，只有二婚的吴皇后命大 / 093

周瑜本是五好大丈夫，奈何中了《三国演义》的枪 / 098

司马懿活捉诸葛亮后得意地说：我就喜欢边弹边唱，来！拿琴给他 / 103

赵云才是玩"空城计"的高手，哪一战把刘备推上汉中王的宝座？ / 106

有人说刘备不重用赵云，这笑话从何说起？ / 109

关羽看不起马超，不是因为武功，而是因为这两件事 / 114

山西名将如何击败关羽？曹操狂赞：胜过孙武！/ 116

孙权派人为子求亲被关羽辱骂，说明三国时期北方人瞧不起南方人？/ 120

以关公的个性，丢了荆州，只有以死来报答他的大哥了 / 125

从老版《三国演义》关羽牌位上写的"五虎大将"说起 / 129

曹操给诸葛亮写了一封只有11个字的信，什么目的？/ 133

都说曹操好色成性，为什么放过了美女蔡文姬？/ 138

如果诸葛亮投了曹操，能否碾压司马懿？/ 145

一代名将关羽为什么会败在"吴下阿蒙"的手上？/ 151

关羽之死刘封有什么责任？他被赐死是因为诸葛亮的一句话 / 155

叫板专家：谁说周仓将军是虚构的？就因为正史里没有记载？/ 160

诸葛亮的石头可挡十万精兵？揭秘神秘莫测的"八阵图"！/ 163

木牛流马其实是她的原创？诸葛亮的老婆比他厉害？/ 166

诸葛亮在司马光的眼里竟然是一个"寇"？/ 169

论喝酒及如何借酒观人，请看诸葛亮怎么说 / 171

三国绝响

孔明和刘备的最大败着，苏东坡父子三人批得很尖锐 / 176

周瑜英雄一世，怎么有这么败家的纨绔儿子？/ 179

气死刘备又气死曹休的那位强人，是怎么被孙权气死的？/ 181

从数据来看真实的三国时期三大战役之夷陵之战 / 189

专家说：张飞慈眉善目，没长胡子，可能是"通诗文之美男子"？/ 193

山西解州关帝庙里被烧掉的秘密——张飞像与一截枯木 / 197

也说《军师联盟》：张春华哪里是"猛张飞"，
都被司马懿冷落羞辱得要绝食自杀了 / 199

看看刘备刘邦吴起勾践之流，当普通人还是当枭雄，你真想好了吗？ / 201

照亮曹魏史册的十大山西名将，个个故事精彩 / 205

关羽身高如易建联，吕布如姚明，那五虎上将可以组队打NBA了！ / 212

诸葛亮说魏延"脑后有反骨"，真相究竟如何？学点相骨术 / 215

刘备和孔明都很器重的蜀国大将，为何罗贯中轻描淡写？ / 218

诸葛三兄弟效忠三个国家，个个封侯，是有意安排的？ / 221

感天地泣鬼神，数百兄弟愿意随他而死，此人竟是诸葛亮的兄弟？ / 225

诸葛亮的《前出师表》自说自话，没有考虑到后主刘禅的感受？ / 229

孙权既是东吴的开国者，也是东吴的掘墓人 / 235

孙权，原来你是这样的一朵江南奇葩 / 242

诸葛亮的把兄弟名盖江东，可惜被小心眼孙权气死了 / 248

自称比诸葛亮还聪明的天才，何以招来灭门之祸？ / 252

诸葛亮和姜维的北伐战争是个伪命题？ / 257

姜维的克星、蜀国的难星，竟是这个放牛娃出身的人 / 262

诸葛亮的继任者并不差，只是天不佑蜀罢了 / 266

力主蜀汉投降，谯周是对是错？刘禅为什么听他的？ / 271

司马懿率军日行三十里？曹操为何说善于奇袭的夏侯渊不会用兵？ / 276

想不到刘备和诸葛亮都有这么血性刚烈的孙子！ / 279

人才济济的蜀国为什么死得最快？用数据说话 / 285

后汉哀歌

壹

◆

处处烽火刀枪,纷纷魑魅魍魉

开卷细看,此是修罗道场

◆

怒怼残暴董卓的袁绍，原来是一条硬嘎嘎的血性汉子！

还是受了《三国演义》的影响，大家印象里袁绍背景强大，是靠着家族势力发展起来的，他本人被描写得优柔寡断，虽然手下能人很多，但不会用，最后坐失良机，浪费了大好局面。

其实，历史上真正的袁绍远不是这样，他出身好，人长得有威仪不说，其威望之高，要说在北方可以一呼百应，绝不是浪得虚名。要不，关东讨伐董卓的联军怎么会众口一词推举他为盟主？他能拥有冀州、青州、幽州，那是自己白手起家一步步打下来的，要是没有一点杀伐手段，根本就办不到。就拿他和弟弟袁术捕杀宦官赵忠等这一节来说，两千多颗人头落地，连有些没长胡子的人也杀了，他这是当断则断，谁能说他"好谋无决"？

最让本人佩服袁绍的第一件事是他至孝。

袁绍的母亲亡故，他结庐墓侧，麻衣守孝三年，接着"又追行父服"，意思是再为父亲守孝三年，因为他生下来时父亲就去世了，他在襁褓之中没有完成此礼，于是他守冢庐整整六年。仅此一点，就不能不令人对他刮目相看！

第二件事是董卓进京之后，残暴杀虐，人心惶惶，道路以目，但是袁绍不惧他。

当时，董卓对袁绍曰："皇帝冲暗，非万机之主。陈留王犹胜，今欲

立之。"意思是这皇帝太糊涂，我想换陈留王继位，你看怎么样？

骄横的董卓绝想不到，一向温雅的袁绍竟勃然大怒，厉声说："天下健者，岂惟董公？"

这天底下有本事的大神难道只有董公你吗？

真是气宇轩昂，光明磊落。接下来，他表现出来的气场也非常强大——

"横刀长揖径出，悬节于东门，而奔冀州。"

袁绍站起身来，横握着刀，对着董卓一拱手，然后扬长而去！

一向杀人不眨眼的董卓被正气凛然的袁绍怼得呆了，他竟然不能把袁绍怎么样。袁绍出逃冀州，马上组织联军就来攻打董卓。

第三件事发生在袁绍大战公孙瓒时，袁绍手下大将麹（qū）义骁锐无敌，大破公孙瓒，攻进了他的大营，拔其牙门，胜局已定。袁绍此时正在后军，得知前面破敌，就没有再另设警备了，只有帐下强弩数十张，持戟卫士百余人。

突然，公孙瓒手下两千多骑兵冲杀过来，围住了袁绍，一时箭如雨下，命在顷刻间。

别驾田丰扶着袁绍，劝他躲到矮墙后面，袁绍猛然将头盔掼在地上，大声说："大丈夫宁可冲上前战死，躲在墙后，难道就能活命吗？"

他亲自持强弩与敌对射，箭无虚发，多所杀伤。好在公孙瓒的这支骑兵并不知道这里围住的是袁绍本人，一时不能攻入，也就渐渐后退了。少顷，麹义领兵来迎袁绍，公孙瓒的骑兵撤走。

从以上三件事来看，袁绍为人孝纯，有君子之风；为士刚烈，有国士之节；为战勇壮，有将帅之器。

可惜的是，袁绍在官渡之战不听田丰之言以致大败，败而不容田丰，率而杀之。他一错再错，令人惋惜；否则，天下虽大，你曹阿瞒、刘玄德还不得找个角落窝着。袁绍为政宽厚，深受百姓敬仰，据《献帝春秋》记载：他死后，"河北士女莫不伤怨，市巷挥泪，如或丧亲。"

能换来老百姓的一捧热泪，也算不枉活一世了吧。至于生前身后名，如墓草青青，黄鹂声声，都是过眼烟云。

✱ 参考书籍

《三国志》《后汉书》《献帝春秋》《三国演义》

"吾有上将潘凤，可斩华雄"，段子背后能读出哪些内涵？

读三国，品英雄，关羽关老爷的出场最耐人寻味。

起初，他只是因为长相很有英雄气概而被刘备敬重，其实刘备当时并不知道他身怀绝世武功。后来，刘备、关羽、张飞三个人成立了一个草台班子，第一仗遇到黄巾军的程远志，"云长舞动大刀，纵马飞迎"，手起刀落，对手被"挥为两段"。罗贯中就赶紧写诗赞道：

"初出便将威力展，三分好把姓名标。"

其实这真算不上什么，不过是小试牛刀，斩了一个无名之辈而已。

大家都知道，关羽再次出战即名扬天下，那是在袁绍与曹操大会诸侯讨伐董卓的时候。当时，董卓手下猛将华雄先是挫败了孙坚，斩了祖茂，接着又在汜水关前大逞威风，不到三个回合就斩了袁术的骁将俞涉。

"吾有上将潘凤，可斩华雄。"这是冀州刺史韩馥的话，谁知道过了一千八百多年，这话竟然成了一个段子，被后生们嗤笑。结果，"不多时，飞马来报，潘凤又被华雄斩了！"

此时注意，俞涉被斩时，书中已经交代了一次前来会盟的大英雄们的反应，"众大惊"。接着"上将"潘凤又丢了性命，"众皆失色"，这些人里面都有谁呢？除了韩馥，还有张邈、孔融、陶谦、马腾之流，他们也都曾经是雄霸一方的人物，但仅凭"失色"一词就让他们全都逊色十分了。

"失色"就是脸吓得煞白，几乎被吓傻了呗。也难怪，刚才还气宇轩昂的一个将军，出去没两个回合，立即血染黄沙，横尸阵前，人们被吓傻也是正常的。此时，盟主袁绍大发感叹，要是自己的上将颜良和文丑有一个在，何惧一个华雄！这位祁乡侯渤海太守当时名气最响，却只带了三万人马前来，而且最能打的两员上将一个也没来，不能不让人怀疑他暗藏了私心。

其实在那两位"肉包子"将军出战华雄之前，袁绍已经和刘备等人有过交集，一番对话让人怀疑袁绍此人的英雄成色，即所谓"盛名之下，其实难副"。当时，他看见北平太守公孙瓒身后站着三个仪表堂堂的人，好奇地问了一声，公孙瓒就介绍说是他的兄弟——平原令刘备是也。这时候注意，曹操立刻就插了一句话，问是破黄巾军的刘玄德吗？可见，此人一直在关注各地的英雄，随时准备网罗人才。

想不到袁绍却摆足了臭架子，公孙瓒说刘备是汉室宗亲，他才勉强让人赐了一个座，赐了就赐了呗，嘴上还说了一句让人特别不舒服的话："吾非敬汝名爵，吾敬汝是帝室之胄耳。"言外之意，就算你是皇亲国戚，我其实也看不上。

从细节上来看，仅此一句，品袁绍此人，粗看是话说得难听，眼睛有点势利，情商严重有问题，实则外宽内忌，并无虚贤下士之胸襟，"有才不能用，闻善而不能纳"。虽然他家底子厚，四世三公，门生故吏遍天下，但最终的结果仍然是落得个孤家寡人，被逆袭的曹操踢出局。

回到《三国演义》小说现场。正当众人都傻了的时候，关老爷大义凛

然地出场了——

"众视之，见其人身长九尺，髯长二尺，丹凤眼，卧蚕眉，面如重枣，声如巨钟，立于帐前。"

应当说，关老爷的颜值肯定是镇住了现场所有的人，但就是袁绍的异母弟弟袁术瘦驴还要拉硬屎："汝欺吾众诸侯无大将耶？量一弓手，安敢乱言！与我打出！"这位南阳太守有眼无珠，还要从门缝里看人，你那手下俞涉倒是号称"骁将"，可惜在华雄面前走不了三个回合，现在对一个马弓手大呼小叫，这"后将军"的水平确实不怎么靠前，不能不让人拿脚后跟看他。

曹操却知道英雄不问出处，急忙劝阻袁术，可想不到袁绍大盟主在大敌当前无招可施的时候想的不是克敌制胜，而是如果让一个马弓手出战，必被对方所耻笑。此时，关老爷豪气冲天，"如不胜，请斩某头。"话说到这个份上，袁家兄弟再说什么，那实在就小家子气得不像话了。

于是，曹操才叫热酒一杯，为关老爷壮行——

"关公曰：'酒且斟下，某去便来！'出帐提刀，飞身上马。众诸侯听得关外鼓声大振，喊声大举，如天摧地塌，岳撼山崩，众皆失惊。正欲探听，鸾铃响处，马到中军，云长提华雄之头，掷于地上。"

这一段，写得令人热血沸腾，荡气回肠，正是：

"威震乾坤第一功，辕门画鼓响冬冬。云长停盏施英勇，酒尚温时斩华雄。"

本来这是皆大欢喜的事，想不到张飞一时替兄弟得意，高声大叫要活捉董卓，这又让袁术很不爽，而且本身也确实有点打脸的意思，自己的"骁将"还不如人家的一个马弓手，现在这个步弓手也在这儿耀武扬威！一气之下，袁术要把三兄弟都赶出帐去。

曹操当然不干，人家刚拼了性命帮你杀了劲敌，因为身份低就把人家赶出去，这是人干的事吗？于是立即出言反驳袁术："得功者赏，何计贵贱乎？"这句话里倒是藏着不少内容，也说明曹操能成大事，有功者赏，并不论身份高低。

袁术这种三流人物受不了气，马上就要撂挑子："既然公等只重一县令，我当告退。"不看人家一身的英雄气，也不看人家一身的英雄胆，更不看人家一身的好本事，只看见人家是一个小县令！也难怪，连北海相孔融都看不上他，认为他是"冢中枯骨，何足介意"。

这时又是曹操，他确实很会做人，派人悄悄送了好酒好肉去抚慰三颗受伤的心灵。

罗氏笔法，确实精妙，不见褒贬，但从细节中已经看到，曹操才是雄才大略的真英雄。

而这些在一起歃血为盟的各路豪强，包括袁氏兄弟，后来都成了对手，纷纷在沙场上相见。曹操抢了他们的地盘，睡了他们的老婆，这个这个……呵！当然，曹某也有他的"局限性"，但"温酒斩华雄"这一出，已经暗示了后来天下大局的走向。

青梅煮酒，基本看清这些英雄们嘴脸的曹操说："今天下英雄，惟使君与操耳！"刘备虽然使劲装蒜，但曹操的眼神还真毒。

✲ 参考书籍

《三国演义》

董卓是中国历史上被"点天灯"的第一人？他死前有什么预兆？

董卓恶贯满盈，当时的老百姓对他恨之入骨，想弄死他的人很多。他死之前频有预兆，本就在劫难逃，但他根本没想到势焰熏天的自己会被人杀了，而且杀手就在床榻之侧。

当时有民谣是这样唱的："千里草，何青青，十日卜，犹不生。"这个灯谜的意思很明白，"千里草"就是个"董"字，而"十日卜"就是"卓"字，"不生"就是他要作死了的意思。自古以来的帝王防这种带着谶（chèn）言意味的民谣就跟防瘟疫似的，但是董卓也许不知道，也许不在乎吧？

后来还有人作了"董逃"之歌，具体的文字内容散佚，但也含有一种示警之意吧。

在王粲（càn）所著的《英雄志》中记载，还有一位多事的道士，曾经在布上写了一个"吕"字暗示董卓，但是董卓哪里能猜到吕布会处心积虑地要杀他呢？

所以，他就一步一步走向了死亡的宿命。就在死的当天，也还有预兆，如果他是一个机敏的人，可能还会逃过一劫。就像被豫让行刺的赵襄子一样，看到马有异动，他就知道不妙，不但全身而退，还搜出了刺客。

当时，董卓要进宫，其实已经算是相当小心了，从他的大营到宫中的路上，"陈列步骑"，警卫密布，但是马忽然就扑倒了。董卓这时候也开始警惕，打算不去了。吕布就劝他，有我在，你怕什么？

董卓后来还是"衷甲而入",他在衣服里加了软甲以防不测。等到了宫里,李肃、王允等人已经蓄势以待,冲上来就砍董卓。董卓大惊,喊了一声:"奉先何在?"

结果吕布冲上来说"奉先在此!有诏书特来杀你!"于是,抬手一矛,董卓果然就"不生"了。

董卓既死,他的族人也悉数被杀,包括他九十岁的老娘。当时,他的老娘颤颤巍巍走到了郿(méi)坞的大门口哀求:"乞脱我死"。意思是希望别杀她,但是政治斗争哪有人情可言?这个风烛残年的老人也当即被斩首了。

董卓先是被扔在大街上暴尸,这个二三百斤[①]的大胖子,血把地上的草都染红了。

有专门被派来看守董卓尸体的小吏,此人也不知道恨董卓到了何种程度,他突发奇想,做了一个大大的灯捻,然后插在了董卓的肚脐中,接着把灯捻点着,董卓就被做成了一盏人油灯,"光明达旦,如是积日。"意思是大胖子董卓的油脂确实非常肥厚,就这样通宵达旦地点了好几天。

最后,董卓的部下又杀进了都城,他们把烧成的灰都收起来装进了一副棺椁里,就把董卓葬在了郿坞。

这倒也应了董卓当初修建郿坞时自己说过的一句话:"事成,据天下,不成,守此以老。"(见《十八史略》)。董卓的话也一语成谶,他果然守在此地,直到天荒地老了。

✱ 参考书籍

《三国志》《英雄志》《后汉书》《十八史略》

[①] 1斤=500克。

后汉哀歌

卧底的美女貂蝉并不姓貂，真正操纵她的幕后黑手是曹操！

四大美女，三个卧底。

貂蝉和西施都是超级卧底，因为不当卧底也出不了名，王嫱也难保不是汉廷的苦肉加美女连环计。再算上杨玉环，那三位都算混得青史留名，可《后汉书》中并没到提到貂蝉，而在大家熟悉的《三国演义》里，貂蝉倒几乎是女一号，那到底历史上有没有这个美女？人们一直有争议。

笔者从近期读到的《浪迹续谈》卷六中得到收获，貂蝉确有其人，而且也确实当过卧底，只不过美女并不姓貂，这是后人的篡改，她本姓刁，而且她根本不是王允的人，真正操纵她的幕后黑手是曹操！

曹操打完黄巾军之后，先是归隐后来又被起用为西园八校尉当中的典军校尉，此时是中平五年（188年），在汉灵帝时期的事。后来，董卓进京横行霸道，曹操当然不服，有心思挖个坑让他跳一下，以曹操早期的浮浪与后期的奸雄禀赋，送出去一个美女卧底正合乎他的性格。

这个记载藏得很深，出自一本唐代的天文学著作，叫《大唐开元占经》，作者是瞿昙悉达，成书时间为718—726年。书原在唐代就失传了，非常幸运的是，明代人从佛身塑像里找到一个抄本，这才让该书重现人间。

在《浪迹续谈》里，作者梁章钜所引用的是黄奭（shì）的话，这位黄奭先生出身大盐商家族，专门考稽散佚的古书，他所编辑的《黄氏逸书考》

名动一时。

黄奭在《大唐开元占经》里找到了古人的一个注,注上写着:"汉书通志:'曹操未得志,先诱董卓,进刁婵以惑其君。'"不过梁章钜记错了一点,这个注应该出现在第三十二卷,题为"荧惑犯须女",而不是他所记录的第三十三卷。这就是许多人找不到"注",就认为此事子虚乌有的原因。另外,再加上《汉书通志》也已经失传,所以真相就变得更加扑朔迷离了。

笔者查阅了清代《四库全书》的影印本,很可惜只有原文,并没有注,如果有机会看到更早的版本,则幸何如之。

所以,梁章钜得出结论是,"而刁婵之即貂蝉,则确有其人矣。"意思就是这个卧底还是真实存在的。

那么,貂蝉身负重大使命,睡在了肥猪一样的董卓床上,到底都完成了什么任务呢?

《后汉书》中记载,董卓派吕布去看守自己的内宅,不料吕布竟暗度陈仓,与董卓的贴身婢女好上了。后来因为担心奸情败露,干脆一不做二不休,把前往宫廷开会的董卓直接弄死了。

这个贴身婢女应该就是卧底貂蝉,于是,这一段在演义里被写成"凤仪亭吕布戏貂蝉",其实别有用意的貂蝉伺机调戏吕布的可能性应该更大一些,要不,前来卧底的光荣任务怎么能完成得那么顺利呢?

✱ 参考书籍

《后汉书》《大唐开元占经》《浪迹续谈》《三国演义》

有人当面直言曹操是奸雄，曹操能把他怎么样？

不能因为曹操是政治家、文学家、军事家，还有一身本事，就说他本身是英雄，罗贯中也不该背这个黑锅，有人说就是因为他的一支笔在《三国演义》里"尊刘贬曹"把曹操写坏了，后来戏剧也推波助澜，给曹操定成了白脸奸臣，似乎这就定了性，把曹操冤枉了。也不想想，在那个乱世里，能最后挣出三分天下里的一分，必须是奸雄才能完成的任务，刘备和孙权也都是奸雄。只不过罗贯中看刘备顺眼，把个人的好恶加在了历史人物的头上，就那么兴高采烈地写了，他也想不到自己的书能在后世造成那么大的影响而已。

奸雄者，需要既奸且雄。曹操的奸诈和凶狠，在《三国演义》中有两个最突出的情节，就是这两个情节让曹操成了奸雄的典范。

其中一个是杀其父结义兄弟吕伯奢一家的故事。曹操这厮仅仅出于疑心便屠杀了吕家十数口，而离去时路遇沽酒而归的吕伯奢，明知错却仍杀之，而且还说出了一句让天下人齿寒的"宁我负人，毋人负我"，同行的陈宫被吓得后脊梁冒冷气，赶紧离他而去了。从小说家的角度来看，这事写得太成功了，人物性格跃然纸上。

另一个是杀主粮官王垕（hòu）的故事。王垕死得无比冤屈，曹操的军队军粮不足，就拿人家王垕的人头来欺骗军士，以安定军心。做坏事做到这么决绝的份上，他不是奸雄还能是什么？

但实话实说，这两件事在史书上均无记载。即使硬要说曹操是奸雄，没有的事也不能扣到他头上。罗贯中所描述的这两件事属于奸雄里登峰造极的绝杀，可见曹操还没有奸到这个高度，如果真能做出这个级别的脏事，说不定当时他已经把全国都统一了。

曹操小时候就是一个有名的无良少年，《三国志》裴松之注引《曹瞒传》说"好飞鹰走狗，游荡无度"。至于曹操的出手狠和好杀人，历史上确有多处记载。政治斗争残酷无情，似乎大家都可以理解。比如杀董承、杀董贵妃、杀伏皇后等人。杀或被杀，本来就是一个赌人头的勾当。

但说到曹操是奸雄这个结论成立，是因为史书上多处记载他悖乱杀人，有时候是因为赌气，有时候是因为他的面子，甚至有时候是因为他妒贤嫉能，如华佗、孔融、杨修、娄圭、崔琰、边让等，都因为这些无谓的原因惨死在他的刀下。

本文的重点在于，人家曹操自己好像也并不否认"奸雄"这个评价。跟曹操同一时代的一个名士叫许劭（shào），此人是当时最有名的鉴赏家和评论家。他对当时人物的品评，就叫"月旦评"，得到上层社会的高度推崇。

曹操也想听听许劭是怎么评价他的，可无论怎样请求，许劭都不肯发话。最后，许劭被逼得没办法，才冒出这么一句："你这个人呀，是'治世之能臣，乱世之奸雄'"。曹操听后，似乎也认为点评得当，于是大笑而去。

✱ **参考书籍**
《三国志》《后汉书》《三国演义》

吕布：什么三姓家奴？要说反复无常，我哪能比得上大耳贼刘备！

刘备在《三国演义》里被夸张成一位忠义仁厚长者，其实他这种玩帝王术的，要是真按书生意气的罗贯中想象的那样活着，早不知道得被人玩死几十回了。

今天咱们撇开演义不说，说说历史上真实的刘备，他才是反复无常的行家，借荆州不用说了，之前就是一会儿投曹操，一会儿投袁绍，一会儿又投刘表，尤其在对待吕布的问题上，他的做法按政治家来说是合格的，但是太让吕布看不起了。

刘备与吕布初次相见，正是吕布在兖州争夺战中被曹操打败，前来找刘备搭伙取暖之时。

《三国志·吕布传》注引《英雄志》记载："布见备，甚敬之。"吕布起初还是很敬重刘备的，不管你是不是什么皇几代、中山靖王的提溜孙，还是专业卖草鞋的，反正他很看重刘备，难兄难弟的，又都是北地人。所以吕布一点也没把刘备当外人，还把他请进了内室，连妻妾都不用回避，让她们出来敬酒。

但是初次见面，吕布惺惺相惜，有点剃头挑子一头热了，这让刘备觉得他"语言无常"，因此"外然之而内不说"。这很符合刘备"喜怒不形于色"的性格。

后来，刘备领了徐州，跟袁术干仗去了。张飞守不住家，和曹豹争得鸡飞狗跳，丹阳兵就大开城门把吕布迎进来，张飞杀了曹豹，但打不过吕布，只好跑路。于是刘备的妻妾儿女及其部下的所有家眷都落到了吕布手里。

吕布倒没把她们怎么样，也帮忙照顾着。

接着，刘备被袁术打得七零八落的，"备军在广陵，饥饿困败，吏士大小自相啖食，穷饿侵逼，欲还小沛，遂使吏请降布。"

刘备混得惨淡，到了人吃人的地步，只好又向吕布投降。

吕布也没有就势落井下石逼死他，反倒是痛快地接纳，"发遣备妻子、部曲、家属于泗水上，祖（疑为"除"）道张乐。"吕布派人清扫街道，鼓乐相迎，在泗水上把刘备的老婆孩子和部下及其家眷都给送回来了。

这也算给足面子够意思了吧？何况吕布还让刘备担任了豫州刺史，给他一块地方歇马顺便喘息，让他驻守在小沛。

袁术一看，咦？刘备又活过来了？就派遣大将纪灵率兵三万来灭刘备。刘备那七八条枪哪够人家收拾的？这回又是吕布救了急，他设宴把双方叫到一起，辕门射戟，一箭息干戈，刘备至少又欠下吕布一个大人情。

时间来到建安三年（198年）春天，吕布派人带了重金，准备到河内方向买马，结果刘备一看，那么大一笔钱，直接派兵把吕布的钱都给抢了！

这事办得又低级又极不地道，吕布这回真火了，派高顺和张辽过来一阵猛攻，"遂破沛，备单身走，获其妻息"。

城破了，刘备光杆司令自己又跑了，但倒霉的是，他的老婆孩子再一次落在了吕布手里。

刘备这回投了曹操。曹操正想打吕布，让刘备还去小沛招纳旧部，刘备刚凑合了万把人，吕布又打了过来，刘备哪是他的对手，一场大败之后

又哭着去找曹操了。

最后，曹操大战吕布。《后汉书》："布与麾下登白门楼。兵围之急，令左右取其首诣操。左右不忍，乃下降。"

吕布还是有些英雄气概的，让手下割了自己的脑袋去向曹操请功，手下不干，是他自己下楼投降的。要真是靠武力，曹操和刘备的手下，当时有能生擒吕布的人吗？

吕布并不认为曹操会杀他，他对曹操说："曹公，您统率步兵，由我率领骑兵辅助，这天下还不是由咱们纵横驰骋！"

曹操听得颇为心动，想放了吕布，可这个时候刘备却狠狠补了一刀："不可。公不见布事丁建阳、董太师乎？"

意思是曹操你想当干爹？不怕步丁原和董卓的后尘吗？

曹操这才下决心要杀吕布。吕布的临终遗言是："大耳儿最叵（pǒ）信。"

你这个长着一双大耳朵的家伙是最没有信用的！

汉末，群雄割据混战，只有永远的利益，没有诚信可言。不光是刘备和吕布见利忘义、反复无常，其他如张绣、马超、公孙渊等哪个人没有玩过朝秦暮楚的把戏？变脸是生存基本功，只是大家的技术有高低而已。

✻ 参考书籍

《三国志》《后汉书》《英雄志》《三国演义》

三国第一猛将吕布从没用过方天画戟？豪杰枭雄们用的都是手戟？

"人中吕布，马中赤兔。"在《三国演义》里，吕布敢跟桃园三兄弟较量，也敢跟曹营里的两员猛将许褚和典韦对阵，所以他高居三国武力榜首位。他的出场描写得十分精彩："背后一人，生得器宇轩昂，威风凛凛，手执方天画戟，怒目而视。"

精彩倒是精彩，但可惜的是，吕布不用方天画戟，这只是小说家塑造人物形象的需要，或者说是罗贯中写《三国演义》时并不了解三国时期长戟与手戟的使用情况。

戟是中国古代的兵器没错，是戈与矛的合体，也就是在戈的头部再装上矛尖，一侧有月牙形利刃通过两枚小枝与矛尖相连，然后就具备了勾啄和刺击的双重功能，其杀伤力比戈和矛都强。

春秋战国时期，戟多为青铜制造，被大量用于车战中，号称"车战五兵"之一。钢铁戟到西汉时才出现，成为步兵和骑兵必备的格斗兵器。

既然给吕布按上了一把大戟，也叫方天画戟，那用对也行，但不少画本甚至是电视剧里还是弄错了。戟可分为单耳和双耳，单耳一般叫作青龙戟，双耳的才叫作方天戟。那又为什么叫画戟呢？是因为在戟杆上又加了一些彩绘装饰，原称画杆方天戟，后来被改为方天画戟，这名字好像显得更响亮些。

第一猛将不用方天画戟，威风似乎减了不少。那他到底用什么趁手的兵器？

据《后汉书·董卓传》记载，吕布杀董卓的时候是这样的：先是李肃用戟刺伤了老贼，让他从车上掉下来。这时候老贼大喊："吕布何在？"吕布回应道："有诏讨贼臣……"接着他"持矛刺卓，趣兵斩之。"很明显，吕布用的是矛。

有人说，不是偶然用了一下矛吧？另据王粲的《英雄志》记载："汜、布乃独共对战，布以矛刺中汜……"就是说，两军对垒，在吕布与郭汜单挑的时候，他用的还是矛。

有人还有疑问，那吕布"辕门射戟"怎么解释？《三国志》中只提到在营门立了一枝戟，究竟是士兵所用还是吕布自己的手戟？那只能自己想象了。

顺便说说三国时真实的矛。从出土情况看，三国矛的长度一般在 2 米左右，最长的有 2.97 米。有一种"双血槽矛"，在矛身两侧各开有一道血槽——这种设计使其刺入人体后容易拔出，而且减轻了重量。

虽然吕布不曾用戟，但三国时期持戟搏杀的人相当不少。

曹操手下的第一猛将典韦用的就是双戟。据《三国志·魏志·典韦传》记载："帐下壮士有典韦，提一双戟八十斤。"在曹操伐吕布的濮阳之战中，典韦曾经手持双戟击退四将，他还能投掷飞戟，"一戟一人坠马，并无虚发，立杀十数人"。

典韦挥舞一双大铁戟，几次救曹操于危难中。另外，在《三国志》中也可以看到，典韦的同袍张辽守卫合肥时，曾经"披甲持戟……杀数十人"。

东吴一方的两员顶级猛将太史慈和甘宁也都用戟。据《三国志》记载：

好看到停不住的中国史

"慈便前斗,正与策对。策刺慈马,而揽得慈项上手戟,慈亦得策兜鍪。"在神亭岭决斗时,孙策夺走了太史慈插在背上的手戟,太史慈则抢到了孙策的头盔。关于甘宁用戟的记载则出现在《吴书》中:"尝于吕蒙舍会,酒酣,统乃以刀舞,宁起曰:'宁能双戟舞'"。这是说凌统与甘宁有杀父之仇,两人喝多了,准备借酒发疯趁机互下杀手,凌统用刀,而甘宁用双戟。

可见戟在三国时期已经有多种形制,上阵多用长戟,或用双戟,另有一种手戟很受人喜爱,如董卓、刘备、孙策、孙权等人都用过。

据东汉末年刘熙所著的《释名·释兵》记载:"手戟,手所持擿之戟也。""擿"同"掷",即投掷。可见,手戟不仅能防身,还能投掷攻击敌人。从汉代的画像石上看,手戟与"卜"字形铁戟的头部相似,在直刺的旁侧有一个横出的短枝,末端似有细绳缠绕,以供执握,在搏杀时,那个横出的侧枝,能够阻截或者卡住对方的兵器。

《三国志·吕布传》记载,吕布投靠董卓,认贼作父,董卓曾因一件小事大怒,"拔手戟掷布",幸亏吕布闪躲得快,没被击中,但他还是记了仇。在《三国演义》中,这件事被化用于凤仪亭上,吕布正跟貂蝉缠绵,正好被董卓撞见。吕布仓皇逃走,董卓抓起吕布遗下的长戟追赶,可他太胖跑不动,于是掷出了长戟,被吕布用手臂挡落。

刘备当年被曹操的大军追得妻离子散,赵云为了保护甘夫人和刘禅,反身冲入阵中。有人误以为赵云投敌,于是向刘备告状。刘备一怒之下用手戟投向告状的人,还怒斥,说赵云怎么可能离自己而去!

据载,孙策防身的兵器也是手戟,他曾飞出一戟击中严白虎的弟弟,当场将他杀死。

哥哥弟弟，一路神气。孙权也爱用戟。建安二十三年（218年）十月，孙权在庱（chěng）亭打猎时遇到老虎，马为虎所伤，他下马投出双戟，击中老虎，侍卫张世再用戈突击，把老虎拿下了。

"为报倾城随太守，亲射虎，看孙郎。"宋代苏轼的《江城子·密州出猎》中说的就是这个典故。

南北朝时，手戟就不见人们使用了，后来逐渐消失。

参考书籍

《三国志》《后汉书》《英雄志》《吴书》《三国演义》《释名》

刘备在谈笑间就把吕布玩死了，他究竟败在哪里？

《三国志》记载："吕布枭勇，且有骏马。时人为之语曰：'人中有吕布，马中有赤兔。'"作者陈寿点评："吕布有虓（xiāo）虎之勇"——发怒的时候活像一只咆哮的老虎。撰写《中国历朝通俗演义》的蔡东藩也认为："吕布之勇，足以敌曹操。"说到吕布的勇，似乎大家都没有什么异议，但是在那个时代，吕布手下有足智多谋的陈宫，再加上张辽、高顺等勇冠三军，何以被收拾得如此之惨，以致最后被绞死，还被割了脑袋示众。吕布究竟输在什么方面？笔者总结，他有五大性格缺陷。

第一，骄狂不羁，刚而无礼

普通人没什么本事一般也没脾气，但有一类人本事大也没脾气，这是能成大事的人，还有一类人本事大脾气也大，吕布就是，这类人在历史上屡见不鲜。

据《英雄志》记载，当年吕布走投无路时曾经想投奔袁术，可袁术拒绝了他，袁术认为他这个人作风太骄狂，还经常纵兵抢掠百姓。

吕布无奈改投袁绍，袁绍当时正需要人，于是带着他攻打黑山军的头目张燕。黑山军当时兵强马壮，但吕布上阵后横扫千军，势如破竹，张燕被打得难以招架。

一战之后，吕布自认为有功，"轻傲绍下诸将"——就不把袁绍手下的那些大将们放在眼里了。一个外来户如此豪横，人品还那么差（被张飞先生骂为三姓家奴），袁绍手下的人当然非常不满了。后来，吕布又仗着有功，向袁绍提出升官。这可就犯了大忌。袁绍表面上答应给他个司隶校尉的官当，其实暗下了杀他的决心。也幸亏吕布还机警，没有着了袁绍的道儿，金蝉脱壳，连夜逃走了。

195年，吕布被曹操打败之后，不得已又投奔了刘备。他对刘备说："咱俩都是边地人。我吕布杀了董卓，这些人不仅没有一个愿意接纳我，还都想杀我。"他请刘备在自己的大帐中落座，然后让妻子给刘备行礼，随后二人一起喝酒，他称刘备为贤弟。刘备心里很不痛快，觉得吕布过于托大。按照汉代礼节，两人年龄相近，吕布不适合称呼刘备为弟。另外，曹操手下的智囊程昱看人的眼光也很毒："夫布，粗中少亲，刚而无礼，匹夫之雄耳。"直说吕布是粗人，也就是一个匹夫罢了。

第二，贪色好淫，败德取祸

吕布杀丁原之后投靠董卓，给人家当干儿子。董卓让吕布当侍卫，所以他能够进入内宅，但吕布趁机勾搭上了董卓的一个婢女。《三国志·吕布传》记载："布与卓侍婢私通，恐事发觉，心不自安。"做了见不得人的事，哪有不心虚的？这一段在《三国演义》里被巧妙地调包到了貂蝉的身上，还联想了王允的一出美女连环计。后来，吕布要杀董卓，也因为知道董卓多疑，他怕私通的事情败露后，董卓饶不了他。

再后来，吕布越混越差，在跟曹操较劲的过程中，几员大将都投了曹操。吕布见曹军把他围得跟铁桶一样，也没心思再打，干脆也投降了，他并不以为曹操会杀他。一贯爱才的曹操开始也真想留下他,吕布还要求给他绑松点,曹操笑着说:"捆绑老虎不得不紧啊。"吕布又说:"曹公得到我,由我率领骑兵,您率领步兵,可以横扫天下。"曹操很是心动,但是想不到在这个关键时刻,"仁厚"的刘备善意地提醒:"公不见布事丁建阳、董太师乎?"——哈!你忘了丁原和董卓是怎么死的了?这一句话直接就把吕布送上了黄泉大道,所以他恨死了大耳贼刘备。

被绞死之前,吕布还是对自己的失败耿耿于怀,但他并不自省,而是说:"布待诸将厚也,诸将临急皆叛布耳。"——还在指责手下人都是白眼狼,平时待他们那么厚,到了关键时候都背叛了!曹操只说了一句:"卿背妻,爱诸将妇,何以为厚?"你背着你老婆,去偷大将们的女人,这能算厚道?吕布听了这话,语塞。

吕布到死都没想明白刘备为什么要弄死他。其实刘备真是深谋远虑,如果吕布真为曹操所用,他的本事远在夏侯惇和许褚等人之上,刘备当然不想让他们穿一条裤子了。"非忌布也,乃忌操也。"——他是担心曹操的势力一发而不可收,于是,作为一名资深优秀政治家,刘备在谈笑间就把吕布玩死了。

第三,反复无常,贪利忘义

吕布最初跟的人是并州刺史丁原,在《三国演义》里写的是:董卓凭借赤兔马一匹、黄金一千两、明珠数十颗、玉带一条就收买了他。于是吕布夜冲军帐,砍了丁原的脑袋。

其实这里不光只有利诱,应该另有其他重要原因。吕布杀丁原之后,董卓给他的官职正是原来丁原的骑都尉。这相当于宣布,吕布取代丁原,成了这支并州军的头儿,张辽等将都归他领导。吕布要上位,翻脸不认人,

手段毒辣了点，但不管是什么原因，他弃主似乎可以被原谅，但弑主求荣，永远被人嗤之以鼻。

他本姓吕，给丁原当过干儿子，后来又给董卓当干儿子，难逃"三姓家奴"的骂名。他更不该的是，背叛弑主的事又完完整整干了一回，这回被杀的倒霉蛋换成了董卓。

吕布干这种反复无常的事不是一件两件，而是想干就干。建安元年（196年），袁术与刘备在盱眙和淮阴一带开战。前文说到，吕布走投无路时是刘备收留了他，但袁术写信给吕布，许诺给他二十万斛大米，让他袭击张飞镇守的下邳（pī）。吕布大喜，指挥军队水陆东下，把张飞吊打了一顿。当时，刘备那边也被袁术打败，先是逃往海西，走投无路，只好向吕布请降。吕布此时才知道上了袁术的当，人家不给粮食了，吕布马上接纳了刘备。可没过多久，吕布发现刘备在小沛招纳旧部，重新纠集了上万人，于是他又亲自率兵攻打刘备。刘备大败，只好跑到许都去依附曹操。

高顺是吕布手下大将，为人清白，仪表威严，治军有方。吕布败了之后，他宁死不降，也被曹操杀害。他对吕布的评价是："将军举动，不肯详思，辄喜言误，误不可数也。"是说吕布做什么决定都不曾深思熟虑，朝令夕改，变化无常。高顺说的应该是肺腑之言，他遇人不淑，不肯说吕布贪利忘义，还给他留面子。

蔡东藩认为，吕布也就是一个反复小人，投靠了刘备，刚喘过气来就袭击刘备，随后马上又跟人家和好，他总被一个"贪"字所误，"安望有成"？

第四，不能用人，生性多疑

后人评价三国的英雄时，有人说过"吕布之勇，陈宫之谋"，这是非

好看到停不住的中国史

常有见地的说法。陈宫此人性情刚直，足智多谋，曾经是吕布帐下首席谋士，他的谋略不亚于曹魏的郭嘉和蜀汉的诸葛亮，可他的遭遇更像霸王帐下的范增。

陈宫对吕布高度认同："吕布壮士，善战无前。"更难得的是，他对吕布一直忠心耿耿。如果吕布不是那么刚愎自用，能够像刘备放手用诸葛亮一样用陈宫，不敢说在北方能灭了袁绍和曹操，至少能和他们平分秋色。

陈宫原是曹操的谋士，但曹操杀害边让等名士让他非常不满，于是反目。他游说张邈背叛曹操迎吕布入兖州。随后，在他的辅佐下，吕布一路高奏凯歌，几次打败曹操，先后拿下了兖州和徐州。

198年冬天，曹操率军围攻下邳，吕布恐惧，打算投降。陈宫分析："曹操远来，势不能停留过久。将军屯驻城外，由我率军守城，如果曹军进攻将军，我就领兵攻击其后；如果曹军攻城，则将军在外援救。不过一个月，曹军粮食吃光，我们再行反击，可以破敌。"吕布当时同意了，打算留陈宫与高顺守城，自己率骑兵去截断曹军的粮道。

如果吕布能听陈宫的两面互补之计，估计曹操也就知趣地退兵了，可惜的是，吕布听了老婆的话。她想当然地认为吕布出城，一向不和的陈宫和高顺必不能同心守城，一旦城池有失，她该怎么办？这么点枕边风就把吕布吹迷糊了，以致错过了大好时机。

吕布完全可以带高顺出城，也可以选择带陈宫出城，所谓的问题不就迎刃而解了？

遗憾的是，对吕布忠诚如一的高顺也是大将之才，守城还是完全有能力的。吕布虽然知道他是忠义之士，却也不重用他。更糟糕的是，吕布还夺了高顺的兵权，把他的手下全都给了魏续，因此每逢打仗的时候，高顺

只能率领魏续手下的士兵出征，但他终无恨意。

被曹操攻破之后，陈宫和高顺决意追随吕布赴死，也不知道在黄泉路上，吕布该如何面对二公？

第五，强暴无谋，众叛亲离

曹操手下谋士荀攸曾经一针见血地指出："吕布勇而无谋"。

吕布的想法确实还是简单了点，看人的眼光也很不准，他连袁术这样的人也能轻易相信，还不止一次上他的当。

他本来跟刘备抱团取暖。前文讲到，196年，袁术的二十万斛大米就能忽悠他与刘备刀兵相见。就在同一年，袁术又派人策反了吕布手下大将郝萌。郝萌率兵攻打吕布治所下邳，他带着家眷狼狈地逃到了高顺的营寨。后来，高顺率军击退了郝萌，但吕布把郝萌的余部全给了不肯反叛的曹性。

这事过去还没一年，袁术又勾搭吕布，提出两家结亲，想让他的儿子娶吕布之女为妻，吕布竟然又同意了。

迎娶的车马拉着女儿风风光光地走了，吕布这时候又听了几句小话，犯了疑心病，马上派人把女儿给追了回来。按说你拒绝和亲也就算了，别把事做绝，他却好，把袁术的迎亲使者韩胤的脑袋砍了！

后来曹操把他包围了，他不听陈宫的，于是陷入绝境。这时，他忽然又想起来他曾经的亲家袁术，派人向其求救。袁术当时已经把自己封为皇上，当然不肯救他，只是派人做了做要出兵的样子。吕布觉得不把女儿送去，袁术一定不会出兵，所以用绵帛把女儿缠好绑在战马上，要趁着夜色亲自给袁术送去。结果被曹兵阻截，斗了一场，冲不过去，只好返回。

袁术最终还是选择了坐山观虎斗。个人认为，就算吕布把女儿送到了山寨皇上那儿，袁术也未必会帮他。

接着说曹操围城。三个月之后，吕布坐困愁城，军中已经上下离心。吕布此时不知道维稳的重要，竟然因为一点小事闹得分崩离析。

将军侯成找到了他丢失的名马，一时诸将都凑个份子来祝贺。侯成分酒肉款待大家，还先给吕布送了一份。没想到吕布却大怒："我吕布禁酒，你们这些人却一起聚饮，是想密谋害我吗？"

侯成知道吕布的为人，又恐惧又愤怒，干脆一不做二不休真的害了他！侯成联合了将军宋宪和魏续，把陈宫抓住当了投名状降了曹营。吕布在白门楼见曹军攻城很猛，已经守不住了，下令左右将他的首级交给曹操，左右不忍（更可能是不敢），于是吕布下城投降。

三国一代名将吕布吕奉先的人生就此惨淡收场。

罗贯中有一首诗写得简约而不简单，很值得后人玩味：

"夜读三分传，堪嗟吕奉先。

背恩诛董卓，忘义杀丁原。

倚仗英雄气，不从忠直言。

白门身死日，犹自望哀怜！"

参考书籍

《三国志》《资治通鉴》《典略》《三国演义》《英雄志》

刘备的老同学差点统一了北方，怎么在空中楼阁上自焚了？

说起刘备的老同学公孙瓒，《三国演义》中对他着墨不多。汜水关之战，他倒是敢挥槊上阵和吕布叫板，可惜没打几个回合就败了。后来，他跟袁绍手下大将文丑对阵，也是战不到十余合，就招架不住，拍马败阵而逃。在罗贯中的笔下，一个曾经叱咤风云的乱世枭雄生生成了常败将军。

历史上的公孙瓒可真没这么怂，不说他生得壮美，性格也极勇猛豪迈。他善使双头铁矛，《后汉书》记载："瓒常与善射之士数十人，皆乘白马，以为左右翼，自号'白马义从'。乌桓更相告语，避'白马长史'。"当年与胡人作战五六年，他和他的骑射兵团所向披靡，一时威震塞外，打得胡人望风而逃。

后来镇压黄巾军时，第一战在东光，他几乎开启了屠杀模式，黄巾军被斩首三万级；第二战在丹水，黄巾军又被打得溃不成军，死者数万，丹水尽赤。

两战之后，朝廷加封公孙瓒为奋武将军、蓟侯。随后，他继续凯歌高奏，大杀四方，最终将刘虞杀死，尽得幽州之地，进位前将军，封易侯，假节督幽、并、青、冀四州军事，综合实力远强于当时的诸侯盟主袁绍。

然而仅仅因为一念之差，他建立起的庞大帝国在几年内迅速崩塌，最终身死国灭，不能不让人叹息。

据《英雄志》记载，公孙瓒是听了一首童谣之后忽然受到了"严重的启发"，于是开始故步自封，以至于作茧自缚的。

这首童谣是这样唱的："燕南垂，赵北际，中央不合大如砺，唯有此中可避世。"

古人对于童谣都是非常看重的，认为其中往往藏着天意。公孙瓒听完这个，一分析，这不就是自己治下位于易河之畔的易县吗？那在此筑造一个宏大的"砺"完全可行哦。注意这个"砺"可不是磨刀石，应该借用的是"使河如带，泰山若砺"中的含义，意思是只要在这儿修建成高如泰山一样的城堡，即使是兵荒马乱，也可以在其中逍遥自在地过日子。

也许多年的征战让公孙瓒厌了，于是他开始大兴土木，修建自己的易京神堡。

他先是在易河边挖了十余重战壕作为外围，然后在内堆筑了高达五六丈的土丘，在土丘之上再筑造营垒城堡。中央位置的土丘最高，可达十余丈，公孙瓒自己住在上面，他真像神仙一样住在空中楼阁里了。

为了安全，他考虑得很周到，连左右的侍卫也不要，男人七岁以后就不能进入他的神堡了。他把妻妾都安顿进来，然后囤积了三百万斛粮谷，底下又铸造了极厚重的大铁门，只要铁门一关，简直可以万事大吉了。他得意地认为，躲进神堡成一统，"以待天下之变"。

还有一个问题，怎么跟下面的将士们通消息呢？公孙瓒也有自己的绝招，哈哈！通信基本上靠吼——他训练了一批大嗓门的女秘书，扯着嗓子嘶喊能传出数百步之外。如果有需要审批的文件，"皆汲而上之"，那就放下绳篮吊上去。

神堡落成之后，公孙瓒又犯了一个大错。

当袁绍带领大军来攻打的时候，他手下的一个将军被围，公孙瓒却不肯相救，还振振有词地说："如果救了这一个，那以后其他人都会只等救兵而不肯力战。我不去救他们，他们自然会自我激励，与敌人殊死决战的。"

他想当然地以为人人都可以置之死地而后生，但等袁绍大军一到，他手下的大将们能降的降了，能跑的跑了，袁绍简直笑歪了嘴，直接就攻到了公孙瓒神堡的铁门前。

其实，公孙瓒除了坚守之外，还是有生路的，他派儿子公孙续向黑山军求救，让他们发兵十万来救他。他们准备举火为号，里应外合，夹攻袁绍。谁知道阴差阳错，黑山军送来的书信被袁绍缴获，他将计就计，设好了埋伏，举火把公孙瓒骗出去，差点把他包了饺子，公孙瓒狼狈逃回城堡。本来他也有突围的机会，留得青山在，不怕没柴烧嘛，可惜听了一个不着调的叫什么关靖的人一分析，他又坚守不出了。

袁绍起初也没招，望楼兴叹，后来想到了地老鼠的战术，就派人挖地道，一直挖到了公孙瓒的中央土丘之下。和咱们现在挖煤一样，兵士们边掘进边用木柱把巷道顶起来，等把土丘底下大半都挖空了，就放了一把大火，木柱烧毁，公孙瓒的空中楼阁瞬间倒塌。

这是发生在建安四年（199年）的事。《三国志》中记载："瓒自知必败，尽杀其妻子，乃自杀。"《后汉书》中记得更详细，也更惨烈："（瓒）自计必无全，乃悉缢其姊妹妻子，然后引火自焚。"

陈寿在《三国志》中对他的点评是："公孙瓒保京，坐待夷灭。"

笔者也有点感叹：自古以来群雄逐鹿中原，没听说过谁守城待鹿的。公孙瓒的做法是典型的不思进取，这无异于作茧自缚。本想坐山观虎斗，吃完三百万斛粮食再说，没想到袁绍根本就不让他把粮食吃完。

好看到停不住的中国史

如此来看，成功是等不来的，能等来的往往是劫难。

✱ 参考书籍
《三国志》《后汉书》《英雄志》《汉晋春秋》《三国演义》

曹操派刺客刺杀刘备，如何被诸葛亮慧眼识破？

太史公司马迁的《史记》中专门有《刺客列传》，记载了曹沫、专诸、豫让、聂政、荆轲五个刺客。其中，刺杀成功的是曹沫、专诸和聂政。曹沫技高一筹，挟制了齐桓公，要回了土地，自己还安然无险；专诸和聂政虽然完成了刺杀任务，但与目标人物同归于尽；最可叹的是豫让和荆轲，没有刺杀成功，反而赔上了性命。

用刺客，是一种投入小而见效快的手法，一旦成功，可能四两拨千斤，化解最大的危机，所以历史上代不乏人，在史书上，刺客的影子始终都在。

三国时期，小霸王孙策命丧刺客之手。当时孙策杀了有二心的手下许贡，没想到许贡却有三个忠心的门客要为他报仇。孙策狩猎时，三人埋伏起来，其中两人持枪突然刺向孙策，另一人近距离放箭，正中孙策面颊。孙策的部下赶到后，将刺客全部杀死，但孙策也因为伤势太重，不治而亡。

裴松之为《三国志》做的注中，描写了一段曹操派人刺杀刘备的故事，这段故事在《三国演义》中并未出现，现在整理出来，给看官过把瘾。

话说曹操本人当过刺客，当年他曾经策划刺杀董卓，可惜没有成功，在董卓反应过来之前就机智逃脱了。后来赤壁大战，以为可以横扫天下的曹操被孙刘联军打败，这一口恶气憋在胸口没法释放，越想越恨，而正面攻击一时又无法取胜，那干脆给刘备来个黑的、来个狠的，于是曹操就派了一名刺客去行刺刘备。

刺客以谋士的名义来投奔刘备，刘备一向礼贤下士，与刺客亲切相见。这位刺客的过人之处在于，他并非一勇之夫，而是精通韬略，他所献的伐魏之计，与刘备的想法高度吻合。刘备认为又得到了一位高人，二人相谈甚欢。

就在此时，诸葛亮来了。刘备赶紧给两个人介绍，而且对此人高度赞赏，说是得到了一位"奇士"，"足以助君补益"。意思是这个人也很了不起，可以跟你搭班子。于是诸葛亮细看此人。在诸葛亮的面前，来人惴惴不安，甚至有些惊慌失措，这些都被目光如炬的诸葛亮看在眼里。

诸葛亮刚坐下，准备与来人细谈，他却起身要去厕所，匆匆而出。

刘备看重的这位"奇士"让诸葛亮起了疑心，他说："客色动而神惧，视低而忤数，奸形外露，邪心内藏，此人一定是曹操派来的刺客！"

刘备马上派人去追，结果发现，刺客已经翻墙逃走了。

本来刘备也是有识人之明的，对于马谡，他的看法就比诸葛亮还要精准，想不到这次完全被骗了。

裴松之的分析说，这个刺客虽然刺杀未成，但为人也很不简单，必然是文武全才，曹操拿这样的人才来作刺客，是把他投入死地，很让人可惜。按说，曹操也是重才惜才的人，但这位刺客究竟是谁？为什么如此默默无闻？

有人认为刺客可能是徐庶，但笔者认为绝无可能，当年刘备屯驻新野时，徐庶前往投奔，还是他向刘备推荐的诸葛亮，所以刘备当然是见过他的，而且如果是徐庶来了，刘备必然与诸葛亮一起迎接他，应该不会出现先后见他的一幕。最重要的是，以徐庶的性格，他既是刘备的知己，又是诸葛

亮的好友，怎么可能回来当刺客？

刘备在创业的过程中，还曾经遇到一次刺客，那是在他担任平原国相的时候，当时有一个叫刘平的人，对刘备又嫉妒又不服，于是就派出刺客暗杀刘备。

刺客来见刘备时，刘备以礼相待。刺客观察了一段时间，发现刘备确实宅心仁厚，深得人心，他倒也是个有良心的人，不仅没有动手，还把奉刘平之命前来行刺的实情告诉了刘备，然后隐遁而去。

若要在乱世开创一番大事业，总免不了以身犯险，但刘备也算是天命攸归，合该化险为夷。当然，能够感化刺客，也是刘备为人处世有道的一段美谈。

✳ 参考书籍

《三国志》《史记》

您心里的太平盛世什么样？"奸雄"曹操有一个美好答案

您心里的太平盛世是什么样的？或者您认为理想国应该是什么样的？

有人会被问得一头雾水，这么大的问题可能从来没有想过；有人会搜肠刮肚地想起这样一句老话："路不拾遗，夜不闭户。"这似乎是后世用来描述贞观之治的标准用语。

能说出这样一个答案也不简单，其实这还只能算是太平盛世的一个侧面而已。盛世之象，涉及社会生活的方方面面，而身为政治家兼诗人的曹操在一千八百年前曾经说出一个美好的答案——原来"奸雄"对太平盛世也是有期待的，他心目中有一个理想国、一个大同社会、一个世外桃源式的乌托邦。

这个答案就在他的《对酒》诗里。

"对酒歌，太平时，吏不呼门。王者贤且明，宰相股肱皆忠良。"

诗的开头表达的就是政治清明，这是盛世的前提。对于朝廷来说，王者圣明，百官忠正；对一个普通的老百姓来说，有吃有穿，还能喝酒唱歌，最可贵的是官吏不闯门，不干涉老百姓的日常生活。只要完成了赋税，没人能奈你何，你就是羲皇上人。

"咸礼让，民无所争讼。三年耕有九年储，仓谷满盈。"

老百姓都得到了很好的教化，遵守礼仪法度，最难得的是民间没有争斗诉讼。百姓各安其分，日出而作，日落而息，在田地里辛苦耕作，年年

都有好收成。

"斑白不负载。雨泽如此,百谷用成。"

敬老爱老,在古人的眼里,老人不必再吃苦受累。社会和谐,天人相应,于是风调雨顺,五谷丰登。

"却走马,以粪其土田。"

这一句的潜台词是,海晏河清,因为没有战争,战马都被用来送粪耕田了。

"爵公侯伯子男,咸爱其民,以黜陟幽明。子养有若父与兄。"

公、侯、伯、子、男,是周天子分封诸侯时的五个等级。百姓的这些父母官各司其职,斥退邪恶,提拔贤明,真正爱护他们的人民,就像爱护他们的父兄一样。

"犯礼法,轻重随其刑。路无拾遗之私。囹圄空虚,冬节不断。"

没有犯法的人也是不可能的,如有,则处刑适当。太平盛世的一个最典型特征是监狱里没多少囚徒,到了腊月就没有犯人需要判决了。贞观四年(630年),全国被判处死刑的人数为29人,庶几近之。

"人耄耋,皆得以寿终。"人们不但都长寿,老人都能得到很好的赡养,安度晚年,自然死亡。

"恩德广及草木昆虫。"在美好的社会里,不仅只有人可以活得自在舒畅,还要惠及草木昆虫。

最后一句话,本人格外钦佩。有人认为,曹操尚法,但这份境界远非法家可及。复有人认为曹操外法内儒,这一句诗里也确实蕴含圣者之仁心。恩德不仅要推及百姓,甚至要"广及草木昆虫",这不能将其简单地归之于诗人的浪漫情怀。汉末至魏晋,佛学西来,初入华夏,曹操向来被人称为一代旷世"奸雄",却何以有此般菩萨心肠?不能不令人掩卷长思了。

曹操怎么不嫉妒关羽的武功？杨修之死暗藏宫斗玄机

从《三国演义》里的描写来看，杨修是聪明死的，"一合酥"呀、门上书"活"字呀、梦中杀人呀、猜字谜呀等，说曹操妒忌他的才能，这实在是为了讲故事而发散出来的怪论。从《三国演义》节选进入中学课本的《杨修之死》分析，大致就是这么个意思，说杨修如何恃才傲物，最后耍小聪明，剧透了曹操的夜间口令"鸡肋"的言外之意，于是被曹操一怒之下推出去斩了。

这真是一个太浅太表象的见解了，先说雄才大略的曹公什么时候妒贤嫉能过？比他聪明的文士他手下有一大把，如荀彧、荀攸、贾诩、程昱、郭嘉等，包括那个居心叵测、脑后也长着反骨的司马懿，哪个不是聪明绝顶？也不见曹操有半点嫉妒。陈琳那样曾为袁绍写文章痛骂曹操祖宗的人，他都愿意接纳。关羽的武功还比曹操高许多呢，这么一个不愿意跟随自己的人，他都没嫉妒，反过来只能证明曹公爱才、惜才罢了。

事实上，曹操杀杨修有他不得不杀的原因。我们先来看《三国志》里是怎么说的："太祖既虑始终有变，以杨修颇有才策，而又袁氏之甥也，于是以罪诛修。"

这话说得很明白，杨修犯了皇室大忌，参与了夺嫡之争。他是曹植的重要谋士，在已经确立曹丕为太子的情况下，曹操为身后接班人的安危考

虑，所以杨修必然会成为这场斗争的牺牲品。

我们再来看一个非常重要的时间节点，杨修被杀之后百余日，曹操就死了。这就说明杀杨修的决定是在曹操病重期间做出的，目的是帮曹丕剪除曹植的羽翼，所以杀杨修是处心积虑的，并不是像"鸡肋事件"描述的那种激情杀人，所以根本不是什么"乱我军心"，曹操给杨修定的罪名是"交关诸侯"。

这话也说得很明白，自己快要死了，曹植才情很高，追随他的人不少，"而丁仪、丁廙（yì）、杨修等为之羽翼。"曹植的势力不可小觑，为这，曹操曾经几度想立曹植为太子，但可惜的是曹植自己不争气，纵酒任性，几次误事，把江山交给他毕竟不踏实。

如果不立曹植，当然舍不得杀自己的儿子，为了社稷的安稳，那么杨修等人就不得不死了。其实杨修也知道自己处境险恶，他说过自己"死之晚也"，从立曹丕为太子到曹操病重，他还侥幸多活了两年呢。

杨修也清楚地知道，就算曹操不杀他，他也难逃一死。以曹丕的性格，他一接班就对丁仪和丁廙兄弟痛下杀手，丁仪被满门抄斩，丁廙家的男丁也悉数被杀。已经长眠地下的杨修倒该侥幸死在了曹操手里，毕竟他的儿子保住了。

其实要论智商，杨修也没那么顶尖聪明的，他这个重要谋士，数次把曹植的事办砸了。

第一次，杨修知道曹丕一直在秘密活动，要争夺世子之位。他收到线报，为掩人耳目，曹丕把朝歌长吴质装在大竹筐内，以绢匹的名义载入府中。杨修轻率地向曹操打了一个小报告。得知杨修告密的消息，吴质照老办法，继续用大竹筐装上绢匹，载入府中，曹操派人检查，发现只是绢匹，认为杨修是有意栽赃陷害的，摆明了挑拨自己和儿子的关系，这怎能不让他冒火？

第二次，曹操想考察两个儿子处理事务的能力，一面令二人出城门，另一面却密使门吏不放行。曹丕先到，遭阻止而返。曹植按照杨修教的办法，称"吾奉王命，谁敢阻挡！"于是斩杀了门吏。曹操见曹植办事果敢，甚为欣喜，但后来知道是杨修所教，心里十分忌恨。当然，他也会迁怒于曹植。

总之，杨修的几件事都干得不怎么漂亮，把这样一个人放在事事对他言听计从的曹植身边，等曹操死了以后，会发生什么，只有天知道。曹操当然不能冒险了，自己活着时，他们并不敢造次，一旦自己命归黄泉，很可能祸起萧墙，两个儿子同室操戈。所以，杨修之死也就是必然了。

※ **参考书籍**

《三国志》《三国演义》

三国北方绝代美女，与江南二乔齐名，曹氏父子三人都被俘虏

说起三国的美女，名气最大的应该是貂蝉了。她入选过古典四大美女的荣誉榜单，但命不太好。接下来，人气比较旺的是江东二乔，一个嫁孙策，一个嫁周瑜，看起来很不错，但这两位伟丈夫都短寿，一个活了二十六岁；另一个活了三十六岁，守活寡也没什么意思。要笔者总结，三国也有四大美女，除了以上三位外，还有一个天香国色、粉丝成群，连曹操父子三人都是她的忠粉，惜哉红颜薄命，结局也很惨。

这位美女的名字叫甄宓，中山郡无极县（今河北无极）人。

因为长得太美，人又极贤惠，所以她十几岁就被袁家看中了，让她当了袁熙的老婆。四世三公的袁家当时是北方势力最强的豪族，是中原霸主。可惜好景不长，到二十一岁那年，甄宓所在的邺城被曹操攻破，她和婆婆刘氏都无路可逃，只能把自己绑起来坐以待毙。

想不到，最先冲进府里来的是一位看上去只有十七八岁的小哥，正是曹操的二小子曹丕，官拜五官中郎将。甄宓当时趴在婆婆的膝上不敢抬头，曹丕先让给刘氏松绑，还喝道："令新妇举头！"让这个小娘子抬起来给爷看看，呵呵！婆婆就让她抬起头来，结果姿色绝伦的甄宓直接就把曹丕看得两眼发直了。据《魏略》记载，"见其颜色非凡，称叹之"。于是这位美女成了曹丕的战利品，被他迅速收编。

这才叫先下手为强。曹丕后来大叹侥幸，原来他的老爹也惦记着这个美女呢。据《世说新语》记载："魏甄后惠而有色，先为袁熙妻，甚获宠。曹公之屠邺也，令疾召甄，左右白：'五官中郎已将去。'公曰：'今年破贼正为奴。'"

非常有趣的一个段子，意思是曹操攻破邺城之后，马上就令人去活捉甄宓，结果手下回来禀报说："您儿子五官中郎将早就捷足先登了！"曹操当时还心有不甘地说了这么一句："我今年攻打邺城正是为了她呀。"

有后人给曹操脸上贴金，说这个"奴"字指的是他儿子，意思是他打仗就是为了给儿子抢别人的媳妇，这可有点搞笑了。

一是从笔者有限的一点知识来看，从未见过有人称自己儿子为"奴"的。二是这本是个会意字，"奴"从又、从女，是"手擒女俘迫其为奴"之意，始见于西周金文。《周礼·秋官·司厉》："其奴，男子入于罪隶，女子入于舂槁。"

所以，个人分析，曹操就是直抒胸臆，表达了对甄宓的爱慕之情。他本来就很好色，一生征战中都有抢别人老婆的爱好，只是这次不小心被儿子下了先手。既然是当爹的，也不好意思跟儿子去争去抢，但恐怕还是心有不甘，一直耿耿于怀。

有人说，曹操后来因为太子的人选狐疑不决，他的儿子们险些因为夺嫡而发生内乱，正是因为心里还有这么一段隐痛。到底是不是真的，看官自己判断。

再说故事的另一位主角大才子曹植。

《昭明文选》中记载：魏东阿王曹植曾求娶甄氏为妃，曹操却将她许给了曹丕。这个记载让人吃不准，因为曹植当时才十三岁，是不是有点太

早熟了？曹操当时一定心里暗笑，你也想要美女？那谁不让你跑快点，跑到你哥哥的前面？这是一个玩笑，您可别信。

但您应该信的是曹植后来写了一篇千古名作，叫作《洛神赋》。在这篇文章里，曹植说他在途经洛水时邂逅了一位极品美女，传说是伏羲之女洛神，于是他把自己能想象到的世界上最美好的词汇都一口气写给了她，其中"翩若惊鸿、婉若游龙""凌波微步、罗袜生尘"等成为传世名句。

于是有人产生了一个大胆的想法：这篇文章就是曹植写给甄宓的，他是借着对洛神的描写，来抒发自己的情感。

曹植到底与甄宓有过交集吗？还真有。

两人见第一面的时候曹植还真是年龄太小，但到了216年，他可就长成一个二十五岁的精壮后生了。这一年年底，曹操东征孙权，带走了曹丕和甄氏生的两个孩子，而甄氏却因为生病留下了，而同时留守邺城的，正是曹植。

这期间，曹植去探望一下生病的嫂子也是应当应分的，据说嫂子得的是瘟疫，有生命危险，那就更有探望的必要了。

一个因为曹丕的身边有了美人郭氏而被冷落；另一个则是因为做了几件让老爹很失望的事而逐渐失去了争夺太子的机会，两个都是伤怀人，何况还是一个大才子和一个大才女，会不会碰撞出惊世骇俗的火花来？

这个不敢说，只知道他们曾经有大把的时间。因为直到次年九月，曹操的大军才返回邺城。

而更让人怀疑的记载是，曹操的夫人卞氏回来之后看到甄宓光彩照人，说你跟儿女离别这么久，怎么容光焕发，更胜从前了呢？甄宓只能掩饰一句："自随夫人，我当何忧？"天哪！这难道是爱情的力量吗？

接下来发生的事情就非常诡异了。黄初二年（221年）六月，曹丕竟然遣使赐死甄氏，将其葬于邺城。

关于甄宓的死，史书记载得有点轻描淡写，说曹丕称帝之后宠幸的是郭氏，甄宓大有怨言，乃被赐死。但她死的时候被勒令"被发覆面，以糠塞口"。可见曹丕对她有多狠毒，连死都不肯放过她。

什么事才能让一个男人对他爱过的女人下如此毒手呢？

看官可以参看甄宓写的一首诗，一首用血与泪写就的《塘上行》：

"蒲生我池中，其叶何离离。

傍能行仁义，莫若妾自知。

众口铄黄金，使君生别离。

念君去我时，独愁常苦悲。

想见君颜色，感结伤心脾。

念君常苦悲，夜夜不能寐。

莫以豪贤故，弃捐素所爱。

莫以鱼肉贱，弃捐葱与薤。

莫以麻枲贱，弃捐菅与蒯。

出亦复苦愁，入亦复苦愁。

边地多悲风，树木何修修。

从君致独乐，延年寿千秋。"

要说这诗里的"君"是曹丕，反正我是不能相信，他和"边地"毫无关系，但与被赶走的曹植倒很契合。

更为蹊跷的是，甄宓被赐死的那一年，三十岁的曹植也以"醉酒悖慢"的理由被贬为安乡侯（今河北晋州侯城），食邑仅有八百户。

曹植的《洛神赋》写于公元222年，他从邺城返回封地鄄城的途中。文中描述他向洛神求爱，最后恋爱失败，是不是在隐喻自己的爱情故事？让人疑惑的是这篇文章本来叫《感甄赋》，而在甄宓的儿子曹叡（ruì）即位之后，为避母名讳，才把它改为《洛神赋》。

还有一个疑点，公元227年，即曹叡登基的第二年，曹植给他侄儿上了一道疏，其中有这么一句："臣闻明主使臣，不废有罪。故奔北败军之将用，秦鲁以成其功，绝缨盗马之臣赦，楚赵以济其难。"

别的典故且不说，只说这个"绝缨"，典出楚庄王，扯到了男女之间的情事，而曹植这么写给曹叡，是在向他暗示自己和甄宓之间曾经有类似的交集吗？

✳ 参考书籍

《三国志》《昭明文选》《魏略》《世说新语》

铜雀台是用来窝藏美女的？这首诗让人误解了曹操

不少人都读过唐代诗人杜牧的这首名诗：

"折戟沉沙铁未销，自将磨洗认前朝。

东风不与周郎便，铜雀春深锁二乔。"

这首诗名为《赤壁》，大意是诗人在长江里发现了一杆断戟，磨洗了一番之后推断这可能是当年三国时代赤壁大战时的遗物。那场大战很有意思，如果不是东风帮了周瑜的大忙，东吴估计就完蛋了。二乔即大乔和小乔，诗中是说孙策和周瑜的妻子都将变成战利品被锁进曹操的铜雀台。

从诗的表面意思来看，或照我以前的理解，铜雀台真不是什么正经地方，参照是纣王为妲己建的鹿台，这个台子似乎是好色的曹操专门用来窝藏天下美女的罪恶渊薮，被他抢来的诸如袁绍的老婆、何进的儿媳妇、张绣的婶娘等一干人等都关在这儿。

要是这么理解，可就彻底歪了。

最直接的证据是，当年这个台子刚刚建成的时候，曹操很开心，带着一帮文人雅士和他两个才华横溢的儿子一起登台，还让曹丕和曹植都即兴作赋以歌颂之。如果这个台子是曹操这个花心老爹经营的"小老婆活动中

心"，那这俩儿子还不得尴尬至死？

事实是，曹丕写出了清丽雅致的《登台赋》，其中有"飞间崛其特起，层楼俨以承天"之句，语出惊人。而才思敏捷的曹植也写出了脍炙人口的名篇《铜雀台赋》，其文辞之华美，想象之瑰丽，让他的曹老爹也赞不绝口。

那曹操花钱建这么个高台到底是什么用意，难道只是用来喝酒作赋的？

那还真不是。建铜雀台的初衷在曹植的赋里其实已经交代得很清楚，一起来看：

"欣群才之来萃兮，协飞熊之吉梦。"

意思是在这个高台上，我们欣喜地看到天下才子争相前来，就好似周文王当年梦见飞熊而得到了太公望那样的大才一样。

"翼佐我皇家兮，宁彼四方。"

招来这么多人才，为的是让他们辅佐老曹家平定四方，一统天下。

用意很明确，很高大上，曹操建这个台子，不是为了美女，而是为了广求贤才。

事实上，曹操曾三下"求贤令"，他的手下人才济济，猛将如云，跟他求贤若渴是分不开的。

根据《曹操集译注》记载，建安十五年（210年），曹操已经五十六岁了。"春，操下《求贤令》。冬，作铜雀台于邺。"

铜雀台建在邺县，这里是曹操被封为魏王时的都城，在今天的河北省临漳县以西。

据史书记载，铜雀台高十丈，台上又建五层楼，离地共二十七丈。按汉制一尺合市尺七寸算，高达六十三米，差不多等于现在的二十层楼。

台上楼顶的置有铜雀，高一丈五，舒翼若飞，神态逼真。台下引漳河水经暗道穿铜雀台流入玄武池，可以用来操练水军，如此可以想见其规模之盛。

还是用当事人或亲历者曹植的话来说吧：

"见太府之广开兮，观圣德之所营。建高门之嵯峨兮，浮双阙乎太清。立中天之华观兮，连飞阁乎西城。临漳水之长流兮，望园果之滋荣。仰春风之和穆兮，听百鸟之悲鸣。"

修高台以求贤，在中国古已有之，最著名的是燕昭王。诗曰："燕昭北筑黄金台，四方豪杰乘风来。"

燕昭王欲报齐仇，拟招徕人才，向郭隗问计。郭隗说："请先自隗始。"昭王即为其筑宫室而敬之如师，并在北易水南筑台招贤，置千金于台上，延请天下士。于是，昭王筑"黄金台"求贤之名不胫而走，乐毅、邹衍、剧辛、苏代等大才相继而至。燕国日益强盛，遂为战国七雄之一。

唐代诗人李贺在《雁门太守行》里写道："报君黄金台上意，提携玉龙为君死。"

那这个求贤台替曹操招来人才了吗？当然，曹操用重金从匈奴赎回才女蔡文姬，就是在铜雀台上接见并宴请她的。蔡文姬在此演唱了著名的《胡笳十八拍》。有人借此臆想两人有暧昧关系，但个人以为，曹操纵然好色，也还没有到老少通吃，连故友之女也不放过的地步。

铜雀台及其东侧的铜雀园，当时是邺下文人创作活动的乐园。三曹及王粲、刘桢、陈琳、徐干等经常聚集于此，写下了很多不朽的文章。

不光杜牧的诗有可能误导看官，在《三国演义》里，也有这样的一段跨时空描写——

诸葛亮为了智激周瑜，篡改了曹植的《铜雀台赋》，将"连二桥于东西兮，

若长空之螮蛛（dì dōng）。"改成了"揽二乔于东南兮，乐朝夕之与共。"

周瑜听他背诵完篡改版的《铜雀台赋》后，果然被激怒，离座指北而骂曰："老贼欺吾太甚！"并当即表示愿与孔明同破曹贼。

这完全是罗贯中先生的想象，因为铜雀台是到那一年冬天才建成的，当时三十六岁的周瑜已经死了。

参考书籍

《三国志》《曹操集译注》《三国演义》

曹操的身高只有一米六？

山东卫视做过一档节目叫《中国面孔》，有一期首次曝光了曹操的相貌。这个相貌是专家还原的，很是吸引眼球。从还原的曹操"庐山真面目"来看，他具有三个显著特征：散装的眉毛、突起的上鼻梁和稍微有点倾斜的额头。

当然了，一万个人眼里就会有一万个曹操。有曹家的后人认为：啊！这就是曹操！估计是跟他自己长得有点像？反正笔者看了那个图，觉得有点怪怪的。

专家介绍，还原曹操面孔是一个复杂而又科学的过程，是根据人类学家和历史学家提供的资料，结合一千八百年前中原人的相貌特征、文献中对曹操相貌的描述、遗传学家对曹操九支后裔DNA的分析等各方内容，同时还对曹操九支后裔几千名后人的面部特征进行分析，逆推还原而成的。据说这个逆推了一千八百多年的曹操相貌在学术上得到了专家的认可。笔者也同意，这是一个"很有意思的结果"。

如果您也觉得这个不太像，那曹操究竟长什么样？

《三国演义》里对他有描述，第一回："为首闪出一将，身长七尺，细眼长髯，官拜骑都尉，沛国谯郡人也，姓曹，名操，字孟德。"从这句话来看，曹操身高为七尺，于是想当然地以为他也是一条大汉。"细眼"，不是小眼，想来应是细长型的，可能有三角眼的嫌疑。

此时会有人说，怎么又拿演义来说历史？事实上，演义里倒也没夸张，身高七尺在汉代就是小矮子，这也是曹操一向比较自卑的一个痛点。如果他果然相貌出众，在《三国志》里陈寿必然会吹嘘一下。事实是，陈寿也不敢从他的身高上着手指点，干脆回避了，这也能反证曹操的外形确实长得不怎么样。

在东汉，七尺的概念跟现代相比，约合一米六以上，矮是矮了点，但还没有矮到西川张松那身长五尺的份上。曹操还能鄙视一下又矮又丑的张松，这是多不容易抓住的机会！

东晋的孙盛有一本《魏氏春秋》，写到了曹操的外貌特点："魏武王姿貌短小，神明英彻。"还是说他身材短小，但精明过人。毕竟是一代英豪，在气质上拿捏得死死的。

《世说新语》是南朝宋刘义庆写的，里面有个段子非常有意思，说到了曹操的长相。

"魏武将见匈奴使，自以形陋，不足雄远国，使崔季珪代，帝自捉刀立床头。既毕，令间谍问曰：'魏王何如？'匈奴使答曰：'魏王雅望非常，然床头捉刀人，此乃英雄也。'魏武闻之，追杀此使。"

从第一句来分析，曹操要会见匈奴的使者，因为个子小，"陋"，长得又不帅，所以自卑病又犯了。跟同时代的英雄们相比，他确实属于那种精豆子型的。试看一下，他和刘备青梅煮酒论英雄，《资治通鉴》里记述刘备"身长七尺五寸，垂手下膝"，刘备的身高应该在近一米八。而据《三国志》里对孙权的描述："形貌奇伟"，"奇"，在他的碧眼紫髯，"伟"，当然是指他的身高，乃伟丈夫也。三分天下，跟其他两位英雄的身高相比，曹操觉得自己有些拿不出手。"不足雄远国"，意思是怕自己镇不住这些远来的壮汉。

曹操想了想，反正他们也不知道我长什么样，不如找一个替身来糊弄一下。于是就把山东大汉崔琰找来了。《三国志·魏书·崔琰传》写到此人"眉目疏朗，须长四尺，甚有威重，朝士瞻望，而太祖亦敬惮焉"。虽然没写他具体多高，但胡子就敢留四尺长，个子得有多高就很可以展开想象了，再加上他容貌有威严，不光朝里的士人们看重他，连曹操本人也敬畏他。

于是，根据安排好的场景开始会见。崔琰正中端坐，曹操提着一把刀站在崔琰身后，扮成侍卫。

宾主双方在愉快的气氛中进行了会谈。会见完毕，曹操派了一个人偷偷去找匈奴的使者打听，您觉得这个魏王怎么样？想不到匈奴使者还是个相面的高手，就是嘴上没有把门的。他说魏王当然是风雅威望非同寻常，但他身后那个捉刀的人，才是真正的英雄。曹操听了汇报，心想我靠！这戏是不是演砸了？这个使臣眼神很毒辣啊，不能留着！于是派人去追杀使者。

这个段子从侧面也反映出曹操此人，虽然其貌不扬，但是气度非凡。推算时间，曹操当时已经统一了北方，年龄应该是五十多岁，征战沙场几十年历练出来不怒自威的气度，想藏都藏不住。

✱ **参考书籍**

《三国志》《资治通鉴》《三国演义》《世说新语》《魏氏春秋》

曹操能挥剑搏杀数十人，这个文学家竟然会武术？

大家对曹操的第一印象一般都是一代枭雄、白脸奸臣；第二印象是此公文才甚高，父子三人是那个时期的文坛领袖＋盟主＋总金主，史称"三曹"。他也确实写过不少好诗，能入选国学课本，当然是绝妙之作。但我如果说此公竟然是文武全才，武功还不是一般的高，恐怕您会再三呵呵，且听笔者慢慢道来。

首先声明的是，笔者不是小说家，所言皆依据史料记载，绝不信口开河。咱们就从曹操的少年时代说起。

据《三国志》记载："太祖少机警，有权数，而任侠放荡，不治行业……"作者陈寿没有直说曹操就是一个浪荡公子，是一个赖小子，用了一个大侠的"侠"字，但紧跟着就来了"放荡"二字，说明他还是挺顽劣的，而且从不干什么正经营生，估计就像唐代韦应物所写的"朝持樗（chū）蒲局，暮窃东邻姬"一样，赌博玩腻了，就去"偷鸡摸狗"。

他凭什么这么狂放？因为他是官宦人家的公子。呵！说是"宦人家"似乎更准确，具体什么来由，您请度娘酌酒，慢慢品。

曹操个子不高，笔者曾经撰文《曹操的身高只有一米六？》，其中对此有所探讨。有人说心眼太多的人往往个子矮小，但也不一定，比如诸葛亮就是一米八几的大高个，可曹操还真是被心眼给坠住了，是个小精豆子，

好看到停不住的中国史

所以"机警""有权数"。

说曹操"偷鸡摸狗"用的是引申义，鸡狗之类的东西哪里能入了他的法眼，他玩得很邪乎，敢去偷人家的新娘！

曹操那时候有一个伙伴，叫袁绍。呵！有人又会说，扯！那还打什么官渡之战！还真不是扯，据《世说新语》记载，他俩是发小，一起干过不少勾当，不信您买本书自己看。

原文如下，没几句，看仔细："魏武少时，尝与袁绍好为游侠。观人新婚，因潜入主人园中，夜呼云：'有偷儿贼！'青庐中人皆出观，魏武乃入，抽刃劫新妇。与绍还出，失道，坠枳棘中，绍不得动。复大叫云：'偷儿在此！'绍遑迫自掷出，遂以俱免。"

翻译如下：曹操年轻的时候，喜欢跟袁绍一起当"大侠"。有一回，他俩去看别人家办喜事，又不正大光明地看，偷偷藏在主人家的花园里。到了夜间，曹操故意叫喊："有小偷啊！"主人家的人都跑出来看，他趁机钻进了新房里，还拔刀把新娘子劫持了。在逃跑的路上，两人也是乐极生悲，竟然跑迷糊了，袁绍还慌不择路，跌进了荆棘丛里，动弹不得。曹操也不说救他，倒又大声嘶喊："快来抓小偷啊！就在这儿！"袁绍吓得一下子就从荆棘丛中弹了出来，估计也得划开好几道血口子吧，但毕竟还是顺利逃走了。

这个故事，一是好玩；二是让您知道曹操这人从小就一肚子坏水；三是至少也说明曹操身手很敏捷。袁绍这厮连逃跑都跑不利索，大事都是曹操干的，他敢贼喊捉贼，还能机警地钻进新房，用刀劫持新娘。袁绍被困，他再次贼喊捉贼，也是基于对自己的身手绝对有信心。

《三国志·武帝纪》注引《曹瞒传》载："（曹操）少好谲诈，游放无度。"正好给此事作注脚。

从曹操和袁绍干的这起囧事,也能看出两人后来的发展趋势。袁绍从小就被曹操捉弄,长大了指挥军队玩真人游戏时,依然不是曹操的对手。此是闲话不提。

有人说,这事只能说明曹操胆大,不能直接说明他武艺高强。好的,咱们接着看。

有一个典故叫"横槊赋诗",说的就是曹操。唐代元稹的《唐故工部员外郎杜君墓系铭》:"建安之后,天下文士遭罹兵战,曹氏父子鞍马间为文,往往横槊赋诗。"宋代苏轼在《赤壁赋》里也写他:"酾酒临江,横槊赋诗,固一世之雄也。"

槊,是重型的骑兵武器,由硬木制成,分槊柄和槊头两部分。槊柄一般长2米,槊头有的装铁钉,槊刃长50~60厘米,远远长于普通的枪矛。能够一边赋诗,一边把铁槊舞得虎虎生风,要不是练家子怕玩不了吧?若曹操只是一介文弱书生,估计得说:勇士们,且把槊舞将起来,待我即席赋诗一首哈!

再来看《三国志》里的记载,这段出自《武帝纪》的注,有孙盛的《异同杂语》里说:"太祖尝私入中常侍张让室,让觉之。乃舞手戟于庭,逾垣而出。才武绝人,莫之能害。"

汉末有臭名昭著的十常侍,就是十个宦官朋比为奸,祸国殃民。为首的一位就是张让,文章没写曹操为什么要"私入"他的住宅,估计也是想过一把大侠的瘾,刺杀这个阉宦,为国除奸,为民除害。别的不说,有这份心,还有这份胆,曹操已经让本人十分佩服了。当然,艺高人胆大,他要是手无缚鸡之力,那不等于是鸡给黄鼠狼拜年?

话说曹操没有藏好形迹,突然被发现了,张让的侍卫汹涌而入。曹操临危不惧，和侍卫们在院子里斗在一处，他挥舞手戟，侍卫近不了身。更神奇的是，他的跳高功夫（没好意思说轻功）也相当了得，竟然能够蹿到墙上，全身而退！

孙盛说他"才武绝人，莫之能害"，绝不是胡说。依笔者来看，还得加上"胆略过人"才是。据《魏晋世语》记载，姜维胆大如斗，而从这件事来看，曹操可是一点也不输于他。

还有人说，这不过是个孤证，也不足为凭。好，再看《三国志·武帝纪》注中有这样一句："（曹操）才力绝人，手射飞鸟，躬禽猛兽，尝于南皮一日射雉获六十三头。"

这一段是说曹操本人很有膂（lǚ）力，开得了硬弓，还是一个神射手，打猎什么的就跟玩儿一样。他不光是"会挽雕弓如满月"——"射鸟"，还能擒拿猛兽，这武力值可就不一般了。论跟他同期的英雄，一个是玄德公刘备，武功很不错，可参看拙文《刘备才是扫地僧？一个只会哭的皇 N 代如何让关张诸葛信服？》；另一个是仲谋公孙权，苏轼写他"亲射虎"，说明此人也算是一位敢打虎的英雄。要不，曹操怎么会赞叹"生子当如孙仲谋！"三国鼎立，曹操不光是在"文"上要远高于刘、孙，在"武"上也表示不遑多让。

说完这段，得再爆点猛料。还是据《三国志·武帝纪》注："兵谋叛，夜烧太祖帐，太祖手剑杀数十人，余皆披靡，乃得出营。其不叛者五百余人。"

有士兵哗变，趁着夜色放火烧了曹操的营帐，哪知道烧出来一个修罗恶煞，他仗剑杀出，挡者披靡，一时之间，叛兵血肉横飞，数十人中剑倒下。曹操出手异常凶狠，在最危急的时刻拿出了看家功夫，径直从营中突围而去。

说到这儿,您要再说曹操不会武功,我觉得就有点抬杠的意思了。

再说建安二年(197年),曹操南征宛城,张绣投降。曹操过于随性豪横,竟然"纳"了人家张绣的婶子,这也不知道是一种什么贼癖好。反正张绣觉得太难堪,这个"继叔"来得太欺负人了!于是他突然反叛,袭击了曹操的大营。

曹操被杀得措手不及,狼狈逃窜,手下大将典韦为了保护他,"身被数十创",怒目大骂而死。

但曹操还就是侥幸脱逃了,只是因为命大吗?要没有点过人的本领,他靠吟两句诗就能保了命?

这也从一个侧面说明他的功夫足以自卫,所以沙场征战三十几年,曹操不光活得挺好,还亲手奠定了他大魏朝的基业。

❋ 参考书籍

《三国志》《世说新语》《异同杂语》《魏晋世语》

因为这两件事，曹丕的名声臭了，可他真的有点冤

按：曹丕此人，留给后世的印象不太好，似乎是文不如他的弟弟曹植，武不如他的爹爹曹操，还妒贤嫉能，心胸狭隘。以笔者看来，这都是世人对他的误解。曹丕还是很有几下子的，文韬武略都不含糊，只是有两件事败坏了他的名声，而这细说起来他都有点冤。

曹丕让后世反感的第一件大事：篡弑汉帝。

据《三国志》记载，建安二十五年（220年），曹操死了，曹丕继任丞相、魏王，同年即位，结束了汉朝四百多年的统治，建立了大魏国。当然，曹丕当皇帝，也不是上了金殿一脚把汉献帝踢翻了，自己就坐在了龙椅上，而是该装的蒜还必须要装一下。

装蒜的正式名称叫"禅让"，意思是皇帝得下旨谦让，说自己无德无能，请德才兼备的人来当元首，而曹丕呢？更是扎扎实实走过场，三次上书辞让，然后才装着"真是没办法"的样子，戴上冲天冠，穿上龙袍，登上赤舄（xì），像模像样地当起了皇帝。

于是诸葛亮就开骂了："曹丕篡弑，自立为帝，是犹土龙刍狗之有名也"。"篡"倒是篡了，但是诸葛亮骂的"弑"就太冤了。原来当时江湖上盛传汉献帝刘协被曹丕给杀了，所以才有此一骂。但刘备正好借坡上轿，赶紧

登了基，凭汉室宗亲的身份也当了皇帝，还哭祭了一番，追谥刘协为"孝愍皇帝"。诸葛亮的骂是不是为刘备登基张本，怕也不好推卸。

那汉献帝到底是生是死？别担心，他比曹丕活的时间还长。当时，他被降封为山阳郡公，但还保留着天子礼仪，允许他在封地奉汉正朔和服色，建汉宗庙以奉汉祀。这已经算是不错了，而且他还有两个女儿，都嫁给了曹丕，他是正宗的亲老国丈，所以曹丕还给他说过软乎话："天下的好东西，我跟你可以一起享受。"

曹丕到226年就崩了，汉献帝则一直活到234年，到了魏明帝曹叡的手里才寿终正寝，享年五十四岁。明帝还率群臣亲自哭祭，以汉天子礼仪把他葬于禅陵，所以这个"弑"字基本谈不上。

再说这个"篡"字，也有点冤。

建安二十五年（220年）曹操去世的时候，其实曹丕登基已经是万事俱备，只欠加冕了。

曹操生前，迁汉献帝至许昌后，"挟天子以令诸侯"，政令皆出于曹氏，献帝已经成为一个标准傀儡。曹操征战四方，需要用臣子的身份周旋在各个割据势力之间。到他死的时候，实际上把坑都给汉献帝挖好了，只剩下把他推进去埋上就行。

但他为什么不"篡"呢？谁篡谁挨骂，他心知肚明，转念一想，江山老子都替你打下来了，锅你还不背一个？于是，曹操偷了牛，他儿子曹丕拔了橛子成了贼。呵！

当然，曹丕当了皇帝，马上就得追尊他爹为武皇帝，庙号太祖。后世人称曹操为魏武帝，他有皇帝之实，也有皇帝之名，却没人骂他是贼。

曹丕被后世诟病的第二件事：差点逼死兄弟

这就要谈谈著名的《七步诗》了。其中的一个版本是：

"煮豆持作羹，漉菽以为汁。

萁在釜下燃，豆在釜中泣。

本自同根生，相煎何太急？"

首先必须赞美这是一首好诗，豆和豆秸是同一个根上长出来的，就好比同胞兄弟。豆秸燃起熊熊大火，却把锅内的豆煮得翻转"哭泣"，以此来比喻兄弟相残，确实十分贴切。

《世说新语·文学》记载："文帝（曹丕）尝令东阿王（曹植）七步中作诗，不成者行大法（杀），应声便为诗……帝深有惭色。"据后人为这首诗脑补的创作背景是：曹丕称帝之后，对于曾经跟他争夺储位的弟弟曹植一直无法释怀，就想法子要除掉他，于是就给他出了这么个生死攸关的大难题。曹植知道哥哥存心陷害自己，可又无法开脱，在极度悲愤中七步成诗。

但这样的一档大事件不见于正史《三国志》，此诗更不见于《曹植集》，其真伪历来争论不休。一直有人认为曹氏确有兄弟阋（xì）以门墙之事，但现存的《七步诗》为后人伪托。

想想也是，一个手握无上权力的皇帝想弄死个把人，他可以找出一百个非杀不可的理由，比如曹植听说曹丕废汉自立，穿上丧服为汉朝悲哀哭泣；比如曹植写的《洛神赋》其实表达了他对嫂子的爱情？详情可参看拙作《三国北方绝代美女，与江东二乔齐名，曹氏父子三人都被俘虏》。

曹丕怎么可能在宫殿上玩这种残暴而近乎儿戏的恶作剧？如果曹植真没

作出诗来，就对外宣称他不会作诗而把他杀了？这岂不是会被天下人嗤笑？

再说曹植这个老弟才思敏捷，曹丕一向是知道的，就算要刁难他，也不会做得这么低级。

实际上，曹植被限制和打压是有的，他被数次徙封。最惨的时候是他三十岁时被徙封安乡侯，食邑仅有八百户，一个曾经过着优游宴乐生活的贵族王子日子当然很难过。但第二年4月，他就被封为鄄城王，食邑二千五百户。又过了一年后的223年，他又徙封为雍丘王。再到225年，曹丕南征归来，路过雍丘，与曹植见面，又给他增加了五百户。在曹丕死后六年，一代天才曹植也告别了这个让他伤心的人世间。

曹丕允文允武，也是一个蛮有意思的人。

先说文。

曹丕既然能跟他的老爹和老弟合称为"建安三曹"，当然不是浪得虚名。他在诗、赋、散文方面的成就都很高，今存《魏文帝集》二卷。其《燕歌行》是现存最早的七言诗，也是中国文学史上第一首完整的七言诗，对后世七言诗的创作产生了很大影响。他还著有一部《典论》，当中的《论文》又是中国文学史上第一部系统的文学批评专论，可称为中国文学批评之祖。

再说武。

曹丕擅长击剑骑射，还会博弈弹棋。在《典论》中他自述能"左右射"。

有一日，曹丕和平虏将军刘勋、奋威将军邓展一起喝小酒。曹丕一向听说邓展精研武术，有空手夺白刃的绝技，就和他谈论起剑术。谈着谈着，曹丕直率地说："我觉得你刚才说得不对。"邓展当然很不服气，当场要求和曹丕过招。

于是就以甘蔗为剑，二人下殿后你来我往，斗在一处。几个回合下来，曹丕连续三次击中邓展的手臂，左右皆笑。

邓展更不服气，要求再来一次。

曹丕料知邓展一定会突然取他的中路，就迅速退步闪过，随即出手如风，击中邓展的额角，满座皆惊。

重新坐下喝酒时，曹丕解释说："我过去对剑术也下过很大的功夫，而且拜过名师，得过真传。"

再说趣事——著名的"驴鸣送葬"

"建安七子"与"建安三曹"可以视为汉朝末年的文学课代表。

七人当中，除被曹操处死的孔融外，其他六人都依附于曹操父子旗下，其中王粲最为杰出，诗赋为建安七子之冠，他曾经官任侍中。建安二十二年（217年），王粲跟着曹操南征孙权，在北还途中病卒，终年四十一岁。

当时还是魏王世子的曹丕与六子都很处得来，尤其跟王粲交情最厚，于是亲临哭吊。在灵堂上，曹丕建议道："仲宣（王粲字）生前喜欢驴叫，咱就都学一学驴叫来送他吧！"于是大家纷纷伸着脖子学驴叫，灵堂上响起一片驴鸣之声，此事一时传为佳话。

笔者认为：对于曹丕的评价，魏国的人难免巴结逢迎，敌对的蜀吴两国难免鄙薄责难，所以都作不得准。但他能跟建安诸子相处欢洽，说明大家还是认可他的，因为人以群分，从朋友看朋友，大致不太偏差。盖棺论定，也许初唐四杰之一的王勃说了一句公道话：

"文帝临朝恭俭，博览坟典，文质彬彬，庶几君子者矣"。

※ 参考书籍

《三国志》《晋书》《世说新语》《典论》《魏文帝集》

曹操把中医害惨了？华佗烧掉的书是不是《黄帝外经》？

曹操不是简单地杀了一个人，而是办了一件贻害万年的蠢事？

建安五年，按公历来说正好是 200 年，曹操正准备在官渡与袁绍决战。就在这紧要关头，他的头痛病却突然发作了，一时目眩心乱，疼痛难忍。一堆医生来诊断，尝试了各种方法，均疗效甚微。此时，有谋士推荐了曹操的老乡，沛国谯郡（今安徽亳州）的名医华佗。于是，曹操紧急相召，正在民间行医的华佗就风尘仆仆地来了。

诊视之后，华佗拿出银针，在曹操背部的膈俞穴进针。片刻之后，曹操感觉脑清目明，疼痛立止。

曹操当然很高兴，华佗却如实相告："此病乃脑部痼疾，短期难于根除，须长期攻治，才能逐步缓解，延长寿命。"

曹操本性是个多疑的人，听了这话，认为华佗是在故弄玄虚，心下不悦，但还是把华佗辟为侍医，就是担任他的专职医师。

公元 208 年，曹操操纵朝政，自任丞相，总揽军政大权。伺候他几年的华佗也看清了曹操的为人，再说他学医的初衷是以医济世，现在被人"承包"，专医专用毕竟很不爽，于是托故暂回家乡，一去不归。

曹操几次发信相召，华佗均以妻病为由而不从。曹操怒，命人将华佗擒拿押解至许昌，严刑拷问。华佗倒也认罪，根据汉律，无非就是欺君之罪再加不从征之罪。曹操见华佗并没有曲从之意，愈怒，欲杀他泄愤。

荀彧赶紧求情："华佗医术确实高明，关键时候能救命，还是应该包涵宽容的。"但曹操盛怒难平，竟下令将华佗在狱中处决。

根据《三国志·魏书·华佗传》记载，华佗临死，"出一卷书与狱吏"，说："此可以活人。"

让人特别痛惜的是，这个狱吏是个没见识的胆小鬼，一部简直像天书一样珍贵的宝贝，他竟然不敢接。

华佗悲愤之余，将医书投入火中，一焚了之。

就这样，曹操把一代神医华佗杀掉了。后来，他的头痛病屡次发作，却还咬着牙说硬话，"华佗本能治好我的病，他就是不给我根治，还想以此要挟我，就算我不杀他，病也是治不好的。"

曹操自己活该头疼受报应，他可以充硬汉，但到这年冬天，爱子曹冲病重，诸医救治无术，他才说了心里话："吾悔杀华佗，才使此儿活活病死。"

后世人看到这段记载的时候，都会慨叹一代雄主曹操在这件事情上表现得极自私、极狭隘、极霸道，多少中医更是无奈叹惜，叹惜的是华佗之死和跟着他消亡的那卷书，那是一部中医的外科圣典！如果这书能传下来，中医何至于被人诟病两千年？

所以，"白脸"曹操杀华佗的同时，断了中医的一条腿，他把中医害惨了。

华佗真会做外科手术吗？有什么证据？

在《三国演义》里，写到华佗给关羽如何刮骨疗毒，还写他可以给曹操做开颅大手术，这些在《三国志》和《后汉书》中均无记载。可见，演义毕竟存在夸张的成分。

但是一点也不夸张的是，华佗确实是当时最了不起的国医，他不仅是如《后汉书》所说"晓养性之术""精于方药"，最紧要的是，他在当时已经能做肿瘤摘除和胃肠缝合一类的外科手术，因此被后人称为"外科圣手""外科鼻祖"，甚至有人用"神医"来称呼他。

说到外科手术，一直以来似乎都是中医的短板，是长达数千年的痛。传统中医学后来和外科手术越走越远，"残存"的绝大多数是体表型小手术，腹腔外科手术付之阙如，由此，人们对华佗的事迹感到难以置信。

问题很明显，如何及时补充手术失血？如何应对术后感染？即或是有技术和器械操作补充，其死亡率也必然惊人，更何况，那时候根本就不知道什么是血型匹配。

但事实是，华佗先生确实做过不少手术，而且他能熟练使用麻醉剂。他发明的麻醉剂名为"麻沸散"，这开创了世界麻醉药物的先河，比欧美全身麻醉外科手术的记录早一千六百余年。《世界药学史》指出，阿拉伯人使用的麻药可能是从中国传过去的，因为"中国名医华佗最精此术"。

据日本外科学家华冈青州的考证，"麻沸散"的组成是曼陀罗花一升，生草乌、全当归、香白芷、川芎各四钱，炒南星一钱。

在实施手术前，华佗将"麻沸散"和热酒配制，使患者服下，待其失去知觉，再剖开腹腔，割除溃疡，洗涤腐秽，用桑皮线缝合，涂上药膏，四五日除痛，一月间康复。

以下两份记载均可说明华佗的外科手术是如何的不可思议。

第一例是脾切除。据《华佗别传》："又有人病腹中半切痛，十余日中，鬓眉堕落。佗曰：'是脾半腐，可剖腹养治也。'使饮药令卧，破腹就视，脾果半腐坏。以刀断之，刮去恶肉，以膏傅（敷？）疮，饮之以药，百日平复。"

好看到停不住的中国史

第二例竟然是眼科手术。据沈约《宋书》："景王婴孩时有目疾，宣王令华佗治之，出眼瞳割去疾，而内之以药。"

如果仅有历史记载，似乎还不能确认，那这次考古发现是有力的佐证。2001年，在山东广饶傅家村大汶口文化遗址392号墓，考古人员发现一个颅骨，该颅骨右侧顶骨有31毫米×25毫米椭圆形缺损，"根据体质人类学和医学X光片、CT检查结果，这位墓主颅骨的缺损系开颅手术所致。缺损边缘的断面呈光滑均匀的圆弧状，应是手术后墓主长期存活、骨组织修复的结果。这是中国目前所见最早的开颅手术成功的实例，可以将我国开颅手术历史上推到五千年前。"

这个发现，足可以说明，华佗的手术并不算空前，在他之前，已经有高人能操作开颅手术了，但可悲的是，他的手术绝后了，在他死后，中医外科手术遂成为空谷跫（qióng）音。

华佗的技术从哪儿来的？是不是来自《黄帝外经》？

华佗精妙的外科医术不可能无中生有，必然有传承，这又必然地让人联想到传说中的《黄帝外经》，莫非华佗本是《黄帝外经》的传人，而他的死，才真正让《黄帝外经》成为绝响？

要说《黄帝外经》不能不说《黄帝内经》，如果把中医譬喻为一棵参天大树，那《黄帝内经》就是这棵大树的根基，甚至有人推崇说《黄帝内经》来自遥远的上古文明。

但《黄帝外经》是否真实存在过？一直有人质疑。班固的《汉书·艺文志》中明确记载，古代医经共有七部，《黄帝内经》《黄帝外经》《白氏内经》《白氏外经》《扁鹊内经》《扁鹊外经》和《旁经》。

令人浩叹的是，除《黄帝内经》硕果仅存外，《黄帝外经》和其他医

经全部失传！

现在仅知道的是，《黄帝外经》共三十七卷，比《黄帝内经》的卷数多一倍有余。关于其内容，第一种猜测，分为两大部分，《祝由科》与《长生卷》。《祝由科》讲的是起死回生之术，《长生卷》则包含修仙之法、长生不老之道。第二种猜测，"内"指理论，"外"指实践，《黄帝内经》主讲中医理论，而《黄帝外经》则阐述了外科手术的理论和技术，中医十三科或许都在其涉及范围内。

那么，《黄帝外经》是何人所著？

相传黄帝时期有三位名医，除雷公和岐伯外，名气最大的是俞跗（fū）。他医术高明，特别是在外科手术方面卓有成就。他做手术时，用刀子划开人的皮肤，解剖肌肉，结扎筋脉，除去病根。

《史记·扁鹊传》记载："臣闻上古之时，医有俞跗，治病不以汤液醴洒，镵石挢引，案抏毒熨，一拨见病之应，因五藏之输，乃割皮解肌，诀脉结筋，搦髓脑，揲荒爪幕，湔浣肠胃，漱涤五藏，炼精易形。"

俞跗晚年时，黄帝派仓颉、雷公、岐伯三人将他的医术整理出来，纂成了卷目。后来，俞跗的儿子俞执将卷目带回家交给父亲修订，却不幸遭遇火灾，房屋、医书和俞跗、俞执全家人，一起化为灰烬。这是《黄帝外经》失传的一种说法。

然而俞跗也许有传人，而华佗可能就是他口口相传的弟子。

很可惜的是，华佗虽然也有弟子，以针灸出名的樊阿、著有《吴普本草》的吴普和著有《本草经》的李当之，都各有所长，但没有人继承他的外科手术。是因为"阴阳之道不可妄宣，针石之道不可妄传"吗？也许是华佗还没有找到心仪的弟子，曹操的刽子手就已经举起屠刀了。

华佗烧掉的究竟是《黄帝外经》还是他自己的著作《青囊经》？连跟他处于同一时期的陈寿都不知道，后人就更无从探知了。

但也有令人欣慰的一点余响，比如，《祝由科》并未全部失传，间或灵光一现。有人说，正骨和小针刀也是《黄帝外经》的余绪。

更让人感到惊奇的是，给猪和鸡使用的阉割术却传了下来，妙到毫巅，疮口小，感染率极低，愈合得非常快。

这种小手术默默而尴尬地证明着，中国古代的外科手术曾经达到怎样的水准。

✱ 参考书籍

《三国志》《后汉书》《华佗别传》《宋书》《史记》《汉书》《世界药学史》

华佗是印度人？陈寅恪先生欠考虑了吧？

民国文化界如果要推出几位大师，陈寅恪先生当实至名归。陈寅恪先生集历史学家、古典文学研究家、语言学家、诗人于一身，被列为清华大学百年历史上的四大哲人之一，又与钱穆等人并称为"前辈史学四大家"。

按说，陈寅恪先生治学严谨，不轻下断语，向来为人称颂。但在陈先生《寒柳堂集》一书中，有一篇《三国志曹冲华佗传与佛教故事》的文章，文中认为，陈寿和范晔对华佗的记载太过于模糊，因此他进行一番考证后认为，华佗可能是印度人。

认真学习了陈寅恪先生文章之后，笔者不敢接受其观点，其论据不扎实，理由太牵强，均属捕风捉影的推测。大胆怀疑倒也没错，但小心论证还是绕不过去的。

先说第一点，陈寿的记载并不模糊，只是陈寅恪先生想从记载里看到他来自印度那可就太模糊了。

华佗生于约公元145年，208年被曹操枉杀，活了六十四岁，他死后二十五年，陈寿出生，到公元280年完成《三国志》的著述。陈寿与华佗是同一时代的人，且与陈寿同朝为官者，不乏见过华佗的人，如果华佗来自印度，从目前所有的史料来看，都没有替他遮掩隐瞒的必要，何况秉笔直书，本是史家信条。

中国对于"印度"的记载，最早在《史记·大宛列传》中，当时称为身毒（印度河梵文 Sindhu 对音），西汉或译为"羌独"，东汉称它为"天竺"。直到唐代玄奘大师仔细研究了天竺的名称，放弃了天竺、身毒、贤豆这些名称，根据当地发音，称之为印度。所以，称"华佗来自印度"的表述并不严谨，也不准确。

第二点，当时的交通极不方便，僧侣们舍生忘死不远万里来到东土为的是传教，华佗如果是一名印度医生，在哪里无非都是治病救人，他跑这么远到语言不通的汉地所为何来？

第三点，一个印度人如何精通中国的草药？根据《三国志》和《后汉书》的记载，他对于中国草药之精熟达到令人惊奇的地步，"其疗疾，合汤不过数种，心解分剂，不复称量，煮熟便饮，语其节度，舍去，辄愈。"仅同仁堂现在常备的中草药就多达上千种，一个印度人如何在短时间内掌握这些药性？

第四点，针灸是一种中国特有的治疗疾病的手段，是国粹，一个印度人如何精通针灸之术？史书记载，华佗是出手不凡的针灸圣手，"若当灸，不过一两处，每处不过七八壮，病亦应除。若当针，亦不过一两处"，那这名印度友人又是如何在短时间内掌握经脉学的？

第五点，老乡害老乡，两眼泪汪汪。华佗是曹操的老乡，"沛国谯人也"，注意下面这段文字："沛相陈珪举孝廉，太尉黄琬辟，皆不就。"意思是说，华佗先生不仅学问好，医术高，还是大孝子，名播乡里。这至少证明了华佗先生的父亲也是中国人，难道他们是举家从印度迁来的不成？再注意，"佗久远家思归，因曰：'当得家书，方欲暂还耳。'到家，辞以妻病，数乞期不反。"给曹操当了专职大夫之后，时间长了，华佗先生想老婆了，

要回家。这是人之常情姑且不说,这段文字还说明,华佗先生也已经娶妻生子了。如果他是一名外国的游方郎中,呵!在那个时候的中国,喜结连理,娶妻安家,难道这段"中印友好"的佳话不应该被载入史册?

那陈寅恪先生当初为什么会产生那样的猜测?

他提出的第一个疑点:天竺语"agada"乃药之意,旧译为"阿伽陀"或"阿羯陀",为内典中所习见之语。华佗二字古音与"gada"相适应,其省去"阿"字者,犹"阿罗汉"仅称"罗汉"之比,意思是华佗是一个印度名字的译音。

对于这一点,有些通梵文的学者认为,与罗汉和阿罗汉的用法完全不同,梵文"agada"作名词时是香药之名,音译为"阿伽陀"或"阿羯陀",但"agada"决不能省作"gada"。在梵文中,"agada"为无病、健康、健全之意,但"gada"的意思正相反,是"病",一个人取这样一个"大慈大悲"的名字是不合常理的,所以,"gada"不是陈先生所认为的"药神",而"华佗"也不是梵文译音。

陈寅恪先生提出的第二个疑点:陈寿在《三国志》第二十九卷的《方技传》中记载了华佗治病的许多奇事。陈寅恪先生追溯其神话来源,"与捺女耆域因缘经所记之尤相似",因此指出,华佗为曹操治病、断肠破腹之事、口吐赤色虫皆是从印度神话故事中抄袭而来的。

陈寅恪先生所依据的佛经全称当为《佛说柰女只域因缘经》,东汉安世高的译本,耆(qí)域即只域,或耆婆,是佛教传说里的神医名。柰(同奈)女是耆婆的母亲,耆婆生而手持针药囊,后遂终生行医。

经中所载印度神医耆域的故事确实与陈寿的《三国志》所述华佗治病的故事有几处相似,耆域所使用的一种天竺胡药,作用近似于麻沸散,不能不让人产生"因袭之疑"。同样是治虫，佛经中所言是用外科手术在脑颅内取虫，而华佗只是让人服药从腹中驱虫，完全属于内科治疗。另，佛经中的耆域似有透视功能，而华佗的治疗方法则更具可操作性，他不是耆域那样的神医，并非对任何病都有起死回生的本事。

除上述相似的几例之外，《华佗传》里尚有十四个案例，都是佛经里没有的，这些该从哪里抄袭？还是硬生生杜撰的？这岂不难煞了陈寿先生？

陈寅恪先生提出的第三个疑点："佗"字用于名字并不多见，其实仅在三国史上有记载的就有好几个，孟达之父孟佗、东汉任城王刘佗，还有一个担任曹操卫士的徐佗。华佗，真不能算是一个生僻的人名。

所以，华佗是一位堂堂正正的中国好医生，就别再往外推了，省得九泉之下的他老人家寒心。

✱ 参考书籍

《三国志》《佛说奈女只域因缘经》《史记》《后汉书》《寒柳堂集》

英雄见英雄，刘备第一次见孙策有什么奇怪的举动？

三国确实是一个英雄辈出的时代，英雄相惜又相忌，自古使然。

曹操眼高，"天下英雄，惟使君与操耳！"青梅煮酒论英雄，似乎把大耳刘备推崇得很高大威猛。曹操也确实是明眼识人，刘备根本就不是《三国演义》里的那个窝囊样子。

董昭说："备勇而志大。"张辅说："玄德威而有恩，勇而有义，宽宏而有大略。"关于刘备如何英雄，可参看拙文《刘备才是扫地僧？一个只会哭的皇N代如何让关张诸葛信服？》

汉室衰微，群雄并起。在各方英雄之中，有一位少年英雄更让人肃然起敬，那就是响当当的小霸王孙策。

他的父亲孙坚虽然了得，但死时并没有交给孙策几分土地，连旧部一千多人也被别有用心的袁术趁机卷走了。在十七八岁的年纪，孙策几乎是白手起家的，几年间东征西讨一统江东。

孙策还有非凡的龙虎威仪，袁术曾经感叹：生子当如孙伯符！原话是"使术有子如孙郎，死复何恨！"

曹操看刘备是英雄，那在如此所向披靡的孙策眼里，刘备又是何等样人？

在晋人裴启所著的《裴子语林》里有一段记录：就是在袁术那里，孙策曾经与刘备有过交集，不过，英雄与英雄之间只是行了注目礼，而且过程相当有趣。

那年孙策只有十四岁，在寿阳拜见袁术。刚到不一会儿，有人通报说：豫州刘备来了！孙策就马上起身要走。

袁术好奇："刘豫州来和你有什么关系？"孙策此时说了一句让人颇值得玩味的话："不，英雄相忌。"说完就告辞往外走。

此时，孙策从东面台阶往下去，刘备从西面台阶走上来，两人只是互相观察而已。此时，孙策知道对方是刘备，但刘备并不知道孙策在此。非常微妙的是，刘备只是看到了孙策走路的姿势，竟然就不再往前走了。

事后怎样？没有记录。故事的内涵有二，一是孙策自视甚高，对刘备也高度认可，可见"善哭的皇叔"是一时豪杰，绝非浪得虚名。二是刘备不仅有勇有谋，也有识人的非凡眼力，仅从孙策行走的仪态上就能判断出——这位从东面台阶上徐徐走下去的少年，一定是一个足以与自己匹敌的绝世英雄！

同样是在这本书里，司马懿初遇诸葛亮时，二人在渭水之滨排兵布阵。

司马懿贼溜溜地派人去观察了一下诸葛亮，那个探子回来说："诸葛亮坐在车上，带着葛巾，摇着羽扇，指挥三军，众军皆随其进止。"

司马懿叹道："可谓名士矣！"

虽说人不可貌相，但英雄之气、豪杰之质几乎是很难隐藏的。

可惜，英雄越来越少了，天地间的一股英雄气消磨殆尽。至今多见竖子相争，狼奔豕（shǐ）突，如村野泼妇者。白发渔樵在江渚上，凑合着喝上几杯浊酒，也没有什么可说的了。

参考书籍

《三国志》《三国演义》《裴子语林》

三分天下

贰

◆

你挟天子自重，他将玉玺私藏

甲戈凝血，旧国几度严霜

◆

刘备才是扫地僧？一个只会哭的皇 N 代如何让关张诸葛信服？

多数人了解蜀先主刘备先生是通过《三国演义》，有人甚至连书也没看过，只追着老版或者新版的电视剧看了看。艺术作品里的刘备给人留下的印象比他儿子阿斗强不了许多，动不动就哭，要不就摔孩子（阿斗是被摔傻了的？），这真让人很疑惑，云从龙，风从虎，一帮君臣风云际会，一起打下江山过把瘾玩玩，似乎是正说。但这样的一个主，如果只会打一套皇家招牌，如何让关羽、张飞心悦诚服，甚至诸葛亮也"遂许先帝以驱驰"呢？

刘备是《三国演义》的一个大矛盾点，跟《水浒传》的宋江一样让人莫名其妙，那么多好汉只要见着他，"纳头便拜"，凭什么呢？查找了一些资料，笔者从中发现一些端倪，刘备德智体全面发展，似乎应当是一个深藏不露的武林高手，只是《三国演义》并不是武侠小说；否则，刘备的武功倒可以大书特书，把他写成扫地僧的角色。

咱们先来看正说：

与刘备先生同时代的人是这样评价他的。董昭说："备勇而志大。"张辅说："玄德威而有恩，勇而有义，宽宏而有大略。"刘子平说："刘备有武勇。"

三个人的评价当中都有一个"勇"字，尤其刘子平直接说是"武勇"，

那就表示他不仅胆大，还一定武艺高强。《三国志》里描述他："身长七尺五寸，垂手下膝，顾自见其耳。"

放在今天，刘备也是近一米八的大汉，胳膊长，大招风耳朵，算是天生异相了。

由此可见，刘备绝不是白衣秀士王伦之属，在陈寿的《三国志·蜀书·先主传》中，刘备鞭打督邮、徐州杀车胄、古城斩蔡阳、火烧博望……敢情这些惊动四方的事都是刘备亲自干下的，就这还是收敛着写的，因为陈寿本是蜀官，后来降魏，写史怎么敢多替刘备说话？何况，以陈寿的人品也犯不着因为刘备而惹当权者生气。但仅这些功劳已经足见其勇，很可以刻碑勒石，传之后世。

只是到了《三国演义》里，为了塑造"德行为先"的刘备，把这些长分的事儿摘出来分给了关羽、张飞和诸葛亮而已。

刘备到底有多勇？在那个时代，武勇必看骑射，且来看：

先看"射"：讨伐黄巾，箭无虚发，数次射杀敌将，可见刘备开得了硬弓，必然膂力超群、箭术精绝。

当年刘备是跟公孙瓒一起拜卢植为师学艺的，而公孙瓒敢挥槊上阵，跟吕布厮杀，可见其勇。刘备与这样的同学为伍，而且对方还很看得起他，若刘备没有过人的功夫，仅凭空口白牙说自己是皇 N 代，那能行吗？

南朝宋裴松之注引《九州春秋》有这样的一则故事："备住荆州数年，尝于表坐起至厕，见髀（bì）里肉生，慨然流涕。还坐，表怪问备，备曰：'吾常身不离鞍，髀肉皆消。今不复骑，髀里肉生。日月若驰，老将至矣，而功业不建，是以悲耳。'"

这说的是"骑"。刘备见腿上生了髀肉，还哭了一鼻子，如果不是善骑，刘表都会纳闷，这贱人真是矫情！

说实话，刘备起初只是一个低级武官，每天必须在马上驰骋征战，如果只会躲在后面说：弟兄们，给我冲！自己摇着扇子在旁边看着，那谁跟着你玩儿？

正说部分因为隐藏得深，看起来更像扫地僧。接着看小说部分。

话说在桃园结义之前，关羽和张飞打架，打得天昏地暗，日月无光。这时候，刘备来了，一手各拽着他俩一只胳膊，双膀一较力，"呔！"就把这两只大虫分开了。

这故事讲得有鼻子有眼儿的，还有人美其名曰："一龙分二虎"，这当然是有点迷信了，但是咱可以这样想象一下，两条举国罕见的大汉在打架，就拿泰森当年对阵霍利菲尔德来勉强比喻一下，俩人打得火光四溅，你有能耐敢上去分开他们吗？你敢你上，反正我不敢。

再说三英战吕布，尽管关羽、张飞已经跟吕布打了半天了，但老刘要是没两把刷子，敢挥舞着双股剑上阵？而且据某练家子说，双股剑比单剑难耍多了，不是武林高手根本耍不了。

再说马跃檀溪，如果刘备武功太稀松平常，的卢马一跃三丈，他早躺在檀溪里洗澡了。

更别说火烧博望坡，刘备敢上阵单挑夏侯惇，然后从容诈败。依我看，有些将军上了阵走不了一个回合即被秒杀，比如上将潘凤之流（潘凤被华雄秒杀，而华雄又被关羽秒杀，关羽又不是刘备的亲戚，偏偏服他？），有些被张飞喊了几声就吓死了，比如夏侯杰之流。仅此来看，若再说蜀先主刘备先生武功低微，怕是很不合适了。

如此看来，刘备确实文武兼备，而且绝不张扬，所以周瑜的评价是：

"刘备枭雄之姿。"

所以曹操有识人之能，才会对刘备说："今天下英雄，惟使君与操耳。本初之徒，不足数也。"袁绍都充不了数！虽然当时这话说出来，把刘备吓得够呛，但能入曹操法眼者，舍刘备其谁？

最后再来看一段戏说：据江湖传说，吕布也是"甚敬"刘备的，之所以如此，是因为早年吃过刘备的亏——

当年吕布打鹿耍子，碰到一个在路上织草鞋的人挡住去路，鹿跑了，于是吕布很生气，想教训一下织草鞋的人。可吕布没有想到，这个人，竟然用草鞋击中他的方天画戟，并震得他虎口生痛，于是他才知道这个织草鞋的人，才是真正深藏不露、武功远远在己之上的高手，这个人就是刘备。（所以虎牢关，刘备一上阵，他就撑不住了？）

哈！这才真有点扫地僧的意思，当然我自己首先不信，拿方天画戟打鹿？难道鹿也是马上将军？只是写出来博看官一笑。我个人认为，从刘备的出身和个人经历来看，他应该是有很高强的武功，但如果他用草鞋震开吕布的方天画戟属实，就真是逆天了。

实话实说，三国时的马还没有马镫，骑兵作战时，只能用单手兵器，所以，关公的青龙偃月刀和吕布的方天画戟都是虚构的。历史上的吕布用过手戟，在辕门射过戟，但上阵的时候用的是矛。

✻ 参考书籍

《三国志》《九州春秋》《三国演义》

过五关斩六将都是虚的，关二爷追随流亡江湖的大哥最让人景仰

关羽关二爷被世人景仰，不在于桃园三结义，兄弟磕头义结金兰谁都会，但背后捅兄弟刀子的也不少。瓦岗寨那帮兄弟当初也歃血为盟，信誓旦旦，后来还不是各为其主，自己走阳关道，眼看着兄弟们上了独木桥？也不在于他单刀赴会，水淹七军，擒于禁，斩庞德，在战场上威风八面。自古以来比他会打仗的人也多的是，刘备自己就是行家。那么关二爷为什么后世香火这么旺？

个人认为，关二爷人生最出彩的部分在于寻找投奔在江湖上亡命的大哥，以他当时的地位、身份和在曹营的工作环境，他能够舍弃一切荣华富贵，义无反顾地离开曹营，就足足当得起"忠义千秋"这四个大字。尽管后世小说极尽虚构夸张之能事，又是千里走单骑，又是过五关斩六将，都是将他推上神坛的渲染。但哪怕曹营和大哥刘备之间只隔了一座小桥，能走过去和大哥站在一起生死与共，就已经是义薄云天了。为什么这么说？且听笔者从以下三点慢慢道来。

第一点，"汉寿亭侯"，关二爷特别珍视的爵位

一个人下决心从军，在刀口上讨生活，心中最大的期盼莫过于"拜将封侯"，之后封妻荫子，光宗耀祖。尤其在汉代，对于重门阀重出身

的人，封侯是从此进入贵族阶层的通行证，爵位就等同于地位。这个"亭侯"，听起来似乎比后来刘禅追谥他的那个"壮缪侯"级别低，但那是死了四十一年之后的事，他生前的最高荣誉就是"汉寿亭侯"。关二爷在自我介绍时，也会首先说出爵位来，这是自己在战场上通过军功正大光明得来的，而且是大汉朝廷正儿八经认证的，所以他极为看重。再看看三弟张飞，虽然跟二哥齐名，一样在战场上拼命，被封"西乡侯"却是二十多年以后的事了，而且还是他大哥当了皇帝之后才册封的。

也许有看官不太了解"侯"的种类和级别，那笔者就多唠叨几句。

据《后汉书·百官志五》记载："列侯……功大者食县，小者食乡、亭。"列侯根据封地大小，分为县侯、乡侯、亭侯。关老爷的亭侯，虽然小于乡侯和县侯，却在有其号但无封国的关内侯之上，属于秦商鞅在变法时设置的二十等级爵位中最高者——列侯。其实亭侯这个爵位已经很高了，能够充分证明曹操的器重，他手下的一些重要谋士和将军也是亭侯，比如郭嘉是洧阳亭侯、于禁是益寿亭侯、荀攸是陵树亭侯、荀彧是万岁亭侯。更重要的是，就在四年之前的196年，大哥刘备才被曹操上表封为宜城亭侯，而且大哥一口气当到219年，就是二十三年之后才进爵为汉中王。从这个角度来说，关二爷是去投奔同等爵位的大哥，就更能说明他的情深义重。

第二点，"偏将军"，充分体现曹操对关二爷的偏爱

对于谋取功名的人，古代有个说法："职以能授，爵以功赏"。刘备当年走背字的时候，被曹阿瞒先生吊打，兄弟也不幸成了俘虏，但好在阿瞒爱才，很器重关二爷，马上就上表封他为偏将军。

偏将军，这个官名始于春秋时期，地位不算高，也不定员，但比那些

裨将级别要高。三国时期魏国的偏将军属第五品，不高也不低，有人质疑这能说明曹操爱才吗？当时关二爷寸功未立，而曹操又不是皇帝，不过是一个车骑将军，所以初来乍到就当了偏将军也是很高的待遇了。偏将军就是将军的助手，可以看出曹操一心笼络他，不把他当外人。

三国时期，刘备的手下除了关羽外，马超和赵云都是著名的偏将军，曹操手下的徐晃、于禁、张郃也都当过偏将军。刘备在汉中称王后，升关羽为前将军。

一时间各种"将军"纷至沓来，也让人脑乱。接下来给大家叨叨一下后汉的各种将军。

种类不少，一品为大将军；二品为骠骑将军、车骑将军、卫将军、四征将军（征东、征南、征西、征北）和四镇将军（镇东、镇南、镇西、镇北）等；三品为四安将军（安东、安南、安西、安北）和四平将军（平东、平南、平西、平北）等；四品为建威将军、建武将军等一批杂号将军和各种中郎将。另外还有前、后、左、右将军，称为四方将军，大概是二品，相当于今天的大军区司令的级别，排在卫将军之后。

关二爷虽然是偏将军，但是上升的空间很大，后来与他惺惺相惜的山西老乡张辽被封了征东将军，想来关二爷如果继续在曹营干下去，官职至少应该在张辽之上。但在关二爷的眼里，给他一品大将军也必然不干，毅然决然回归大哥身边，这才让人高山仰止。

第三点，曹操当时是一人之下，万人之上，而刘备是万人逃散，一人流浪

曹操打跑刘备俘虏关羽的时候，是在官渡之战的前夕，虽然他的势力还不能覆盖北方，但吕布、张绣、袁术、李傕等人死的死，跑的跑，没人再敢逆风行走，何况汉献帝成了曹操手中的利器。放眼望去，能跟他分庭抗礼的也就是袁绍了。

再看看大哥刘备，又快重操旧业编草席、卖草鞋了，他东跑西窜，兄弟也散了，老婆也丢了，不得已投奔了袁绍。袁绍给他一些人马，让他去攻占许都以南地区。

关二爷就在此时得知了有关刘备的消息，想想大哥就在眼前，何不去兄弟相会？当初跟曹操说好的条件是只要有大哥的消息就马上走人，于是他把曹操的赏赐封存留下，再写封辞别信就扬鞭策马而去。

为什么走得这么心安理得？因为关二爷觉得曹操对他是很好，但他已经报答过了。在官渡之战初期，袁绍手下的首席大将颜良被关二爷手起刀落斩了首级，白马之围就此开解。《三国志》中记载："羽望见良麾盖，策马刺良于万众之中，斩其首还，绍诸将莫能当者，遂解白马围。"曹操当然非常开心，怀着激动的心情上表给关二爷封了汉寿亭侯。

所以如果综合评比一下两个老板的势力和自己的发展空间，当然是曹操占尽了优势，因为他随后就以少胜多，大败袁绍。当时，曹操的兵锋所向，除了西凉马氏，北方没什么人再敢与他正面抗衡了。而刘备先生彼时的处境让人想起了一首佛家的偈子："去年穷不算穷，尚有立锥处；今年穷才是穷，穷到锥也无。"呵！

所以，关羽回归穷大哥身边的英雄事迹从古至今都被人们高度评价，魏晋人认为"臣子逃归君父，振古通义，故魏武善关羽之奔。"笔者也认为，仅此一点就可以确立关二爷庙中香火不绝的基础了。

✳ 参考书籍

《三国志》《后汉书》《三国演义》

有人弱弱地问：82斤的青龙偃月刀，关老爷真舞得动吗？

在《三国演义》中，关羽关云长威不可当，手中一把82斤的青龙偃月刀斩华雄、斩颜良文丑，过五关斩六将。胯下赤兔马，掌中青龙刀，成就了一段天神一样的关公传奇。

但想象很丰满，现实很骨感。不得不澄清一下的是，关公所使用的青龙偃月刀是罗贯中虚构出来的。因为这种宽刃大刀的铸造技术在三国时期还不成熟，逼死工匠也造不出来，能造出的只有一些中小型的随身刀。另外，像徐晃的大斧、黄盖的铁鞭、吕布的方天画戟也全都是虚构出来的。

今天的问题是，这刀到底有多重？小说中说是82斤，如果按照东汉的重量衡来横向比较，其实当时的1斤只能相当于今天的222.72克，以此来推算，汉朝的82斤的青龙偃月刀大概等于现在的36斤左右。

也许有人会说，36斤也算很重了吧？关公在马上能挥舞得起来吗？个人认为，以关公一米八几的大个子，应该还是可以的。

在1964年，成都太平乡曾经出土一个弩机，上有铭文"十石机……十五人开……"按当时的1石折合120斤，那就是说15个兵士能够开动1 200斤，那么平均每人要开80斤。一个小兵能开80斤，关公使用82斤的刀也就不算过分吧？何况典韦使用的双戟还有80斤呢？

第二个问题是，现代人举得起来吗？如果只有三四十斤，现代人再文

弱，也还是能举得起来的，举重大力士们在比赛中举几百斤铁也是常事，但是普通人举起来容易，要想挥舞起来上战场杀敌，估计就太难了。

参照清代武举考试舞刀项目，其刀就分 80、100、120 斤。但这种刀只是考验膂力的，真正上战场时，还是要用更称手的兵器。

那关公称手的兵器到底是什么呢？

据《三国志·关羽传》中仅有的这样一段记载："羽望见良麾盖，策马刺良于万众之中，斩其首还，绍诸将莫能当者，遂解白马围。"

一个"刺"字，可以说明关公上阵杀敌，称手的兵器应该是矛、戟或者槊之类的直刺兵器，他先是刺中了颜良，然后再下马用佩刀斩下其首级。

✳ 参考书籍

《三国志》《三国演义》

好看到停不住的中国史

孙权拿着瓶子往下倒,在舍利的冲击下,铜盘竟然破了

2008年,南京大报恩寺前身的长干寺地宫出土了一枚"佛顶真骨",这是佛教界公认的全世界唯一的佛顶骨舍利,再加上同时出土的"感应舍利""诸圣舍利"以及"七宝阿育王塔"等一大批文物与圣物,震惊了整个世界。

"南朝四百八十寺,多少楼台烟雨中。"南京,一座名副其实的佛教之都,曾经的大报恩寺琉璃塔一直是中国最高的建筑,高达78.2米,也是世界建筑史上的奇迹,被誉为"天下第一塔",可惜在清末太平天国时期毁于战火中。

大报恩寺也是中国历史上最为悠久的寺庙之一,在这里发现舍利当是适得其所。有关舍利,其来源其形成其功用诸说纷纭,不在本文的探讨范围,笔者今天饶有兴致地想给各位看官分享的是一段有关三国时期南京舍利的神奇故事。

很有趣的是,这段历史被记载在初唐第323窟敦煌壁画中,接下来我们就配合壁画来讲。

东汉末年,孙权定鼎建业(南京),建立东吴政权,与魏蜀分庭抗礼。此时,佛法开始从中原传入吴地。

东吴赤乌十年(247年),西天竺高僧康僧会来到金陵(南京),他

营建茅庵，建造佛像，开始传法。

康僧会祖籍属于西域古国康居国，大概位置在今天的巴尔喀什湖与咸海之间，但他世居天竺。因其父经商而迁居交趾（今越南）。康僧会十余岁时，父母双亡，以致性奉孝，服完孝后旋即出家。康僧会精通梵文，而且还深受中华传统文化的熏陶，聪颖好学，通晓三藏，博览六经。

当地人以前没见过佛门僧人，见他们的形貌衣饰都比较奇怪，认为他们是异端。

孙权也得到了禀报，他马上召见康僧会并当面问他："你所传的道术，有何灵验？"

康僧会说："佛祖仙去，转眼已过千年。他的遗骨舍利，依然神光照耀。从前，印度阿育王建起寺塔八万四千座，就是为了彰显佛祖的遗教。"

孙权不信，认为这是夸诞之辞，说："如果你能求得舍利，我就为你建寺造塔，如果是虚夸妄语，没有舍利降临，那你就得接受刑罚。"

康僧会同意求取舍利，但要求孙权给他七天的时间，孙权答应了。

康僧会和僧徒们斋戒于静室中，把铜瓶放在几案上，焚香礼请舍利。

七天很快过去了，铜瓶内悄无声息，第一次求取失败。

康僧会于是请求再给他们七天，孙权勉强同意了。

可遗憾的是，七天之后，舍利依然没有被请来。

康僧会请求孙权再给他第三个七天，此时的孙权脸色就已经很难看了。

康僧会对僧徒们说："孔子曾说：文王既没，文不在兹乎？法灵应降，而吾等无感？现在该如何面对国王的法令？我们只有誓死为期了！"意为只有发誓了，若再不灵验，我们就去死。

但是到了第三个七天最后一天的晚上，还是没有见到舍利出现，所有僧徒都惊恐不已。

深夜，直到五更之时，忽然听到瓶中有声响，康僧会立即前往观看，虔诚求取的舍利此时才破空而来。

第二天，康僧会把舍利献给孙权，举朝文武大臣一起前来观看，舍利发出的五色光芒照耀到瓶外。

当时，孙权拿起装舍利的瓶子，他要把舍利倒在铜盘上，但舍利一出，铜盘立刻被穿透。孙权惊叹："这真是世间少见！"

康僧会说："舍利的神威，岂止只有五色光芒呢？如要焚烧，火不能毁坏它；如要砸碎，金刚杵也不能破碎它。"孙权还是不信，于是又让侍从试验。

康僧会祈祷说："法云方被，苍生仰泽，希望再垂神迹，以此广示威灵。"
舍利被放在铁砧上，大力士用锤去击打，结果锤砧俱陷而舍利无损。

孙权大为叹服，于是为康僧会造建初寺，并建阿育王塔，据传系阿育王八万四千塔中之一。

由此，东吴大地，始有佛寺。建初寺就是后来大报恩寺的前身。

唐朝历史学家许嵩写出了南京城第一个私家专著《建康实录》。该书也记载了这段故事：

"是岁，胡人康僧会入境，置经行所，朝夕念佛，有司以闻。帝曰：'昔汉明帝感梦金人，使往西方求之，得摩滕、竺法兰来中国立经行教，今无乃是其遗乎？'因引见僧会，其言佛教灭度已久，唯有舍利可以求请。遂于大内立坛，结静三七日得之。帝崇佛教，遂于坛所立建初寺。"

康僧会在弘扬佛法的同时，还翻译了佛经《梵皇王经》《六度集经》《阿难念弥经》等。公元281年，康僧会坐化。

✱ 参考书籍

《建康实录》《三国志》

江湖老牛与卧底嫩草的对弈——刘备那段让人欲说还羞的婚姻

《三国演义》里有一段写得非常精彩——江东设了下美人计,女主角是孙权的亲妹妹孙尚香小姐(也真是舍不得妹妹套不住色狼),结果刘备来到江东将计就计,好吃好喝,还骗走了小媳妇,顺便把周瑜气个半死,这就是著名的段子"周郎妙计安天下,赔了夫人又折兵"。根据这个段子,后人创作了著名京剧《甘露寺》,各路名角唱得也是争奇斗艳,荡气回肠。

其实,这事虚构得云山雾罩的,根本没有小说里写得那么跌宕起伏、温情脉脉。

首先,这事跟周郎没什么关系,是刘备在攻下武陵、长沙、桂阳和零陵四郡之后,恰好刘琦也死得正是时候,刘备就半推半就当上荆州牧,驻扎在公安。于是"权稍畏之",孙权自己觉得需要联系联系,就"进妹固好",是孙权巴巴地把自己娇嫩的亲妹妹给人家老汉刘备送来的!

其次,刘备娶亲的时候,甘露寺还没有影子呢。据后人考证,先是说寺院始建于唐代,后来又有人说其实三国时期就有了。不过,是孙权的孙子孙皓修建的,距离刘备娶走他的姑奶奶至少也有五十年了,所以,甘露寺这事也是极不靠谱的。也可能是罗贯中一高兴,把联姻想象到了这儿,倒是给后代人唱戏提供了好素材。

再次,小说里刘备招亲的那两位关键人物,吴国太和乔国老,历史上

倒是也真有在过，但当时已经不在人世了，也是罗贯中从死人堆里拉出来凑热闹的。

还有，这种政治联姻根本没有什么感情基础可言，您想想，这两口子成亲的时候，刘备已经四十九岁了，孙权二十九岁，孙尚香充其量也不过二十六七岁，或者更小，吃上嫩草的老牛刘备也知道孙尚香不过是一个超级卧底，他这种久混江湖的老政治家怎么能不猜忌和提防她呢？

再说了，这位相当傲娇的孙小姐哪里是什么好相与的！她刀马娴熟不说，关键是"才捷刚猛"，意思就是她要是男儿身，兴许在这江东，孙权能混到前排来吃瓜都算不错了！最让刘备难过的是，你这边入洞房，那边有一百多女兵持刀而立，老汉势孤力蹩，惴惴不安，这段感情离"恩爱"二字还有一个马拉松的距离。

事实是他们确实不恩爱。诸葛亮说，刘备在湖北公安时，"北畏曹公之强，东惮孙权之逼，近则惧孙夫人生变于肘腋之下。"孙夫人也觉得刘老汉分分钟可能会弄死自己，她干脆在公安筑了一个城，后来就"不与备同住"，两人连同床异梦都算不上，直接两地分居了。

再后来，刘备越玩越大，要西征西川，孙权就派人来把自己的妹妹接回去了，这事连那么聪明的诸葛亮也没有料到——孙权此时已经准备下手夺取荆州了！算他还有点人性，要是他把妹妹扔在这边，急于给关羽报仇的红眼刘备难保不拿他的妹妹祭旗！

接下来上演的是精彩段子——"赵云截江夺阿斗"。孙尚香临走还拐带了一个小孩儿，当然其中有很不良的政治用意，赵云和张飞知道后当机立断，"勒兵截江，乃得后主还"，就此破了孙家的阴谋，这段基本符合历史真实，但是也有人说，还真不如让她把这个无能的小孩儿拐走呢，也许蜀汉的历史还能改写得再好点呢！唉！谁知道呢？

我能知道的一点是，孙尚香跑路之后，她和刘老汉的婚姻就此玩完了。

✱ **参考书籍**
《三国志》《三国演义》《吴书》

蜀主刘备是条克妻的硬汉，只有二婚的吴皇后命大

人生最幸福的愿景就是所谓"爱情事业双丰收"，但是老天爷一般不会那么大方，给了一面，让你享受，就不给另一面，让你难受。

刘备这样的人，有一份大事业，尽管不是什么直系的汉室宗亲，但也打着这个旗号好歹占了三足鼎立中的一个"足"，在历史上留下了他的大名大号。但要说到"刘皇叔"的爱情婚姻，可就差强人意了。老天爷让他功成名就，还给了他肝胆相照的兄弟，那在婚姻子息方面不免就有点吝啬了。

就像《白鹿原》里的白嘉轩，史料上记载的刘备也是一个克妻的硬汉，虽然一个是族长级别，一个是国长级别，但女人嫁给这样的硬汉是倒了大霉了。在刘备进驻徐州之前，嫡系妻子就已经殁了好几个，具体是多少人，史书上说得也含糊，既然说是好几个，至少在三个以上，四五六个也有可能，总之不比白嘉轩少。

刘备曾经还有一个"无名妻"，这个在书中有一些记载，兴许是他进了徐州后找到的。据《三国志》记载：吕布打过来，下邳守将曹豹把刘备给卖了，热烈欢迎吕布进城。于是，"布虏先主妻子，先主转军海西。"这事发生在196年，当时刘备已经三十五岁了。

古人既然说是"妻子"，那应该还有个孩子，就是说刘禅还不是他的大儿子，但这个谜一样的孩子下落不明。因为记载里只说到"妻子"被虏后，刘备就厚着脸皮向吕布求和，吕布让他去小沛看门，并且归还"妻子"。可见这位抱着孩子的"无名妻"应该是有惊无险地回到了刘备身边，但是再往后，可就音信渺茫了。笔者有一个大胆的想法，估计是连她带孩子都没有活下来。

创业初期，刘备颠沛流离，数次遇险，曾经被"抄家"，还屡次被正规敌军打败，最后一次狼狈到身边只有十余骑，所以，他的老婆们，除了死于自身疾病之外，死于乱军之中的可能性也极大。

所以，刘备的老婆果真不好当。接下来咱们历数刘备的几位"敢向虎山行"的夫人。

第一位，贤淑端庄的甘夫人

据《三国志·蜀书·二主妃子传》记载："先主甘皇后，沛人也。先主临豫州，住小沛纳以为妾，先主数丧嫡室……"也就是说，在刘备投奔曹操，成了"豫州牧"而纳甘夫人之时，已经死好几任老婆了，如果那位"无名妻"也算"嫡室"，那就凶多吉少了。

甘夫人其实只是刘备的妾，因为正妻都不在了，所以她"常摄内事"，就是内当家。母以子贵，她生了刘禅而被追谥为皇思夫人，后来又被追谥为昭烈皇后，还荣幸地与刘备合葬。但这个女人命太苦，嫁了汉子就没有享过福。在徐州，她被吕布劫掠；在下邳，刘备又跑路了，关羽无奈带着甘、糜两个嫂嫂降了曹操；此后刘备又被曹操追杀，甘夫人在长坂坡遭遇绝境，幸亏赵云救了她；好不容易跑到了荆州，总算能过安生日子了，她竟然就死了，真是没天理。

甘夫人贤淑端庄，识大体，连诸葛亮都很尊重她。可怜好人没好命，

几番惊吓之后，她估计应该是病死了。

第二位，肤白如雪的糜夫人

她侍奉刘备略晚于甘夫人，《三国志·蜀书·糜竺传》中明白提到，是在吕布攻陷徐州，刘备被一路追打，流落于广陵郡海西县之时。此时，大商人糜竺来了，难得他很看好穷途末路的刘备，他要投资这个"奇货"，不仅把自己如花似玉的妹妹送给了他，还把丰厚的家产也倾囊相赠，充作军资。

刘备简直是久旱逢甘霖，当然喜出望外。

史书记载糜夫人正是及笄之年，也就十五六岁。《三国志·玉玺传》中说她的名字叫绿筠，天生丽质，肤白如雪。后来刘备每纳一妾，都要跟她做一番比较。糜夫人深明大义，曾劝说刘备切莫因贪欲而丧志。

糜夫人在198年也被吕布俘虏，后来曹操出手，她才重归刘备。可到了200年春，曹操亲自带兵来收拾刘备，糜夫人和甘夫人就又当了俘虏，好在关羽回归，把她们又带回了刘备身边。

在《三国演义》中，她被描写得很刚烈。在长坂坡，她怀抱年仅两岁的刘禅在乱军中走散，被赵云发现，可赵云只有一匹马，糜夫人为了让刘禅与赵云冲出重围，毅然投井自杀。

事实上，正史中关于糜夫人的记载是"生卒年不详"。如果她没有早死，那么后来因为她的哥哥糜芳投降东吴最终导致关羽兵败被杀，荆襄之地尽失，她可能也因此而失去了刘备的欢心，在冷宫里郁郁而死也是极有可能的。

第三位，胜似须眉的孙夫人

208年，孙刘联盟打完赤壁之战，刘备的事业进入快速上升期，荆州南部四郡武陵、长沙、桂阳、零陵都被他占领，庐江郡雷绪也率领数万人前来归顺。当时，孙权都有点怕了，于是"进妹固好"，就是说孙权是主动把亲妹妹送来的！所以历史上的刘备并没有去东吴当上门女婿。说到底，孙夫人是"和亲"的牺牲品，因为刘备当时已经是快五十岁的老头了。

民间戏剧称孙权的妹妹为孙尚香，这位孙夫人每天舞枪弄棒，作风彪悍，刘备根本就降不住。《资治通鉴·汉纪五十八》记载："先主孙夫人以权妹骄豪，多将吴吏兵，纵横不法。"据《华阳国志》记载："孙夫人才捷刚猛，有诸兄风，侍婢百人，皆仗剑侍立。先主每下车，心常凛凛。正劝先主还之。"刘备每天提心吊胆。最搞笑的是最后一句，法正曾经还劝他的主公"退货"，刘备估计也是不敢。

后来刘备去抢益州，终于远离了这位"高级卧底"。孙权派船来接妹妹，可想不到这位孙夫人临走前还当了一把人贩子，险些把阿斗拐跑了。幸亏"赵云与张飞勒兵截江，乃得后主还。"这是《三国志》中的记载。

这段露水姻缘就此结束，两人终生没有再相见。传说孙夫人在芜湖的蛟矶跳江自尽了，那里还建祠起名为蛟矶庙，后"蛟矶"两字讹传成了"枭姬"，故孙夫人又被称为枭姬。人都死了，留下的名字也让人心生寒意。

第四位，后来居上的吴皇后

214年夏，刘备平定益州后，迎娶了一位姓吴的寡妇为夫人。因为不知道孙夫人回娘家的具体时间，所以推测如果是在刘备益州娶亲之后，孙夫人肯定非常恼火，难道吴侯的妹妹只配给你当"外室"不成？这可能是她一怒而去的直接原因。

这下可好，死的死了，跑的跑了，刘备倒和吴皇后对上眼了。没几年，刘备称汉中王，吴氏就成了王后。两年后，刘备称帝，马上立吴氏为皇后。

前文中明表，这位吴皇后是一个寡妇，身为一国之君的刘备怎么就一点也不讲究呢？这有两方面的原因，一是在我国汉代，恋爱和婚姻是相对自由和开放的，寡妇再嫁，也被认为是合情合理的事情。二是这桩婚姻的背后依然是政治的力量在推动。

吴氏有两个在蜀中很耍得开的哥哥，一个是吴懿，"为人高亢强劲"，初随刘焉入蜀，刘璋当权时曾任中郎将。刘备进攻刘璋，吴懿归降刘备，历任讨逆将军、护军、关中都督。后因军功，吴懿升任车骑将军、雍州刺史，又进封济阳侯。另一个是族兄吴班，为人"豪爽侠义"，著称于时，官至骠骑将军，封绵竹侯。这哥俩在蜀汉将领中都拥有极高的地位。

刘备入川，属于猛龙过江，但他毕竟是外来户，为了在益州站稳脚跟，就必须拉拢和依靠地方势力。和吴家结亲，把吴懿、吴班兄弟紧紧笼住，这是保证蜀汉政权前期稳定的重大举措，所以，尽管吴氏已经年近四旬，但也顾不得那么多了。

吴氏早年丧父，其父生前与刘焉交好，所以全家跟随益州牧刘焉来到蜀地。后刘焉听相面者说吴氏有大贵之相，于是为儿子刘瑁迎娶吴氏。可惜的是婚后没多久，刘瑁就突然暴病而亡，吴氏就这样成了寡妇。

刘瑁用生命换来的教训是，一个命薄的男人，迎娶了大贵的女人，只怕伏不住，被克死的风险系数极高。

史书中没有关于吴皇后生子的记载，只写她245年去世，谥号为"穆"。据《逸周书·谥法解》记载，"布德执义曰穆""中情见貌曰穆"，说她德行出众且从容坦荡，这是一个很不错的评价。

✱ 参考书籍

《三国志》《三国演义》《资治通鉴》《华阳国志》《逸周书》

周瑜本是五好大丈夫，奈何中了《三国演义》的枪

《三国演义》是不朽名著，但要结合正史细论起来，对两个人最不公平：第一是曹操，对于这位盖世英雄，他人多有论述，今且不说；第二便是周瑜，本是昂藏大丈夫，谁知道到了罗贯中先生笔下，竟成了心胸狭窄、妒贤嫉能之辈。究其原因，类似于尊刘贬曹，为了突出诸葛孔明先生的智谋绝伦，罗先生一直在抑瑜崇亮。当然，指责一位小说家也没有道理，他能把故事写得如此精彩，本身是极为成功的。只是对于长眠地下的周瑜来说，确实不太公平。

在罗贯中先生之前，宋代的苏东坡和洪迈等人对周瑜的人品功业都极为赞赏。苏子的《念奴娇·赤壁怀古》里所写的"三国周郎"，又是"羽扇纶巾"，又是"雄姿英发"，可惜到了《三国演义》里，诸葛亮先生不仅把周瑜的"羽扇纶巾"抢走了，还弄了一出"三气周瑜"，遂使后世人人皆知，"既生瑜，何生亮"。

其实赤壁之战是周瑜带人打的，诸葛亮说服孙权抗曹之后就回到刘备那边去了，并没有和周瑜见面。

奈何苏东坡的一首词敌不过一本小说的影响力，躺枪的周瑜只能哀叹，惹谁也别惹畅销小说家，他真有颠倒乾坤的笔力！想象罗贯中先生在黄泉

之下见了周瑜一定得绕着走，要不周瑜必然说：哇呀呀！要是当年你罗某在本都督的帐下，爷早喝出刀斧手把你砍了！

参看《三国志·周瑜传》，不得不说，正史里的周瑜本是三国时期杰出青年的代表，人品高洁，气度宽宏，比《三国演义》里小说版的周瑜出色多了。个人总结之后，认为周瑜具备以下五方面优点，可以说是一位五好大丈夫。

第一，身世显赫

他本是世家子弟，出身庐江周氏，乃洛阳令周异之子，堂祖父周景、堂叔周忠，都官至太尉。后世人说，英雄不问出处，说得也对，但周瑜的出身在重视门阀的汉代很重要，这是老天爷的格外照顾。当然，好的出身并不说明官二代就如何如何天然牛，而是说，他从小应该接受过良好的教育，打下了有见识、有胸襟的底子。

第二，相貌出众

《江表传》赞他："年少有美才。"《三国志》赞他"长壮有姿貌"，意思是说他是一枚高大健美的超级帅哥。笔者曾经发布一篇有关中国古典帅哥的文章，给他们排了一个榜，其中周瑜位列第五。美男当然有众多粉丝了，唐代诗人李端在《听筝》中写道：

"鸣筝金粟柱，素手玉房前。

欲得周郎顾，时时误拂弦。"

意思是写一位弹筝的女子是周瑜的忠粉，为了让他多看自己几眼，甚至专门弹错，故意撩拨自己的男神，那种情态写得精妙传神。这首诗里说到音乐，正好带出了周瑜的另一个大优点，那就是——

第三，精通音律

《三国志》中记载"瑜少精意于音乐，虽三爵之后，其有阙误，瑜必知之，知之必顾，故时人谣曰：'曲有误，周郎顾。'"即使喝了酒，进入微醺状态时，也能随时察觉弹奏者的失误，自然是高手。据传《长河吟》为周瑜原创，大意是形容英雄之志如同长江东流大海，道路曲折而遥远，于是感叹自己生命之短暂和男儿尚未得志的心情。此曲有人说是后人所作而托名周瑜，不论如何，就算是"托"也必然要找最牛的行家，要不怎么不托名阿猫阿狗？

第四，谋略高超

周瑜一生，纵横江左，不遇对手。他攻横江、取当利、击秣（mò）陵、破笮（zé）融、溃薛礼、下湖孰（熟）、收江乘、袭皖城、征刘勋、战麻保，擒邓龙，讨江夏、定豫章，直至赤壁大破曹操，南郡又全败曹仁。孙权称赞周瑜有"王佐之资"。称帝后，他曾对公卿们说："如果没有公瑾，我是当不上皇帝的。"周瑜只活了三十六岁，他把短暂的一生都投身在开拓江左的事业中，忠贞不二，连陈寿都不得不赞他"实奇才也"。

第五，气量宏大

《三国志》作者陈寿认为他"性度恢廓"，但《三国演义》里恰恰写反了。

第一个例证：周瑜本是孙策的知己，孙策死后，太妃命孙权"以兄奉之"，当时孙权的身份还是将军，诸将宾客为礼尚简，只有周瑜先"执臣节"，表达了对孙权的敬重。其实以周瑜之才，完全可以碾压孙权，而且孙策死后，他的威望最高，要是有野心，本可以取而代之，就算不取代，至少也能称霸一方。仅这一点，足可以见其为人。所以，刘备玩的反间计根本无效，他曾经含沙射影地说："公瑾文武筹略，万人之英，顾其器量广大，恐不久为人臣耳。"

第二个例证是周瑜为大都督时，开始老将程普不买他的账，但周瑜处处以国事为重，始终不与他计较。后来程普对周瑜很是敬服，对别人说："和周公瑾交往，就像喝美酒一样，不知不觉就醉了。"

宋代诗人范成大曾经誉之为：

"世间豪杰英雄士，江左风流美丈夫。"

宋徽宗时追尊其为平虏伯，位列唐武庙六十四将、宋武庙七十二将之一。

写至此，笔者索性把《三国演义》里有关周瑜的事都晒个底掉。

一、"草船借箭"玩的是移花接木

真正玩主是孙权，发生在曹操与孙权的濡须之战中。《三国志平话》中借箭的人写的是周瑜。

二、蜀兵们嘶喊的"周郎妙计安天下，赔了夫人又折兵"又是栽赃

要美人计的也是孙权，他自己要把妹妹嫁给老刘备，这只是单纯的政治婚姻。

三、赤壁之战前，诸葛亮假借曹植的《铜雀台赋》"智激周瑜"玩的是无中生有

周瑜原本就是东吴最有力的主战派，孙权正是听了他的劝说才鼓足勇气去跟曹操硬杠的。

四、"借东风"更是空穴来风

黄盖诈降是有的，但这是他与周瑜定的计谋。周瑜熟知江南气候地理，他选择了一个刮东南风的夜晚，命令黄盖乘风向曹营进发。曹军以为黄盖真来投降，毫无防备。黄盖接近曹船后下令各船同时点火。"时风盛猛，悉延烧岸上营落。顷之，烟炎张天，人马烧溺死者甚众。"

五、"借荆州"是张冠李戴

正史上记载把荆州借给刘备是周瑜去世之后的事，应该属于鲁肃的联刘抗曹计划，他的原意是让刘备在有立足之地的同时，将他置于抗曹的最前沿。

✱ 参考书籍

《三国志》《三国演义》《江表传》《十八史略》

司马懿活捉诸葛亮后得意地说：我就喜欢边弹边唱，来！拿琴给他

在罗贯中的《三国演义》里，一出"空城计"把诸葛孔明几乎推上神坛。当时是诸葛亮一出祁山，可惜错用了一个志大才疏的马谡，结果街亭失守，诸葛亮只能下令全军扯呼。

当诸葛亮把帐下大将都派发出去之后，他带着五千人来到一个叫西城的地方搬运粮草。（这就写得蹊跷了，主帅需要亲自去搬运粮草扛麻袋吗？）

结果就出事了不是？司马懿忽然神兵天降，带十五万大军望西城蜂拥而来。此时，诸葛亮身边一个大将也没有，五千军兵又被分出一半去运粮了。

于是诸葛亮登上城楼，以正宗余派唱腔唱道：（西皮二六）"我正在城楼观山景，（他是借着出公差到西城旅游的？）耳听得人马乱纷纷。旌旗招展空翻影，却原来是司马发来的兵……我诸葛在敌楼把驾等，等候了司马你到此咱们谈呐、谈、谈谈心。左右琴童人两个，我又无有埋伏又无有兵。到此我并无别的敬，早备下羊羔美酒我犒赏你众三军，你不必胡思乱想心不定，你就来、来、来，请上城来听我抚琴。"

然后呢？傻兮兮的司马懿看见诸葛亮坐在城楼上悠闲地弹琴，他听了听，嗯……琴声不乱，素来用兵谨慎的诸葛村夫必有伏兵，于是就鬼使神差地退兵了！

要说罗贯中纯属杜撰，那也有点冤枉他。《三国志·蜀书·诸葛亮传》

好看到停不住的中国史

裴松之有"注"引用的《郭冲三事》中就有此记载。但裴松之只是聊记备存而已，他也认为这事太荒唐太离谱。

因为诸葛亮"一出祁山"的时候，身为荆州都督的司马懿还驻扎在宛城，他怎么可能破空穿越而来？当时指挥魏军的是曹真好不好？

更何况，小小的西城弹丸之地，不用说奸得像鬼一样的司马懿，就连一个不知名的小将军也能判断，纵使你诸葛亮有埋伏，我先扎住阵脚，再派少量人马进去试探一下，这不过分吧？你能突然冒出几十万大军把我这十五万人马一口吞了？

哈哈！要真是那样，诸葛亮真得备下"羊羔美酒我犒赏你众三军"了。司马懿活捉诸葛亮后，得意地说："我就喜欢边弹边唱，来，拿琴给孔明，再给你们来段《空城计》！"

要说真被逼得走投无路不得不玩"空城计"的人，也真有一个，据说是那个尴尬的白脸曹操，他当时和吕布正打得不可开交。

那天，曹操派兵出城去抢粮食，想不到吕布突然带一队骑兵过来，曹操当时上天无路入地无门，情急之下玩了一个大撒把，索性让人把城门大开，给吕布布下了一个疑阵。

吕布还真就起了疑心，他发现城旁有树林，深不可测，必然有诈。吕布心想：靠！想骗老子上当？没那么容易！于是他骄傲地撤军走了。

要我说，这个易中天版的"空城计"也不靠谱，吕布就不敢派几个侦察兵进林子里看看？再说，曹操要有这神来之笔，还不得让陈寿给吹破天？

那"空城计"真是空穴来风吗？非也。在三国时期，有一个人玩过真实版"空城计"。

此人叫文聘，原为刘表部将，降曹后任江夏太守，据《魏略》记载：

孙权亲率几万人突袭江夏石阳，当时文聘手下的军兵都派出去了，听到敌人到来，仓促间，他只能死马当活马医，上演了一出"空城计"。

想不到孙权还真就上当了，他觉得文聘也是足智多谋的名将，"今我至而不动，此不有密图，必当有外救。"结果未敢进攻，撤兵而去。

后来，曹操带司马懿约孙权看戏，点了一出《空城计》，诸葛亮唱得很得意，曹操和司马懿哈哈大笑，只有孙权的脸绿了……

* **参考书籍**
《三国志》《三国演义》《魏略》《郭冲三事》

赵云才是玩"空城计"的高手，哪一战把刘备推上汉中王的宝座？

一个人本事大，一般毛病也多，但如果有人既有高强的本领，又懂事听话没毛病，这样的人品那就太难得了。三国赵云的粉丝众多，原因大概就在这儿。要说刘备手下的五虎上将，一般的排序是关张赵马黄，把赵云排在老三，但是关失之于傲，张失之于暴，要说刘备派人出去执行任务，还得是赵云最让人放心。

说起赵云的战绩，粉丝们当然如数家珍，他最得意的手笔按说是在长坂坡。此事在《三国志》里有记载，但限于作者陈寿的立场，只轻描淡写地提了几句："云身抱弱子，即后主也，保护甘夫人，即后主母也，皆得免难，迁为牙门将军。"有关这一段，笔者查看了《云别传》，这是一本补充记载赵云人物生平的传记，注于《三国志·蜀书·关张马黄赵传》中，作者是南朝宋著名史学家裴松之。他也没有记载赵云的这场大战，只描写了战争的残酷和刘备对赵云的信任。"初，先主之败，有人言云已北去者，先主以手戟擿之曰：'子龙不弃我走也。'顷之，云至。"意思是刘备在狼狈逃跑的过程中，赵云不见了，有人说他已经北降曹操，刘备投出手中的短戟打那个人，还说："子龙怎么会背叛我！"没一会儿，赵云果然来了。

所以，看官还是看《三国演义》吧，在长坂坡这个舞台上，所有人都是赵云的配角。尽管张飞曾经喝断当阳桥，还当场吓死了夏侯杰。赵云在

曹操的大军中杀了个七进七出，怀抱阿斗，直透重围，砍倒大旗两面，夺槊三条，共杀死曹将五十余员。因此一战封神。看完小说，大家都得由衷地说一句：将军真天神也！

但笔者还是认为，赵云一生最高光的时刻不在此战，而在汉中之战。

当时刘备已经取了成都，剑指汉中，先败了夏侯渊，曹操亲统大军前来，军粮屯于北山下。老将黄忠前去劫粮，却过期不还，赵云只率领数十名骑兵前去接应。

没想到却与曹军迎面遭遇，赵云与曹军先锋大战时，曹军主力前突，他全无惧色，不退反进，挺枪直冲入敌军阵中！这是怎样的豪气与胆色！

尽管已将赵云围住，但曹军不能奈何他。他左冲右突，边战边走，退回了自己的大营。

此时赵云才发现，手下将军张著因为受伤而没有回来。赵云当即上马，再次杀入曹营，接应张著回营。

随后，曹操大军掩至。当时，将军张翼在营中，急忙准备闭门拒守。

此时，赵云命令大开营门，但要求偃旗息鼓。一向多疑的曹操认为他们有伏兵，于是引兵撤退。

突然间，雷鼓震天，赵云亲率弓弩手随后猛追而来，一时箭如雨下，曹兵"自相蹂践，堕汉水中死者甚多"。

第二天，刘备来到营中观察昨天的战场，看完之后，赞叹："子龙一身都是胆也！"于是大排酒宴为赵云庆功。从此，军中将士都敬称赵云为"虎威将军"。

长坂坡之战，赵云一人一骑，杀入曹营救阿斗，凸显的是他个人的勇武绝伦。而汉中之战，不仅表现出他个人的英雄本色，而且更闪亮的是他作为领军统帅的上乘谋略。尤其在战场形势瞬息万变的情况下，他能在最短的时间内做出判断，不仅要对我方还要对曹操的性格都有准确把握，才能制订实施疑兵之计。在曹操撤兵时，赵云又能果断下令掩杀，才能立下此赫赫功勋。

赵云的计谋应该是"空城计"，玩这个绝招的倒是代不乏人，但《三国演义》里诸葛亮的"空城计"纯属虚构，只是魏末晋初大臣郭冲编的小故事。事实是街亭之战时司马懿远在洛阳，攻克孟达后回驻宛城，和发生地点远隔千里。当时和诸葛亮对战的是张郃（hé），诸葛亮见街亭败绩，既没有焚香，也没有弹琴，就迅速撤回汉中了。

所以，这出"空城计"到了《三国演义》里为诸葛亮增光添彩，可以说是"赵冠诸葛戴"了。

赵云在汉水一战中，一举扭转曹操和刘备僵持不下的局面，迫使曹操出兵不到两个月就匆忙撤退。因此，要说赵云一生最高光的时刻，非此战莫属。

据南宋朱熹所撰《资治通鉴纲目》："三月，魏王操出斜谷，刘备将赵云击其军，败之。"另有元人胡一桂所撰《十七史纂古今通要》："赵云大败操兵，操引还长安，帝遂有汉中，自称汉中王。"

这是建安二十四年（219年）的七月，刘备喜滋滋地当上了汉中王。若没有赵云大破曹军占领汉中，刘备的这个名头又从何而来？

❋ 参考书籍

《三国志》《三国演义》《云别传》《资治通鉴纲目》《十七史纂古今通要》

有人说刘备不重用赵云，这笑话从何说起？

坊间一直有说法，认为刘备不重用赵云，依据的是公元219年，刘备荣升为汉中王，在为文武群臣加官晋爵的时候，关羽为前将军，张飞为右将军，马超为左将军，黄忠为后将军，这就是大名鼎鼎的"四方将军"，但是没赵云什么事，所以，赵云并不被刘备所看重。连易中天教授也在《百家讲坛》中为赵云叫屈，认为蜀国只有"四虎将"，还有人说，赵云一辈子都是一个杂号将军，而这话又从何说起？事实真是如此吗？

先说一个再简单不过的道理。那次大型封赏，诸葛亮也没有升迁，能说刘备不重用他吗？那不成了笑话？再说，赵云从刘备还在四处流浪的时候就一直忠心耿耿地跟着他，多少次出生入死，为刘氏集团做出了不可磨灭的贡献。比较起来，老将黄忠和马超归降刘备比他迟了多年，要说谁是刘备贴心的人，除了关、张外，当然是赵云排在黄、马之前；再以赵云的战功来说，完全可以比肩关、张，所以进入"四方将军"也是实至名归。但对于后加入团队的黄、马二人，如果被排除在"四方"之外，难免会有想法。如此看来，刘备为了平衡各方的关系，对赵云另有安排是合理的。个人认为，不是不重用他，而是格外重用，为什么这么说？且听在下慢慢道来。

咱们还是从赵云追随刘备之后的履历一步一步说起吧。

先说建安十三年（208年），曹操挥师南下，刘备携十万百姓奔逃。

好看到停不住的中国史

曹军在当阳长阪附近追上了刘备，情势万分危急，刘备跑得妻离子散，像只惊弓之鸟。是赵云在乱军之中成为最美的逆行者，九死一生，救出了刘备的老婆甘夫人和他的宝贝儿子刘禅。这番英雄事迹不是《三国演义》作者编出来的，在《三国志》中亦有记载。正是此战之后，赵云被任命为"牙门将军"，他似乎是从此就不幸进入了杂号将军的行列。

从《通典》来看，是把"牙门将军"视为杂号将军之一的，属于五品。但不准确的是，这个将军并不是魏文帝黄初年间始置的，据《资治通鉴》卷六十八胡三省注："牙门、镇远，皆刘备创置将军号。"另据《三国会要》记载："牙门，蜀赵云魏延。魏吴亦有。"所以，感觉是把"牙门将军"当成了"牙门将"，才把它归入了杂号。《三国志·王平传》里记载的是，王平投降刘备后，官拜"牙门将、裨将军"，裨将军已是将军名号，从这里也能看出，牙门将军并不等同于一般的杂号将军。

或者说，赵云被专门授予的这个军衔，即使是杂号，也是一个相当特别的杂号，因为这个职务必须是主公的亲信，不但要常伴左右，参赞军谋，为主公统领亲兵，一旦外出征伐，牙门将军则留守中央，如果主公亲自出马，牙门将军负责统领亲兵作战。因此，如果不是智勇兼备的人，恐怕也挑不起牙门将军这副重担。刘备发明的这一官职，除了赵云，大将魏延也担任过，他也是一个文武全才。

再说建安十八年（213年），刘备从葭萌进攻刘璋，攻克江州后，兵分两路。赵云率军由外水深入，攻取江阳、犍为等郡。公元214年，攻下成都之后，赵云被刘备任命为"翊军将军"。

此时，一定有人大笑：哈哈！露出一个大"破腚"吧？"翊军将军"还不是一个标准的杂号将军？

呵呵！笔者也轻蔑地微笑了一下，然后说，难道立了大功的赵云不升反降？别忘了这个"翊军将军"官职也是刘备的原创，当时只授予了赵云一人，并不像别的杂号将军一样，一授就是一大把。

"翊"又通"翼"，《三国志》有"翊赞季兴"和"翼赞王室"的记载，引申为"辅佐"的意思，如翊佐、翊亮等。所以，这个"翊军将军"仍然表示赵云是刘备的左膀右臂，根本不能与普通的杂号将军相提并论。

据晋代史学家常璩（qú）所著的《华阳国志》记载：刘备封给赵云的这个独特的"翊军将军"是与关、张、马、黄的"四方将军"并称的，原话是"关羽为前将军，张飞为右将军，马超为左将军，皆假节钺。又以黄忠为后将军，赵云为翊军将军。其余各进官号。"所以，如果"四方将军"是二品官职，赵云的这个所谓杂号将军的品级则完全超乎寻常。

以刘备的性格，一贯不按常规出牌。个人推测，蜀汉并不完全沿袭汉朝的官制，而是有一套自创的玩法。把赵云的"翊军将军"列于与"四方"将军同级，完全有可能。比如，赵云后来被封为"四镇将军"中的"镇东将军"，位次列于上卿，汉制本在"四征将军"之下，但是因为刘备得了徐州之后，自己也当过"镇东将军"，于是把它提拔到"四征将军"之上，应该也有长自己脸面的意思。

就此接着说赵云的官职。刘备崩了，后主刘禅继位，赵云由中护军、征南将军，迁为镇东将军，并封为永昌亭侯。

依此来看，赵云担任中护军兼征南将军的时间应在刘备生前，只是记载缺失罢了。两个重号将军一肩挑，若有人还说刘备不重用赵云，就是不知所云了。

何况执掌禁军的"中护军"（护军将军）是中军大将，是"翊军将军"

的升级版。《魏略》中明白地指出："护军之官，总统诸将，主武官选。"就是负责选拔下级武官，很容易培养小团伙，形成忠于自己的军事势力，故具有相当重的职权，要不是统治者绝对信任的铁杆，恐怕没有这个机会，像东吴重臣周瑜也曾担任此职。这个职位一旦落入权臣家族之手，则有可能促使他们控制朝政，进而夺取政权。

赵云为什么能脱颖而出？曾被诸葛亮和蒋琬赏识的蜀汉官员杨戏在《季汉辅臣赞》中对他的评价是"征南（赵云）厚重，……统时选士，猛将之烈"。

蜀汉国祚四十余年，均是皇帝的亲信担任此职。那么刘备当初为什么不用关、张这两个铁兄弟？实话实说，此二人性格中都有致命缺陷，一个失之于傲，一个失之于暴，连保护自己都成问题，他们明显没有赵云那种缜密思维和应变能力。

赵云确实有古代贤臣的识见和风范。刘备当初拿下成都时，他曾经援引霍去病的故事，建议把田宅都归还给老百姓，使之安居乐业，然后国家才可以强大；刘备后来立志要为关羽报仇，准备举倾国之力兴兵伐吴，赵云也曾劝谏"国贼乃曹操，非孙权也"。刘备听没听是另一回事，但赵云在重大国策上有话语权，这岂是一个杂号将军能办到的？事实是，尽管赵云持反对意见，但刘备还是对他信任如初，东征时，任命他都督江州，把自己的后方门户交给他来守护。

据《古今刀剑录》记载，章武元年（221年），刘备在金牛山采得铁矿，铸造了八柄宝剑，每把剑都由诸葛亮在上面铭字。其中一把刘备自己佩戴，其余七把分别赐予刘禅、刘永、刘理、诸葛亮、关羽、张飞、赵云。

这个"蜀主八剑"的典故也很有趣，可见赵云在刘备心中的地位不言

自明。

✱ 参考书籍

《三国志》《华阳国志》《资治通鉴》《史记》《汉书》《十八史略》《古今刀剑录》

关羽看不起马超，不是因为武功，而是因为这两件事

蜀汉的五虎上将里最窝火的一个应该是马超，他本是一方诸侯，也曾经带人跟曹阿瞒打得战火纷飞，还几次差点把曹操送上黄泉路。其他四人（关、张、赵、黄）都只是部将，但马超既然降到刘备的帐下，就不能不与他们并列，而且还要被关羽看不起，关老爷本就是眼睛里不揉沙子的人，他对马超嗤之以鼻，并无关什么武功高低，应该是因为马超干过这么两件事。

第一件事，史家一直有"马超弃父"之说。事情的经过是这样的，在建安十一年（206年）三月，马超起兵反叛，和曹操打得不可开交，直到第二年五月，曹操一怒之下，把马超的老爹马腾、二弟马休与马铁等二百余人全部斩杀。所以说，马腾之死和衣带诏没有一毛钱关系，马超起兵也不是为了给父亲报仇，而是正相反，他起兵就等于是把父亲等人送进了鬼门关，也就是间接害死了父亲。

马超起兵之后，为了拉拢韩遂跟自己一起对抗老曹，他不顾自己在老曹手里的父亲还生死未卜，竟然对韩遂说出了自己放弃父亲并让韩遂放弃儿子，把自己当儿子这种话！

这事得这么看，如果韩遂是个好人则罢了，事实上，韩遂正是马超的杀母仇人，要认这样不共戴天的人当父亲，可就有点太过分了。《魏书十五》记载："今超弃父，以将军为父，将军亦当弃子，以超为子。"正

史明明白白地记录在册，这事太让人心寒，以至于连老曹这样心怀叵测的家伙都忍不住要讽刺马超："太祖望谓行曰：'当念作孝子。'"（意思是曹操说马超真是韩遂的大孝子啊！）事见《魏书十五》。

第二件事，也是为将之大忌。马超攻打冀州时，刺史韦康为了全城百姓活命而开城投降，马超得了城却尽杀韦康一家老小四十余人，反而对负隅顽抗的冀州参军杨阜、姜叙不加怀疑，继续委用。后来，夏侯渊奉曹操之命打到陇西来，马超领兵拒敌，他前脚走，杨阜和姜叙就马上复叛，这下子马超首尾难顾，只好狼狈投奔汉中张鲁。

就在马超投奔张鲁之前，他带人突袭了历城，抓住了姜叙的老母亲，姜母破口大骂："汝背父之逆子，杀君之桀贼，天地岂久容汝，而不早死，敢以面目视人乎！""超被骂大怒，即杀叙母及其子，烧城而去。"事见《魏书二十五》。

杀俘杀降为大不祥，何况再去杀一个义正词严的老妇人！马超这事办得也很不地道，其心胸之狭隘可见一斑。

对此，北宋毛宗仁是这么评说的："若马超，则可为战将，而不可为大将。其杀韦康，屠百姓，不得谓之仁矣！"

背父可谓不孝，屠城可谓不仁。了解过这两件事，即使马超再勇过吕布，提起来还是让人摇头啊。

姜叙的老母亲临死前骂他的话竟成了谶言，十年之后的章武二年（222年），马超病死，年仅四十七岁。

✱ 参考书籍

《三国志》

山西名将如何击败关羽？曹操狂赞：胜过孙武！

他就是徐晃，一生义薄云天的关羽和他惺惺相惜，他们是正经的山西老乡，关羽的老家解州离徐晃的老家洪洞封里也就三百多里①地，封里村在洪洞县城去往广胜寺景区的路边，笔者每年回洪洞探亲，都从封里村前经过。

关羽曾经是徐晃的手下败将，要说关老爷能正眼看上的人也没几个，一个能把孙权比喻成狗的人，对徐晃却青眼有加，不仅因为徐晃有一身的绝世武功，更因为他为人正直坦荡。

徐晃是曹操手下著名的"五子良将"之一，应该说是曹操手下最能打仗的将军，无论是与刘备对阵，还是与周瑜诸葛瑾较量，都无败绩。冲锋陷阵，曹操用他为先锋，遇险撤退，他总是断后。五子良将中，张辽镇守合肥屡败东吴，也是曹操帐下的名将，功业可与徐晃比肩；乐进虽然也很能打，但若论智谋，在徐晃之下；于禁也很出色，可惜关键之战不是关羽的对手，兵败身辱；张郃一度也让诸葛亮和刘备忌惮，若论治军能力，他应在徐晃之下。

先来说徐晃是如何挫败关羽的。

当时，关羽军的主力屯在围头，另有一部屯在四冢。徐晃声东击西，扬言欲攻围头，却出其不意突袭四冢。关羽担心四冢有失，亲自率步骑

---

① 1 里 =500 米。

五千出战。

两人是老乡，又惺惺相惜，于是出阵对话，但是此次对话只论平生，不及军事。

私聊完毕，徐晃下马立即宣布军令："得关云长首级者，赏金千斤！"关羽大惊，说："大哥，你说的这是什么话？"徐晃回答："这是国事。"

随后两军混战，关羽被击败，当其退走营寨时，徐晃率军穷追不舍，紧随其后冲入营内。当时关羽营寨外围深壕及鹿角十重，障碍设施极为严密，若从营外强攻则极为困难。现在徐晃趁关羽军陷于混乱之机，由内突袭，一举大破敌营。于是关羽撤围退走，樊城围解。

此战对于巩固曹操的南部疆土、稳定后方都起了重大作用，不仅挫败了关羽的强大攻势，更重要的是破坏了孙刘联盟，改变了当时的战略格局，使曹操掌握了战略主动权。

于是，曹操在一篇令中如此狂赞徐晃："敌人围堑鹿角十重，将军致战全胜，遂陷贼围，多斩虏首。我用兵三十余年，以前所听说过的古代善于用兵的人，没有能够这样长驱直入敌围的。况且樊、襄之围，胜过以前的莒、即墨之围，所以将军之功，胜过孙武、穰苴。"

当时，徐晃获胜归来，曹操亲自出营七里迎接，并设宴庆贺慰劳。曹操举酒对徐晃说："襄阳、樊城得以保全，是将军你的功劳啊！"

能够正面击败关羽的人还真没几个，徐晃应该也当得起这样的赞扬。附带说一句，这事还真不是"演义"，是史实，成语"长驱直入"即由此而来。

徐晃治军严谨，令行禁止。当时曹军云集于摩陂，曹操到诸营巡行，不少士兵出阵围观，唯有徐晃部下军营整齐，将士驻阵不动，安如磐石。曹操看到又不得不狂赞："徐将军可谓有周亚夫之风！"

好看到停不住的中国史

徐晃起初只是河东郡的一个小吏，从军之后，得遇曹操，自认为有幸遇到明主，于是忠心耿耿。他曾经在官渡之战中大显身手，成为击败袁绍的撒手锏。

曹操与袁绍在官渡对峙，当时袁绍数千车粮草运到。谋士荀攸对曹操说："袁绍的运粮车旦夕间就到了，他押运粮草的将领韩猛虽然勇猛但是轻敌自负，出击可以将他打败。"曹操问："谁可以担当这个重任？"荀攸说："徐晃可以。"于是曹操派徐晃和史涣带几千骑兵共同攻打韩猛，在故市（今郑州西北）截烧其辎重。此战，徐晃功劳最大，被封为都亭侯。

徐晃不仅能征善战，且长于计谋。建安九年（204年）二月，袁绍死后，曹操利用袁谭和袁尚争立后嗣的矛盾，发兵北上攻打冀州。

徐晃献计曹操说："如今袁谭、袁尚还没有被击败，没有被攻下的城池中的守将都在观望，请求您招降易阳来给各城看，那样他们都会望风归顺的。"曹操采纳他的意见，封易阳降将韩范为关内侯。接着，又收降了涉县长梁岐，同样赐爵关内侯。果然，此举瓦解了敌方的军心，曹军很快剪除邺城羽翼，攻克邺城，夺得冀州。

徐晃每战有功，但很少邀功请赏。他一生俭朴，对自己约束很严。罗贯中虽然屁股坐在刘备这边，但他在《三国演义》里所写的徐晃始终是正面形象，只可惜，他写徐晃是被孟达射死的，这让人感到莫名其妙，难道将军必然战死沙场吗？其实徐晃是病死的，临终前还特别嘱咐，埋葬他时给他穿平常的衣服就行了。

徐晃私下很少与人交往走动，他曾经感叹："古代的人常会忧虑遇不到贤明的国君，我现在有幸遇到了明主，更应当立功来报效，还需要什么个人的声誉呢？"

参考书籍

《三国志》《三国演义》《华阳国志》《蜀记》《资治通鉴》《十七史百将传》

孙权派人为子求亲被关羽辱骂，说明三国时期北方人瞧不起南方人？

话说关公镇守荆州的时候，孙权曾经派人来说媒，想跟他当亲家。没想到，关公很不给面子，不仅不同意，还骂人，具体骂了什么（运城话：孙权这个憨怂？），不知道，反正很难听，使者就狼狈地走了，孙权于是恼羞成怒。

《三国志·关羽传》中记载了这件事，但只有一句话："先是，权遣使为子索羽女，羽骂辱其使，不许婚，权大怒。"

在《三国演义》里，关公大怒后，说了一句流传千古的损话："虎女安能配犬子乎？"当然，这是罗贯中先生凭空想象的，但也给后世的嘚瑟老丈人们平添了三分豪气。

关公为何要拒婚？原因很复杂，一是觉得这是你孙权在挖坑，跟我结亲，这不是让我大哥你刘妹夫寒心加疑心？二是有一个可笑的前车之鉴就摆在眼前，曹操的大将曹仁之女就是嫁给孙策幼弟孙匡的，但孙权想占荆州的时候还不是说打就打？信誉度如此之低，难免让一诺千金的关公齿冷；三是在此之前，刘备曾经和东吴结亲，后来孙夫人把刘备吓得躲到了西川，自己撒丫子跑了，还差点顺手把阿斗拐跑（由此让人怀疑阿斗后来不机敏，是不是被后妈吓的？）。这事办得极不地道，让关公对整个东吴都有些鄙视。

另外，还有一个原因，就是关公从骨子里瞧不起南方人，而且持这种态度的还不只他一个，可以说他代表了当时北方豪杰的一种普遍心态。

这样就推出了本文的一个谨慎观点，是不是三国时期北方人几乎霸占了整个舞台，南方人只能陪着跑龙套？

先看三国的开篇，张角、张宝、张梁三兄弟都是河北巨鹿人。再看看当年参与讨伐董卓的十八路诸侯都是何方神圣：

第一路南阳太守袁术（河南）、第二路冀州刺史韩馥（河南）、第三路豫州刺史孔伷（河南）、第四路兖州刺史刘岱（山东）、第五路河内郡太守王匡（山东）、第六路陈留太守张邈（山东）、第七路东郡太守乔瑁（河南）、第八路山阳太守袁遗（河南）、第九路济北相鲍信（山东）、第十路北海太守孔融（山东）、第十一路广陵太守张超（山东）、第十二路徐州刺史陶谦（江苏）、第十三路西凉太守马腾（陕西）、第十四路北平太守公孙瓒（河北）、第十五路上党太守张杨（山西）、第十六路乌程侯长沙太守孙坚（浙江）、第十七路渤海太守袁绍（河南）、第十八路"奋武将军"曹操（安徽亳州）。

这里不包括北方的刘备，还有被讨伐的董卓和吕布等也都是北方人。这样一看，似乎南北方完全失衡，真正称得上南方的仅有两路：孙坚和张超，而真正称得上南方人的也只有两个：孙坚和陶谦。其余的英雄（当然也包括不少凑数的狗熊）都是北方人，所以来打酱油的南方人如果被鄙视了，也是情理之中的事。

说完各路豪强，接下来看武将，有一个流传很广的排行榜如下：一吕二赵三典韦，四关五马六张飞，黄许孙太两夏侯，二张（张辽、张郃）徐庞甘周魏，神枪张绣与文颜（文丑、颜良），虽勇无奈命太悲，三国二十四名将，打末邓艾与姜维（三国前期诸神都归位了，武将是不是越打越弱？连廖化都能当先锋了）。

这个榜的武力值是不是准确且不说，只说其中的人物籍贯，那也只有孙策（浙江）和甘宁（重庆）是地道的南方人，也许有人说，周泰难道不是南方人？安徽凤台的！

现代中国以长江为南北界，而当年的南北分界却是秦岭与淮河一线，所以就安徽来说，淮河以北的阜阳、亳州（曹操的老家）、淮北、宿州、蚌埠局部属于北方，而南部的淮南、合肥、黄山、六安、滁州等则属于南方。凤台恰好在淮河北岸，所以周泰也只能算是北方人了。当然你非要说淮河改道了，那我认输也行。但二十四员名将中，只有两到三个南方人，这个比例仍然让南方人硬气不了。

再补充几个，比如曹操手下五子良将中剩下的两个，乐进是河南人，于禁是山东人。还有吴国的吕蒙是安徽阜南人（很不妙又在淮河北面），老将程普和韩当是一对泪汪汪的河北老乡。

接下来说谋士群体。最著名的非诸葛亮先生莫属，他本是山东临沂市沂南县人，早年随叔父诸葛玄到荆州，叔父死后，他就在襄阳的隆中当了隐士。说得准确点，他是山东移民，要论籍贯，还算北方人。给刘备补脑的智囊团里，当年跟着他四处流浪的都是北方人，像糜竺和糜芳兄弟、简雍、孙乾等人，而他的重要谋士法正，祖籍是陕西省眉县，属于南下流民。刘备的两个实力派大舅哥，吴懿吴班兄弟是河南开封人。当然，刘备拿下了荆州和益州之后，也有不少南方人（主要是湖北人和四川人）依附，比如凤雏先生庞统倒是正宗的湖北襄阳人，马良马谡兄弟、向宠向朗兄弟、董和董允父子、费祎、杨仪和廖化都是湖北人，蒋琬和刘巴是湖南人，剩

下的（如张翼、马忠、黄权和谯周等）都是四川人。

曹营有五大谋士，郭嘉、荀彧荀攸叔侄都是河南人，贾诩是甘肃人，程昱是山东人。后期涌现出来的杰出代表司马懿家族，也是河南焦作人。除了这些，曹操的手下文武，几乎是清一色的北方人，可参看笔者文章《三国史上曹魏之十大山西名将，个个拜将封侯》，而袁绍的手下之人也大致如此。

好在还有来自杭州的孙氏父子，算是南天一柱，手下也有几个响当当的硬角色；周瑜是安徽合肥人；鲁肃是安徽滁州人；陆逊是江苏苏州人；老将黄盖和朱治，一个是湖南人，一个是浙江人。这些人给南方争来一抹亮色。但江东文武中除了前面说的，依然有不少北方人，比如投降派代表张昭是江苏徐州人，还有两位江西老表虎臣徐盛和潘璋，都是山东人。

北方，特别是中原地带，向来就自诩为中国正统文化的发祥地，分明是群雄争夺江山，还美其名曰"逐鹿中原"，而中原也就是河北、河南、山东、山西的局部，再加上皖北和苏北局部。在不少北方人的心中，再往南简直就是尚未开化的地域，是"南蛮"。当然，南方人口头上是不能吃亏的，自然要回敬北方人为"侉（kuǎ）子"。

北方人素来民风剽悍，难免有些自大偏激，十八路诸侯里孙坚率领的南方部队很能打仗，其他各路诸侯心怀鬼胎还非常不屑，袁术就处处给孙坚使绊子，他老哥袁绍假装没看见。

说得有点乱，嘿嘿！想到哪里就写到哪里，所谓打到哪儿就指到哪儿，若要真正统计，还得做一个表格更清楚，但那就没意思了。

说到底，北方人与南方人的关系一直很微妙，这是时代留下的烙印，但不要互黑，没劲。关公不就是因为看不起南方人，栽了大跟头吗？不仅把命丢了，连大哥的发家宝地荆州也弄丢了。

✱ 参考书籍
《三国志》《资治通鉴》《三国演义》

以关公的个性，丢了荆州，只有以死来报答他的大哥了

荆州历来就是四战之地，到了三国混战时期，更因为他处于各方势力的前沿地区而显得至关重要，所以为了争夺荆州，各路人马也祭出了多少厚黑学的宝典，有坑的，有蒙的，有抢的，有骗的，无所不用其极。三大战役中的两场——赤壁之战和夷陵之战都直接与荆州归属权有关。所以有人说"一座荆州城，半部三国史"，似乎也不为过。

诸葛亮当年就隐居在这一带，对于荆州的重要性了然于胸。在他的宏伟蓝图中，蜀汉要恢复汉室，击垮曹魏，有两条路线，第一条是"汉中出秦川"，不用说大家也知道这是他后来六出祁山的路径；第二条就是"荆州向宛洛"，占领荆州便可攻可守，收放自如。这样，蜀汉才像是爬行动物挥舞起两把大螯，让曹操一见就得了"头疼病"。东吴的战略家鲁肃远不是《三国演义》里描述的那么呆萌，他早就对孙权说过："荆州与东吴在地理上相接，长江从此东下入吴，兼带江汉。荆州凭山临水，是东线门户，必须由咱们控制。"所以当年荆州在刘表的手里时已是东吴心腹大患，更何况是枭雄级别的小贩子刘备？再说曹操，叫得好听点是军事家，难听点那就是沙场老狐，他当然知道夺取荆州才可以和东吴共用长江天险，自己手下的那些北方大兵才有用武之地。

赤壁之战后，荆襄九郡一度为三家共有，曹操占据荆州的北三郡南阳、

好看到停不住的中国史

襄阳和南乡（二郡为曹操于公元208年设），孙权先后得到东三郡江夏、桂阳和长沙（吴蜀分荆州之后），而刘备则控制西三郡武陵、零陵和南郡。三分天下从三家分荆开始，任何一方失去对荆州的控制，都会使自己陷入极大的战略被动状态。

在这个犬牙交错的地区，三家都打出了自己手中赢面最大的牌：曹操派出他的从弟——智勇兼备的征南将军曹仁；孙权先是派出周瑜，后来是鲁肃，再后来是吕蒙、陆逊，都是东吴的头面人物；而刘备的蜀汉这边，是人所共知的神勇大将关羽！

刚开始，刘备以"借"的名义占了荆州，原来是说等他拿下西川后，就归还此地，但是事到临头，他宁可当"老赖"也不肯放弃荆州了，这行径当得起一个"骗"字。

荆州骗得如此艰难，关羽才被大哥委以重任，他是给整个大蜀看门的大将军，也兢兢业业地把荆州守了十年。当然，这十年曹魏和孙吴的日子都很不好过，一方如鲠在喉，另一方如芒在背。

我们现在需要好好打量一下荆州。

其一，据南北之要冲，扼东西之险地。这个地方地处江汉平原，北通江淮，南抵岳州。往东可以顺江而下，直取江陵，再威逼建业，向西可以溯江而上，进取巴蜀。这就是荆州的地理优势。

其二，江汉平原历来是鱼米之乡，经济发达。当时，蜀国控制的益州地形复杂，粮食产量极为有限。而南中地区又是蛮夷之地，尚未开化，赋税入不敷出。这是荆州的物产优势。

其三，资料显示，当时荆州人口已近百万，蜀国本身人口最少，到刘禅撂挑子投降的时候还不到百万人，而在战乱时期，人口是最宝贵的资源。

这是荆州的兵员优势。

如此就能看出来。刘备这个老赖当得有多值！在得了荆州以后，他迅速扩大地盘，又一鼓作气拿下了益州和汉中，此时乃是刘备一生中最高光的时刻。

就在刘备攻取汉中的时候，二弟关羽的人马也北上攻曹高奏凯歌，他大发神威，水淹七军，降于禁、擒庞德，把驻守在樊城的曹仁打得一夕数惊。其锋芒之盛，以至于把曹操都惊呆了，甚至都产生了迁都的想法。

但替曹操拔掉扎在喉咙里的刺的人在长江对岸。占据荆州和益州两地的刘备，已经对东吴产生致命威胁，孙权君臣寝食不安。他先派人上门追债，要讨还南郡，但南郡是连接益州和荆州的桥梁，刘备又怎会伸着脖子让人宰割，当然就又找了一个更不着调的借口，说是要攻下凉州才还……呵呵！孙权说，你怎么不说等你灭了曹操再还呢，那时候你已经磨刀霍霍瞄上我了吧？

于是，你要玩赖的，我就耍阴的。在关羽跟曹魏打得不可开交的时候，孙权命吕蒙为主帅偷袭荆州，并亲自率军为后援。因为送粮不力，关羽曾扬言要收拾荆州重镇江陵守将刘备的小舅子糜芳和公安守将傅士仁，他们思前想后，干脆投降了东吴。

东吴乘虚抄了关羽的后路，把命脉抢回到自己的手上。从道义上来说，东吴做得不光彩；但从战略上来说，东吴独吞荆州，那就等于独占了长江天险。那时长江上没有桥梁，各方也少有能够大规模运输兵力的大型舰船。在那个时代，夷陵、江陵、夏口等都自西向东沿江而建，借助长江之险就会成为天然屏障，既可防御曹魏大举进攻，又可制衡蜀汉扩张得太快，所以东吴才要不惜一切代价抢回荆州。事实上，这个阴招确实管用，至少延缓了东吴灭亡的脚步。

而对关羽来说，形势对东吴多有利，他就有多愧疚。大哥把这样一副重担让你挑着，你竟然弄了个鸡飞蛋打！关羽很明白失去荆州对于大哥的意义，无异于血淋淋地砍掉了他的一只手臂，而且是右撇子的右手臂。

刘备失去荆州就等于失去了半壁江山，蜀汉势力就此被限制在巴蜀之地，想要完成进取中原、匡扶汉室这些大口号恐怕比之前艰难百倍。以后蜀对魏作战，只剩下"汉中出秦川"这唯一的选项了，从秦岭或者陇西方向绕一个大圈子去攻打关中一带，显然吃力不讨好。这也导致了诸葛亮后来屡次北伐，都是由于战线太长或粮草难运而不得不黯然收场。

荆州就这样丢了，局势已经无可挽回。以关羽的个性，即使有生还的机会，他也不会当一个逃跑将军去见结义大哥。最终他只能以最悲壮的姿态去牺牲，来给大哥一个最无奈的回报和解释了。

❋ **参考书籍**
《三国志》《资治通鉴》《华阳国志》《三国演义》

从老版《三国演义》关羽牌位上写的"五虎大将"说起

只要说到"五虎大将",大家脑子里第一时间闪现出来的一定是三国时期蜀国的五员大将,分别为关羽、张飞、赵云、马超、黄忠(关、张位置相对稳定,后三位在各个时期有不同排序)。他们跟着刘备一起出生入死,抢地盘、建政权,战功赫赫,勇冠三军。

有了网络机顶盒之后,看剧太方便了,近期笔者又把1994版的《三国演义》找出来看了个过瘾。好像是在第60集,关羽大意失荆州后,不得已败走麦城,被东吴斩杀。刘备率众在成都哭祭,牌位上写着两行字:汉寿亭侯和五虎大将,初看也没什么,演义嘛,还不都是靠虚构活着的,剧里演得也没错,但如果细琢磨一下正史里的记载,这种写法有点超前。

并不是说关羽不够格,他本是五虎将的第一位,即使在后世,关公的存在感也是最强的。但是连续剧里,在刘备痛哭的时候,准确地说,还没有"五虎大将"的叫法,所以牌位上的四个大字"五虎大将"似乎穿越了。

那后来为什么会形成"五虎大将"这种固定组合呢?在陈寿写《三国志》的时候,把这五个人扎成了堆,并列合为一传,叫作《三国志·蜀书·关张马黄赵传》,其中,他对这五个人的评价是:

"关羽、张飞皆称万人之敌,为世虎臣。羽报效曹公,飞义释严颜,并有国士之风。然羽刚而自矜,飞暴而无恩,以短取败,理数之常也。马超阻戎负勇，以覆其族，惜哉！能因穷致泰，不犹愈乎！黄忠、赵云强挚壮猛，并作爪牙，其灌、滕之徒欤？"

可见，陈寿对赵云的评价不高，但为给五人合传，又提出了"虎臣"的概念，这还不是"五虎大将"吗？

还不是，应该说对后世会有所影响，但那时候"五虎大将"的美称确实没出现。后来经过漫长的历史演变，"五虎"是被后世文人的生花妙笔慢慢描成的。笔者的推断是，如果当初"五虎"的座次在陈寿手里就已经定型，那后世也就不会再出现各种版本了。

"五虎大将"一说何时出现已不可考，元代戏曲里他们被称为"五将军"或"五兄弟"，而到了元末明初小说家罗贯中的笔下，"五虎大将"组团成功，他在《三国演义》第七十三回明确写道："封关羽、张飞、赵云、马超、黄忠为五虎大将"。

目前所发现的关于"五虎大将"最早记载是《三国志平话》（元至治间建安虞氏刊本，现藏日本东京内阁文库），其中称此五人为"五虎将军"，顺序是"关张马黄赵"，常胜将军赵子龙倒排在最后一位，垫了底。后来，有些本子是"关张黄马赵"，有些本子是"关张马黄赵"，只是锦马超和老黄忠之间的微调。也曾经有本子很推崇马超，甚至让他坐了第二位，比如叶逢春本和郑以桢本的排序就是"关马张黄赵"。再后来的本子，似乎开始提高赵云的地位，有了"关张马赵黄"的提法。到了清朝，毛纶与毛宗岗父子的《三国志演义》在《三国志通俗演义》和《三国志传》的基础上，将赵云的位置又提高了一位，于是成了现在流传甚广的"关张赵马黄"。乾隆年间修订的《四库全书》也是如此收录五虎的。这样倒来倒去几百年，总算尘埃落定了。

但是到了2006年，厦门大学教授易中天在《百家讲坛》大出风头的时候，提出一个"骇人听闻"的观点，就是蜀中"四虎将"，说"关张马黄"分别为前将军、右将军、左将军、后将军，只有赵云被排除在外，他为赵云叫屈。

其实大可不必。

关于赵云的职务，需要了解一下后汉时期的军阶制度。拙文《过五关斩六将都是虚的，关二爷追随流亡江湖的大哥最让人景仰》中介绍过，此处不再赘述。

所以，公元219年，刘备当上汉中王大封诸将，关张马黄分别占了前后左右四个方位，当时诸葛亮和抢占汉中立了大功的赵云都没有升迁（有说法是赵云比较低调，表示谦让），如果要硬挤进去，赵云只剩下一个"中将军"可以选择了，呵呵！很巧的是，赵云后来恰恰就占了这个"中"字，不过不叫"中将军"，而叫"中护军"。您可别小看了"中护军"，东吴周瑜也担任过这个相当重要的角色。

"中护军"不仅与四方将军是同等级别，还有一项别的将军没有的职能——"统时选士"。作为中军主帅的辅佐官，他直接负责选拔下级武将，很容易培养自己的军事势力，所以权柄很重，这个官职一般都是由主帅最信任的人担任的。

现在有一点不明确的是，赵云具体是哪年担任的中护军，查不到史籍记载，应该是早于223年的，因为这一年，刘备病逝，后主刘禅继位，"赵云由中护军、征南将军，迁为镇东将军，并封为永昌亭侯"。"中护军"和"征南将军"是由赵云兼任的，二者没有冲突，和后来改任的"镇东将军"都是正二品，因此说赵云不被刘备重用，是完全没有根据的。对此，笔者前面已有专文为托孤重臣赵子龙正名。

再说关公的牌位，不只是道具上出了一点小纰漏，还产生了歧义，"五虎大将"并非专指一人，如果写成"五虎上将之首"，又有点托大，不利于安定团结。所以个人认为，还是把关公的职务写上更为准确，就是上为"汉寿亭侯"，是他的爵位，而后为"前将军"，是他的官职，这样就较为稳妥了。

❋ 参考书籍

《三国志》《三国演义》《云别传》《三国志平话》《汉晋春秋》《华阳国志》

曹操给诸葛亮写了一封只有 11 个字的信，什么目的？

在《诸葛亮集》中，笔者曾经看到一封曹操写给诸葛亮的信，非常简短，上面只有 11 个字："今奉鸡舌香五斤以表微意"。

用今天的话来说：这里给您奉上五斤鸡舌香，一点小意思，请收下。

因为仅留下了这 11 个字，没头没尾没背景，似乎这只是曹操送来的礼物里附着的一个纸条，倒成了历来史学家们的一个难点和兴趣点，曹操在打哑谜，他究竟想表达什么意思？

第一个疑惑：什么是鸡舌香？

根据宋朝大学者沈括的探究，他认为鸡舌香就是丁香。其实在北魏、东魏时期的杰出农学家贾思勰所著的《齐民要术》里已经写道："鸡舌香，世以其似丁子故一名丁子香。"

那这个鸡舌香有什么用途？

按照汉制，"尚书郎含鸡舌奏事"，意思是一些朝廷重臣给皇帝汇报时，要在口中含上鸡舌香，以免不洁气味熏到皇帝。呵！是啊，要是大臣吃了大蒜或者喝了酒，把臭气直接喷到皇帝脸上，皇帝该不该让你滚远点？或者让太监拿把大扇子对着你扇上一炷香的工夫？

如此说来，鸡舌香就是今天的口香糖了，其作用完全一样。《初学记》记载《汉官仪》时称，此种物品乃是汉代高官上朝时，为了避免相互说话时口气太重而含服的物品。不光是怕熏着皇帝，大臣之间也得互相防着，要不也没有口罩，如何顶得住？

后来这东西就沿袭下来了，唐代李商隐有诗：

"暂逐虎牙临故绛，远含鸡舌过新年。"

明代陈汝元也有诗：

"御杯共醉龙头榜，春雪同含鸡舌香。"

据了解，鸡舌香这东西还是舶来品，只有印尼出产，在古时是价比黄金的宝物。这样就能理解了，虽然起到的只是口香糖的作用，但身价太尊贵了，要不那么要面子的曹操怎么拿得出手？

第二个疑惑：曹操的用心是什么？

第一种说法，曹操此举是向诸葛亮示好，想撬刘备的墙角，把诸葛亮挖过来为己所用。他在暗示如果诸葛亮归降，那鸡舌香不就派上大用场了吗？毕竟我这边才是正宗的汉家皇帝，你跟着刘备那样的山寨宗室东跑西颠，能有多大的前途？我这里高官厚禄，正在虚位以待啊。不能不说，这种说法有一定的道理。因为曹操一向爱才，曾经三发"求贤令"，而诸葛亮这样的经世大才跟别人跑了，他总是不甘心。何况，他还给孙策手下大将太史慈送过当归，"曹公闻其名，遗慈书，以箧（qiè）封之，发省无所道，而但贮当归。"虽然没写一个字，但意思已经很明确，只不过并没有得逞罢了。

第二种说法，曹操也有延揽之意，用此表达了一句暗语："鸡舌香五斤"的谐音是"几时向五经"。这个脑洞很大，需要解释一下。当年诸葛亮在隆中隐居的时候别人都觉得他爱说大话，倒有几位好友非常认可他，就是崔钧崔州平、孟建孟公威、徐庶徐元直、石韬石广元。后来，这几位都投到了曹操的帐下，也都受到重用：崔均当了西河太守、石韬就任典农校尉、孟建官拜凉州刺史征东将军，徐庶也当过御史中丞。当年哥儿几个侃大山的时候，诸葛亮曾经表示非常向往洛阳的"熹平石经"——这是蔡邕等人把儒家经典刻成的石书，共46块石碑。个人认为，这种说法牵强附会，一是太隐晦，二是熹平石经刻的是儒家七经，这有点对不上。

第三种说法，曹操的离间之计。个人分析，这封信应该是在刘备攻取了益州和汉中之后写下的，正是刘备一生最高光的时刻，完全实现了诸葛亮"跨有荆益"的战略目标，也是刘备和诸葛亮配合最默契的时期。曹操当然寝食难安，一把剑是关羽的荆州军从南边刺来，直指宛洛；现在另一把剑也可以从汉中刺出，直捣长安。既然诸葛不能为我所用，反而为虎添翼，所以曹操要点小心思，送礼物给诸葛亮，想制造二人之间的障碍，也是有可能的。但这摆明了也是枉费心机，刘备和诸葛亮的一番遇合，可称为一段千古佳话，如果被五斤鸡舌香击垮了，岂不成了笑话？

第四种说法，曹操的一次试探。送点礼物试探一下诸葛亮的心意，是否愿意跟自己混。如果诸葛亮回礼，那证明这件事还有一点可能性，可以再采取下一步的笼络手段。个人认为，这种试探的可能性也微乎其微。

第五种说法，只是一种礼节性的问候。曹操对诸葛亮有惺惺相惜之感，于是表达一种敬意。这种可能性也不大，此时的诸葛亮才崭露头角，并没有表现出鹤立鸡群的本领。撇开后人对他的神化不谈，他的长项在于治国而非统军，而他显示出卓越的治国才能时，曹操已经长眠于地下了。

第三个疑惑：敌国之间能通书信吗？

蜀汉与魏吴之间，虽然三足鼎立，但并非老死不相往来，古人没有那么小气。不光此君与彼臣之间有书信往来，就是分属两国的臣子之间也并不避讳，是可以互相通信的。

有史书记载：名士许靖在蜀汉任太傅后，与他过去在北方的好友魏国大臣华歆和王朗（就是在《三国演义》里不幸被诸葛亮骂死的那位）等都不断有书信往来，"申陈旧好"。《三国志》引《魏略》里有一封王朗写给许靖的信，称"前夏有书而未达，今重有书，而并致前问"。

就说诸葛亮，不仅是曹操给他写过信，魏国的尚书仆射陈群也曾写信给他，打听过蜀汉尚书刘巴的消息。司马懿也给他写过信，信中说："黄公衡，快士也，每坐起叹述足下，不去口实。"——黄权（原为蜀将，在夷陵之战后被迫投降了曹魏）是一个爽直的君子，在一起聊天的时候，他经常和我们说起您，并对您表示赞叹，也不怕落下什么口实。这封信拐着弯表达了他对诸葛亮的敬佩之意。

蜀汉与吴之间虽然貌合神离，但毕竟也算盟友，友好的书信往来更多。诸葛亮不仅跟孙权有多次书信沟通，跟他的大哥诸葛瑾还有大将陆逊都曾飞鸿不断。

第四个疑惑：信是怎么送过来的？

曹操不可能派出快递小哥长驱直入到达成都，把这封信送到诸葛亮的府上，因为个人推测是在前线托人转呈，那就不能不提蜀汉的邮驿系统了。

刘备厚着脸皮拿下亲戚拥有的益州之后，这才有了自己真正的根据地。但当时的巴蜀交通非常落后，几乎被大山团团围住。为了保持信息通达，

刘备和诸葛亮为四川的邮政事业做出了重大贡献。

为了对付曹魏,刘备在汉中地区建立北伐军事基地,而为了打通军输要道,蜀军在汉中与关中之间开通了四条主要道路,这就是著名的子午道、傥骆道、褒斜道和金牛道。蜀汉还在汉中建设了重要军事关隘白水关,周围的山上布满烽火台。从白水关到国都成都约400里,其间设置了一系列的亭台馆舍,以保障邮驿系统的正常运行。在与东吴交界的荆州地区,大将关羽也在沿江设立了军用通信专用的"斥候",烽火台从后方一直延伸到襄樊前线。

因为蜀国地处西南,大部分为山区,道路崎岖,所以蜀汉邮驿的特点是驿马传送,而从事此项工作的人称为"驿人"。

最后说一些题外话。

笔者突发奇想,如果诸葛亮收信之后真的投奔了曹操,设计逃往许都,并留下来全力辅佐曹操,那会是一种什么局面?

刘备首先玩不转了,蜀国在他死后会很快被拿下。如果蜀国被攻克,曹魏大军顺流而下,吴国将不能再倚仗长江天险,保不齐会提前灭亡,三国在曹丕的手里也许就统一了。

那么诸葛亮在曹营会得到一个什么官职?能不能超越荀彧成为第一谋士?有诸葛亮主持大局,司马懿未必能翻出什么浪花来,那还会有后来荒腔走板的两晋南北朝吗?

❋ 参考书籍

《后汉书》《三国志》《太平御览》《诸葛亮集》《艺文类聚》《初学记》《汉官仪》

好看到停不住的中国史

都说曹操好色成性，为什么放过了美女蔡文姬？

一直以来，中国都有"古代四大才女"的说法，她们分别是班昭、蔡文姬、上官婉儿和李清照。当然，这种说法并不权威，也有人认为卓文君比班昭更有才，但这不是今天要说的重点。重点是不管谁怎么排，蔡文姬肯定是榜上有名的。这位大才女在音乐、文学、书法、史学等方面都达到了相当的高度，后世王羲之的书法、李杜的五言诗里都有她的倩影。

这样的一位才女，命运似乎专门与她作对，如果不是曹操伸出援手，花重金救她出苦海，她真的就埋没在漠北的漫漫烟尘之中了。说到曹操救她，有人就会产生绮想，曹操那么一个大色鬼，碰上这样才色并重的佳人，怎么会轻易放过？

元代的文学大家兼书法大家杨维桢就认定曹操一定干了什么见不得人的勾当，他在《题二乔观书图》中讥讽曹操：

"君不见阿瞒老赎蔡文姬，
博学才辩何所施，天下羞诵胡笳词。"

但是个人认为，曹操固然好色，他对蔡文姬倒像一个谦谦君子，有所

取而有所不取，蔡文姬恰恰就在他不取的名单里。

如此，"文姬归汉"成就一段美谈，如果改为"文姬归曹"，则将成为一段秽史。

总结分析一下，面对绝代才女蔡文姬，曹操理智地袖了手，到底是什么促使他当了一回好人？

第一个理由：朋友妻，他可戏；但朋友女，不可欺

曹操和蔡文姬的父亲蔡邕交情匪浅，他这个当叔的得照顾自己的身份。

曹操比蔡邕小二十二岁，蔡邕当年入朝为官，"拜郎中，校书东观"时，小曹正好二十岁，也被"举孝廉为郎"，二人应该是在这个时期就有了交往的。当时有一个非常重要的中间人，即太尉桥玄，蔡邕曾被他征召为掾属，受到了厚待。而从曹操的《祀故太尉桥玄文》来看，当年很放荡的他也曾接受桥玄的教诲和提携。

其后，蔡邕因正订刻立"熹平石经"而名满士林，小曹个子不高却才华横溢，与蔡邕惺惺相惜也是情理之中的事。后来小曹的儿子小小曹丕在《蔡伯喈女赋》的序中曾写道："家公与蔡伯喈有管鲍之好"，这里的"管鲍之好"信非虚言，蔡邕对曹操来说，亦师亦友，关系非同寻常。

所以，近三十年之后，蔡邕的女儿遭难，他这个老叔有能力也有义务出手相助，如果救回来了，自己再把她霸占了，老叔岂不是与畜牲无异？曹操毕竟也是一个满腹诗书的人，应该不会没羞没耻到这种程度，否则以后地下如何与蔡邕相见？

顺便说点好笑的事，曾经有一部三十二集的电视连续剧叫作《曹操与蔡文姬》，写的是被流放的蔡邕返京时，曹操与蔡文姬就互生情愫了，这

好看到停不住的中国史

脑洞也不是一般的大，您就不想想，那蔡文姬得多早熟！

蔡邕得女的时候都已经是四十多岁的人了，正如后人白居易在《吾雏》中的咏叹：

"我齿今欲堕，汝齿昨始生。

我头发尽落，汝顶髻初成。

老幼不相待，父衰汝孩婴。

缅想古人心，慈爱亦不轻。

蔡邕念文姬，于公叹缇萦。"

目前查到的史料中有关蔡文姬的生年有两种说法，一说是174年，又一说是177年，不管是哪年，出生于155年的曹操都比她大差不多20岁。如果蔡文姬是177年出生的，到189年蔡邕被董卓征召赴京时，才十二岁，就算是174年出生的，那也才十五岁，会喜欢一个三十五岁的大叔？

第二个理由：曹操英雄救美，正有招贤纳才之意

东汉末年，狼烟四起。蔡文姬的代表作《悲愤诗》里写道："汉季失权柄，董卓乱天常。"（有人怀疑此诗是后人伪托之作，但笔者坚信确是蔡文姬的作品，一是没有苦难经历的人写不出来如此发自肺腑的诗，二是能写出这么高水平诗作的后人也没几个，剩下几个顶尖的有必要造这个假？）

从诗中可以看出，虽然父亲被董卓赏识，并强行征召，但蔡文姬还是认为他是一个乱臣贼子。董卓死后，蔡邕因为有知遇之恩而叹了一口气，结果被王允下了大牢，死在狱中。

据丁廙所撰写的《蔡伯喈女赋》记载："在华年之二八，披邓林之曜鲜。"是说蔡文姬十六岁的时候曾经很风光地嫁给了河东卫家，卫家是大将军卫青的后人。蔡文姬的丈夫叫卫仲道，与她成亲不到一年就病死了，二人无子嗣，于是身背"克夫"骂名的蔡文姬只好回到娘家。

董卓死后，李傕和郭汜之乱爆发，公元195年，胡人入关趁火打劫，"先劫了个色"，把丧夫居家的蔡文姬劫持而去。

此一去就是三千里，"我羁虏其如昨，经春秋之十二。忍胡颜之重耻，恐终风之我萃。"

从诗中可以看出，蔡文姬在漠北之地整整苦度了12年，她只是左贤王的战利品，虽生有二子，却没有名分，故《后汉书》中记载为，蔡文姬"没于"左贤王。至于12年间，这位不说曾经锦衣玉食也是养尊处优的才女在边地所受的种种苦楚，在《悲愤诗》中多有描述，则一笔带过。

至于有人说左贤王把她带到了河东平阳一带，则纯属妄谈。平阳自古是膏腴（yú）之地和礼义之乡，且是河东卫家的祖籍，此"高论"不值一驳。

话说时间来到了207年，曹操忽然得知文姬流落在南匈奴，立即派出使者，携带黄金千两，白璧一双，把她赎了回来。曹丕也曾作《蔡伯喈女赋》（文已失传），其序中言："乃命使者周近持玄璧于匈奴，赎其女还"。蔡文姬在《胡笳十八拍》中这样写道："喜得生还兮逢圣君，嗟别二子兮会无因。"

曹操似乎从不做赔本的买卖，救蔡文姬却花了大价钱，一方面，感念与蔡邕的情谊，当叔的悲心发动；另一方面，他要给天下人做一个样子看看，表明自己是如何重视贤才的。

曹操手下人才济济，猛将如云，跟他求贤若渴是分不开的。他曾三下"求贤令"，而且还专门修建了铜雀台，这个用意很明白，很高大上，建此台，不是为了收集美女，而是为了向五湖四海广求贤才，而蔡文姬这样的大才女被他赎回，对天下士子来说，其影响力不言而喻。

曹操用重金从匈奴赎回蔡文姬后，曾在铜雀台上宴请她，蔡文姬还在此演奏了著名的《胡笳十八拍》。

随后，曹叔为她奏请了一个负责修史的官职，因为蔡邕只写了《东观汉记》的前半段，女承父业，适得其用，且以蔡文姬的才学，也足以胜任其职。

蔡文姬归汉时，已经是三十开外的人了。曹叔作主安排她嫁给屯田都尉董祀，有人把这个都尉比作"农夫"，那就荒唐了，简直打人家曹叔的脸。董祀这个官职分管屯田，一度秩比二千石，二千石者已经是郡守高干了，都尉享受同等待遇，但后来降了半级，到魏晋时，都尉的地位在第五品至第七品。

"文姬归汉"的次年，著名的"赤壁之战"爆发，曹操已经惦记上了大乔和小乔，要是能把她们抢回来，想必就没有像对蔡文姬那么客气了。

第三个理由：曹操是一个人妻控，但是他敬重的人一般不动

曹操是有这个"人妻控"的癖好，似乎也无可否认。大将军何进（就是那位建议董卓进京的糊涂蛋），曹操非常看不上他，讥讽他为："沐猴而冠带，知小而谋疆"。越是他看不上的人，他就对其占有欲越强，如果人家的媳妇漂亮，他就越不肯放过。后来，他就强纳了何进的寡媳尹氏，还跟她生了一个儿子叫曹矩，这个有史可查。

另一个就是抢了吕布手下大将秦宜禄的妻子杜氏，本来这是答应了给关公的，但因为关公说了好几次，曹操动了心，怀疑她是绝色，破了下邳城之后，就先去看了，这一看就动了歪心思，不给关公了，先下手为强。这次曹操玩得挺小人的。

还有就是攻打张绣的时候，强抢了他叔叔张济的遗孀。这乌烟瘴气的弄得张绣简直没法做人，于是大怒，率军端了曹操的大营。曹操狼狈逃窜，还折损了长子曹昂、侄子曹安民和心腹大将典韦。这是他为了抢女人付出代价最大的一次。

再后来，打袁绍的儿子们时，他对袁熙的媳妇甄氏也垂涎欲滴，可惜被儿子曹丕抢了先，于是当爹的只能干瞪眼。

把女人当成战利品，他可能会有一种变态的满足感。因为有这个癖好，他的大大小小有据可查的十几房妻妾里还有几个是抢来的，就不好说了。

写到这里，笔者就有了疑问，曹操曾经俘虏刘备的老婆糜夫人和甘夫人，但他为什么始终没有对她们下手？

个人认为，一方面，必须给足当时降在他旗下的关羽面子；另一方面，刘备是他能看得起的人，英雄妻，他也不欺。

还有，蔡文姬本人也让曹操肃然起敬。当年蔡家曾有四千余卷藏书，从漠北回来后，曹操曾问蔡文姬还记得多少，于是她将自己所记下的古籍内容写下来，共计四百篇，这能耐怎能不让曹操叹为观止。

更何况，蔡文姬还精通音律和书法，这样的一个女人气场自然非常强大，曹操对她除了敬服之外，很难有什么绮思歪想。

既然没有非分之想，曹叔就得把大侄女风风光光地嫁了，虽然是三十多岁了，而且是三婚，但也不能随便一嫁了事，后来让她嫁给屯田都尉董祀，就是一个年龄比她还小的丈夫，有关董祀的记载很模糊，只知道他是陈留人，跟蔡文姬是同乡，至于长什么样，有什么才能都付之阙如，但二十多岁就能当上都尉，想来也不是凡胎，至于两人的感情，应该很难融洽，如果董祀有才，迫于曹操的权势勉为其难娶了蔡文姬，必定心里有疙瘩；如果他是个凡人，蔡文姬也会觉得索然寡味。笔者从蔡文姬后来的

好看到停不住的中国史

诗里倒能探寻出一点蛛丝马迹，下面一起来看。

五言《悲愤诗》中这样写"托命于新人，竭心自勖励"，意思是给人家当了新媳妇后，她还是很努力地想经营好这段感情的，但是最后一句"人生几何时，怀忧终年岁"让人产生些许不好的感觉，似乎她的婚姻并不美满，于是有一番无奈的慨叹。

至于《后汉书·董祀妻传》中所记载的，后来董祀犯法当死，蔡文姬不顾一切地跑到曹操那里去求情，保他一条命，这只是尽了一个妻子的本分。

个人感言："仰蕣（shùn）华其已落，临桑榆之歔欷（xū xī）。"不单写景，也是写人。

一般情况下，老天爷也是要玩平衡的，才女无貌，美女无脑，这是常态。但蔡文姬是一个异数，从对她的描写中也能隐约看出，她应该也属于真正的美女，算是老天爷的格外垂青。比如在丁廙的《蔡伯喈女赋》中写道："禀神惠之自然""仡美目于胡望"，这是说她天生丽质，而且眼睛很漂亮。才子丁廙死于219年，要写这样的赋一定是见过蔡文姬本人的，所以纵使有点夸张，应该也不过分。而写《后汉书》的范晔不光写出了她的容貌，还写出了她的气质："端操有踪，幽闲有容。"要不，左贤王抢了无数女人，怎么会单单看中她？

尽管是美女，但在塞外的苦寒之地经历了十二年的大漠风霜摧残之后，归来的蔡文姬不光年龄大了，容貌也必然不复当年。

也许阅女无数的曹操再见蔡文姬时，已经没有了荷尔蒙的冲动，更多的是作为父辈的伤感和怜悯了。

✳ 参考书籍

《三国志》《后汉书》《曹操集》《艺文类聚》《汉魏六朝诗选》

三国 三分天下

如果诸葛亮投了曹操，能否碾压司马懿？

笔者曾经写了一篇文章，分析曹操给诸葛亮写信的事，应有延揽之意，可参看。

不过史料中没有记载诸葛亮有无回信，以诸葛亮的聪明应当把这封信拿给刘备看看，大家可以哈哈一笑而过。笔者就忽然有了一个大胆的想法，如果诸葛亮投了曹操，三国形势会发生什么变化？这是一篇大文章，留待高人慢慢解析。今天只从局部来探讨，如果诸葛亮投了曹操，还有司马懿的舞台吗？

虽然只是一种假设，但并不是没有分析的可能。

看人先看德。诸葛亮完全可以从"品德"方面碾压司马懿，应该没什么悬念。试看一下，刘备在永安病重的时候，把国家托付给诸葛亮。据《三国志·蜀书·诸葛亮传》记载："君才十倍曹丕，必能安国，终定大事。若嗣子可辅，辅之；如其不才，君可自取。"如果我的那个儿子刘禅是块材料，就请你辅助他；如果他实在不成器，这个国家你就作主吧。诸葛亮为了这番知遇之恩，后来尽心竭力，生生把自己累死了。死后家无余财，只留给后人800株桑树和15顷土地。

再看司马懿，他也是大魏朝的托孤重臣，后来机关算尽，装病示弱，却突然发动高平陵事变，大权独揽，架空魏室。虽然他没有登基，却基本为他的子孙篡魏打下了基础。正如明代学者、抗清名臣黄道周所言："后晋帝基，皆懿遗祜。"据《晋书》记载，曹操给曹丕提过醒："司马懿非人臣也，必预汝家事。"意思是这个人将来一定会干出以下犯上的事。可惜曹操既然看穿了司马懿鹰视狼顾的本性，为何不曾杀他？

面对皇帝的宝座，一个是光明磊落，给都不要；另一个是阳奉阴违，全力窃取。由此来看，这是诸葛可以碾压司马的第一个方面。

其次看才能。才能本是很难评判高下的，两人又不同在一国，但是从二人崛起的轨迹中可以有所观察，今特勉力分析如下：

诸葛亮是建安十二年（207年）被刘备恳请出山的，出山之后就被倚仗为军师，军中大小事悉以咨之。而诸葛亮初出茅庐就以自己卓越的才能名震江湖，此时的他刚二十六岁。

司马懿比诸葛亮还大两岁，虽然也是自幼聪明，博学多识，但直到建安十三年（208年），二十九岁的他才被曹操任命当了一个文学掾。这个品级很低的小官主要职责是管理学校，教授弟子，也兼管郡内教化、礼仪之事，跟主簿、部督邮、五官掾之类的人在一起厮混。

诸葛亮很快就风生水起，208年先是面见孙权，促成联合，并于赤壁大破曹操。随后给刘备献计平定荆南四郡，被任命为"军师中郎将"，这个职务是刘备专门为诸葛亮设置的，总掌军政事务，权任甚重，可谓一人之下，万人之上。

随后，刘备的势力迅速扩张，他接受了诸葛亮的建议，于211年进入益州。214年，诸葛亮率军攻克巴东，与刘备会师成都，刘璋被迫出城投降。诸葛亮随即被任为军师将军，署左将军府事。"军师将军"也是刘备的原创，当然这与曹魏正六品的杂号"军师将军"不可同日而语，因为他还"署左将军

府事"。"左将军"是汉献帝正式给刘备任命的头衔,级别很高了,相当于"大军区司令",论军衔比四征将军要高,按照朝廷制度可以开府治事。而"左将军府"的日常事务刘备也交给诸葛亮来处理,由此可见对他的高度信任。

这个时期,司马懿一直处在蛰伏的状态,直到215年,曹操征讨张鲁,三十六岁的司马懿随军出征,应该是当了一个什么参谋之类,总之能和曹操说上话了。张鲁被讨平之后,司马懿曾经给曹操献计,让他趁刘备在益州立足未稳时,打他一下子,但曹操不听。

此后,217—219年,曹操和刘备在汉中对峙,诸葛亮担任总后勤,调度有方,刘备在汉中大胜,遂称汉中王。

而就在219年,司马懿也升官了,当了个太子中庶子,奉命佐助魏太子曹丕,算是抱上一条粗腿。这个"太子中庶子"不过是一个侍从官,"员五人,秩六百石",同时担任此职的有五人之多,与太子中舍人共掌东宫禁令,纠正缺违,侍从规谏,奏事文书。虽然官阶不高,但好在曹丕对他相当信任,连曹操让他提防司马懿的忠告也当成了耳旁风。

此后,司马懿被提拔当了军司马,这个职务在汉代是大将军的属官,工资长了一大截,即"秩比千石"。"千石"是一个分水岭,年俸一千石以上的官员就算是混进"高干"的行列了,跟丞相长史、大司马长史、御史中丞等一样,月俸为谷八十斛。

虽然跨进了"高干"行列,但与此时的诸葛亮相比,他还有不小的差距。曹操给诸葛亮写信应该是这段时间,如果诸葛亮投诚到了曹营,此时郭嘉、荀彧、荀攸已死,程昱和贾诩均已老迈,而蒋济和司马懿一样,都还没有起山。这时诸葛亮被曹操倚为股肱是极有可能的。而且以诸葛亮的火眼金睛,能看出魏延脑后的反骨,就看不出你司马懿的反骨?所以把他压制在萌芽状态也不是多难的事。

220年，曹丕即魏王位，司马懿受封河津亭侯，转丞相长史，协助丞相管理文书等。这算是平级调动，因为工资没涨，秩级仍为千石。官没加，却进了爵，虽然是最低的一等，但也不容易。曹魏以亭侯以上九等为列侯，包括王、公、侯、伯、子、男、县侯、乡侯、亭侯。

同年十一月，曹丕"禅"了汉帝，登基上位，摇身一变，成了魏文帝。马上任命司马懿为尚书，不久转督军、御史中丞，封安国乡侯。这次是又加官又晋爵了（司马懿应该有感言，从政主要看的不是才能，而是始终站队正确）。

据《汉官仪》记载："尚书，二千石事"。"督军御史"，为监军之官。曹操曾改"御史中丞"为"宫正"，负责纠弹百官朝仪。

公元221年，司马懿升任侍中、尚书右仆射。侍中在魏国是一个加衔，职责与秦、汉侍中不同，虽仍在近侧，而不任杂务，与散骑常侍同备顾问应对，拾遗补阙，是清要之官。东汉政务归尚书管理，尚书令成为对君主负责总揽一切政令的首脑。尚书仆射为尚书令之副。左仆射又有纠弹百官之权，权力大于右仆射。尚书令阙，则左右仆射为省主。

就在这一年，刘备也赶紧称了帝，国号为"汉"，诸葛亮随之被封为丞相、录尚书事，假节。

魏国人才济济，爬升的难度应比蜀国大，司马懿至此也终于挤进了权力中枢。三年之后，他奉命镇守许昌，改封向乡侯，转抚军、假节，加给事中、录尚书事。

"抚军"就是抚军将军，这是魏文帝专门为司马懿设置的一个将军名号。"给事中"，秦汉为列侯、将军等的加官，侍从皇帝左右，备顾问应对，

参议政事。"录尚书事","录"为总领尚书台之意,权高位重。"假节","假"通"借","节"是符节,相当于"尚方宝剑",皇帝将"节"借给执行临时任务的臣子使用,用来威慑一方。持节者可诛杀中级以下官吏,假节者可斩触犯军令者。当臣子完成任务后,节被收回。

虽然司马懿也成为魏国重臣,但其地位与总理蜀国朝政的丞相诸葛亮仍然不能相比。直到226年,他率军击退吴军后,被任命为骠骑将军,才算正式将军权把控在手中。

骠骑将军,俸禄等同大将军,金印紫绶,位同三公。由汉至三国,军号泛滥,然始终以大骠车卫、四征四方为最高。

230年,魏明帝曹叡决定兴师伐蜀,升司马懿任大将军,加大都督、假黄钺(黄钺,以黄金为饰,古代帝王所用,后世用为仪仗。将黄钺借给大臣,即代表皇帝行使征伐之权)。身为堂堂大将军的他,此时才成为名正言顺的最高军事统帅。

威风是足够了,但此次征伐劳而无功,被一场大雨就给浇回来了。

此后,诸葛亮开始与走到前台的司马懿较量。231年,诸葛亮第四次北伐,围祁山。司马懿西屯长安,督大将张郃、费曜、戴陵、郭淮等抵御蜀军。此次北伐,是诸葛亮与司马懿的一次正面交锋。据裴松之引《汉晋春秋》而注《三国志》的记载,诸葛亮力挫司马懿后,他便掘营自守、闭门不战,而被魏军将领嘲笑为"畏蜀如虎"。

后来的战况,大家都熟悉,不再赘述了。要说司马懿能够碾压诸葛亮的也有一项,就是他活到了孔圣人的寿数,七十三岁,而诸葛亮只活了五十四岁。

后赵开国皇帝石勒的评价是这样的:"大丈夫行事当礌礌落落,如日月皎然，终不能如曹孟德、司马仲达父子，欺他孤儿寡妇，狐媚以取天下也。"

❋ 参考书籍

《三国志》《汉晋春秋》《资治通鉴》《汉官仪》《晋书》

一代名将关羽为什么会败在"吴下阿蒙"的手上？

在三国史中，有一个很特殊的人。曾经，他只是一条莽汉，十五六岁就敢偷偷跟着姐夫上战场，而此人的姐夫邓当是小霸王孙策手下的将领，曾数次带兵征伐山越。当时，姐夫发现他跟来后大加呵斥，回去还向他的老娘告了状，但是下一次他又偷偷跟来了，可见这小子胆儿有多肥。

他还不仅是胆儿肥，脾气也相当暴烈。他姐夫手下有一个官员，见他年幼，表示鄙视，说："这小子有什么能耐？上战场不过是拿肉喂虎罢了！"接着又说了几句很不入耳的话，他大怒，"举刀而杀之"，然后一溜烟跑了，逃亡到江湖上。后来有人把他推荐给小霸王孙策，孙策一见之下，认为这小子还是有过人的胆气嘛，当下正是用人之际，就把他留在身边当随从了。

只从这两件事来看，此人不过是一个匹夫而已，不会跟成语发生什么关系，也不会有机会在战场上击败蜀国五虎上将之首的关羽。也许有博学的看官已经从题目中看出，今天我们要说的"吴下阿蒙"，就是后来吴国的中流砥柱，被孙权拜为南郡太守，封爵孱（chán）陵侯的吕蒙。

因为当年的鲁莽灭裂而被人称为"吴下阿蒙"，这是因他而有的第一个成语。吕蒙是汝南郡富陂县人，就是今天的安徽省阜南县王化镇吕家岗，春秋之时这一带应属吴国。不能不说这个称呼里有贬低和轻视的成分，就像我们把吕蒙的安徽老乡魏武帝曹操叫成"谯县阿瞒"一样，恐怕算不上什么敬称，大概相当于"西庄大毛"和"东村二狗"。

在我们看来，从"吴下阿蒙"到拜将封侯成为国之栋梁，似乎有十万八千里，即使是运气很好，在战场上没死，充其量也就是曹操手下的一个典许之辈，或者刘邦手下的灌滕之属，一勇之夫怎么就蜕变成了一位运筹帷幄决胜千里的文武全才，成为老大孙权赞不绝口的国士了？他究竟有什么奇遇？

其实任何奇遇也没有。208年，吕蒙跟着周瑜大败曹军，占领江陵，他因功被封为偏将军兼任寻阳令。有一天，老大忽然谆谆教导他："阿蒙呐！你现在大小也是将军，还得管理教化一方百姓，你得抓紧时间学习哦！"

吕蒙感觉很为难，心想，老大！年轻时候我也没怎么学习，现在都三十出头了，你让我学习什么？他就推说军务繁忙，哪里有时间？想不到孙权接着说："别装蒜！我也没让你研究经典去当什么渊博学者！经常读书，就能开阔眼界。还敢说忙，你比我事还多？啊？我都坚持读书学习呢，总觉得收获很大！"

虽然孙权比吕蒙还小四岁，但吕蒙听话，知道老大这是为他好，于是真开始学习了，而且手不释卷。《太平广记》记载说他在睡梦中都在诵读《易经》，可见下了多大的功夫。日积月累，他的学问见识当然突飞猛进。

据《资治通鉴》记载："及鲁肃过寻阳，与蒙论议，大惊曰：'卿今者才略，非复吴下阿蒙！'蒙曰：'士别三日，即更刮目相待，大兄何见事之晚乎！'"

后来，吴国主持军政的鲁肃来到寻阳，跟吕蒙会面，一番座谈之后，鲁肃非常惊讶："哟呵！你这满腹经纶韬略，可真不是当年的'吴下阿蒙'了！"

《资治通鉴》中对此只是一笔带过,说得并不详细。鲁肃一代儒将,起初认为吕蒙不过是武夫出身,有些轻视他。想不到在谈话中吕蒙问他:"老大对您委以重任,现在对面就是蜀国大将关羽,如果他突然袭击,您要怎么对付?"鲁肃一时没招,说那就看情况随机应变呗。吕蒙却说,现在孙刘虽然结盟,但关羽自负傲慢,"好陵人",你怎么能没有准备?

于是,吕蒙一五一十地分析形势利害,"密为肃陈三策",这三条计谋当中有没有后来的"白衣渡江"偷袭荆州(《三国演义》里把这一计按到了陆逊的头上),不得而知,因为鲁肃一直秘而不宣。

再说鲁肃,当时听完吕蒙之言,不由得越席而起,亲切地拍着吕蒙的背,赞叹:"子明,我真没想到你小子的谋略如此高明!"鲁肃比吕蒙大六七岁,当然也是大哥级别的,接着又感慨了一句:以后我再也不能叫你"吴下阿蒙"了!

吕蒙当时回了一句,注意这句当中也有著名的成语典故:"士别三日,即更刮目相待!""士别三日"和"刮目相看"后世经常连用,当然也能分开各用,出处都在这里。"非复吴下阿蒙"常用来表扬某人长进显著,脱胎换骨。后人也有人反其意而用之,谦指自己毫无进步,也对人说"依旧吴下阿蒙"。

再说吕蒙,读书果然改变了命运,他在南郡大破曹仁,又在皖城大败朱光,被孙权晋升为庐江太守。紧接着,他又攻占荆州南部三郡,并计擒郝普。鲁肃去世后,吕蒙代守陆口,设计袭取荆州西部三郡,逼得蜀汉名将关羽败走麦城,终使东吴国土面积大增,实现了孙权"全据长江"的夙愿。

话说吕蒙当时攻占了南郡后,城里都是关羽和蜀汉将士们的家属。吕蒙下令"军中不得干历人家,有所求取"。意思是要对这些人秋毫无犯。

但偏偏有一个他在汝南一带的乡党，可能因为下雪，偷偷从老百姓家拿了一个斗笠，用来遮盖官府的铠甲。虽然干的是公事，但吕蒙认为他还是触犯了军令，"遂垂涕斩之"。于是"军中震栗，道不拾遗"。

从这件事可以看出吕蒙确有名将之风。

关于吕蒙之死，《三国演义》写得很好笑，第七十七回《玉泉山关公显圣》写他竟然是因为"关羽追魂索命，七孔流血而死"，呵！各位看个热闹也就罢了。

之所以能这样写，是因为吕蒙确实死于关公之后，他病重时，孙权曾下旨，若有人能治好吕蒙的病，赏赐千金。但他竟然一病不起，后人有说建安二十四年（219年）曾发生瘟疫，因史载吕蒙、孙皎、蒋钦等都死于这一年。

吕蒙是病死在孙权内殿的，是不是瘟疫不好说，但值得再写一笔的是，他生前得到了孙权的大量赏赐，遗嘱是把这些金银财宝都交到府库中收藏，待其死后，全部还给朝廷。

个人认为，此举真当得起孙权对他的"国士"之誉。

跟吕蒙有关的还有一个成语——"洗脚上船"，说的是"居于水滨，舟行极便"。其出自《三国志·吴书·吕蒙传》，裴松之注引晋张勃《吴录》，算不得什么长志气的成语，各位知道一下就行了。

参考书籍

《三国志》《资治通鉴》《江表传》《三国志集解》《三国演义》《太平广记》

关羽之死刘封有什么责任？他被赐死是因为诸葛亮的一句话

刘封来到了刘备的身边，一个明面上的作用是"招弟"和"引弟"，一时没能生孩子的人家先抱养一个孩子来招引亲生子降生，民间一直都有这样的做法。另一个背后的作用是刘备占了荆州之后，要巩固自己的统治，必须和当地的世家大族搞好关系。

刘封本姓寇，称为罗侯寇氏，是长沙刘氏之甥。长沙刘氏始于汉景帝之子刘发，家族绵延了二百八十多年，在荆州一带根深叶茂，首屈一指。刘备向来号称是中山靖王刘胜之后，而刘胜正好也是景帝的儿子，这么一联宗，再收下养子，就算只是表亲，那也是亲上加亲，你情我愿，皆大欢喜。政客的亲昵举动，无非是互相利用。

刘备在建安六年（201年）逃到荆州，应该是在此之后收养了刘封，刘封也果然起到了"招引"的作用，到建安十二年（207年），刘备的亲生儿子刘禅就呱呱坠地了。

刘禅的落地对于刘封来说相当于陨石坠落在地球上，这是一个很不幸的信号。从刘备给亲儿子取的名字就能说明问题，一个"禅"字就是要让刘封别再有任何的遐想。后来刘备进位汉中王，刘禅十二岁就加封太子，后来又取了表字"公嗣"，用意就更明显了，他家阿斗就是铁定的接班人了。

不知大家有没有注意到，从这两个儿子的名字似乎也透露出一些额外的信息，刘备此人的确还不止鲁迅先生所说的"长厚而似伪"，他确实早有称帝之意，要不这么霸气的"封禅"二字如何解释？再说公元220年12月，曹丕篡汉，半年都不到，221年4月，刘备就急不可耐地在成都称帝了。那讨伐汉贼的工作呢？恢复汉室的大业呢？所以在此赠送他一个"伪"字，也不算过分。此为题外话，略过不提。

再说刘封，被刘备收养的时候没有记载他大概多大年岁。211年，刘备和表亲刘璋翻脸，准备收拾他，于是召诸葛亮等入蜀帮忙抢地盘。刘封当时已经二十多岁了，长成了一个大小伙子，而且勇武善战，率军溯流西上进攻益州，所过之地战无不克。抢了益州后，刘备任命刘封为副军中郎将。大家别小看这个官职，能掌握实权，刘备的集团里诸葛亮干过，曹操集团里曹丕也干过。这说明，在开疆拓土的用人之际，刘封还是很被重用的，也很得力。

其间有一个曹操和刘备斗儿子的段子，很有意思。那是在建安二十三年（218年），刘封跟随刘备去抢汉中，曹操率领大军来战。刘备就派出养子刘封向曹操挑战，曹操很受刺激，好像别人没有能打的儿子似的，于是大骂："卖鞋的小子！用你的假儿子上阵算什么本事！看我叫我家真儿子黄须儿来，打不死你！"

曹操的真儿子曹彰一脸黄胡子，能徒手搏虎，一向神勇无敌。可笑曹操还不仅是说说而已，真让儿子过来了。收到信的曹彰星夜兼程赶往前线，才走到长安，曹操已经败归了。两家儿子这架没打上。个人估计，要是真单打独斗，刘封怕不是曹彰的对手。

刘备占领汉中全境后，派孟达率军攻占房陵郡，其后进攻上庸郡，刘备派刘封从汉中顺沔水南下与孟达汇合，二人成功逼降了上庸太守申耽。

刘封因功被提拔为副军将军。

这是219年下半年的事，就在他们这边打得热闹的时候，关羽那边也是捷报频传。他在襄樊前线大发神威，水淹七军，又是降于禁，又是斩庞德，不少将领都望风而降，一时之间威震四方。

此时的形势对蜀汉非常有利，如果关羽拿下襄阳和樊城，那就和上庸、房陵连成一片，拿下南阳指日可待，然后兵锋所向，就是曹魏的腹地宛城和洛阳了，这可是诸葛亮和刘备的理想。据《三国志·刘封传》记载：关羽围攻樊城和襄阳的时候，曾经数次联络刘封、孟达，要合兵一处，结果二人推辞说这些地方才刚刚攻克，人心未稳，"不承羽命"。

让关羽想不到的是，局势很快反转了，曹操派出大将徐晃和文聘等人增援曹仁，从水路断蜀军粮道，关羽节节败退。更让关羽惊呆的是，吴国人蓄谋已久，从背后狠狠扎了他一刀。吕蒙白衣渡江，偷袭荆州。荆州重镇江陵守将是刘备的小舅子麋芳，哪里能想到他会投敌！而江防重镇公安守将傅士仁也因为与关羽有嫌隙，不战而降。

关羽得知南郡失守，立即挥师向南，大哥刘备把这么大的一份家当交给他，必须夺回来。在回师途中，关羽多次派使者与吕蒙联系，他以为吕蒙即使偷了荆州，不会甚至也不能把他怎么样！纵然抢不回荆州，他也可以从夷陵退入川中。

就这样，他越往南走，离刘封、孟达的军队越远，本来从樊城到他们二人的防区也就200多里，到后来，士兵溃散，无心再战，关羽只好退守麦城，而麦城离刘封和孟达可就远达400里以上了。

更糟糕的是，陆逊已经下了先手夺取夷陵，封死了关羽的入川之路。最要命的是，陆逊还派手下大将潘璋朱然袭占了临沮，把关羽向刘封靠拢的路线也封死了。至此，关羽孤军陷入绝地。

关羽回军从荆门到襄樊，再到麦城，最后退走当阳，不得已选山中小路前往远安，他心里的一线希望只有西北房陵方向的刘封了。

《三国演义》中写到廖化曾经突围往上庸、成都求援，结果刘封、孟达当时见死不救，这是冤枉了刘封，罗贯中要把他送上死路。

既然廖化都能突围，关羽竟然不能？后来刘备杀刘封是因为恨他不肯发兵会攻襄樊，如果他出兵了，能不能攻克襄樊另说，至少关羽之死他没有责任。

夺取刘封性命的直接原因是在关羽败亡之后，孟达率四千人叛逃魏国，还带人从刘封的手里抢走了上庸、房陵和西城三郡。刘封丢城弃地，逃回成都。

起初刘备也只是责骂了他一顿，似乎并没有要杀他的打算，毕竟还是一个可用之才。后来，诸葛亮幽幽地添了一句话："虑封刚猛，易世之后终难制御，劝先主因此除之。"

这句话比长矛还锐利，直接就刺穿了刘封的胸膛。"我是担心以刘封这样刚猛的性格，将来刘禅可是未必能把握得住他，还是早点除掉这个祸患吧。"

于是，刘封终于被赐死了，他爹很慈悲，让他自己选择一个死法就行，给留条全尸。

刘封死前叹息："后悔不听孟达的话。"孟达是三国里最反复无常的一个小人，跟谁叛谁，叛刘璋、叛刘备、叛曹丕，最后被司马懿干掉了。

孟达曾经劝刘封投降魏国，已许下高官厚禄，刘封坚决不降，至少全了气节，所以刘备还为他哭了一鼻子。刘备其实并不像《三国演义》里动

不动就哭，据《三国志》记载，他只掉过几次泪，为刘封算是一次。

✲ 参考书籍
《三国志》《资治通鉴》《魏略》《晋纪》《三国演义》

叫板专家：谁说周仓将军是虚构的？就因为正史里没有记载？

挺有意思的，因为《三国志》和《后汉书》里没有记载，裴松之为《三国志》作注所引的200多种魏晋典籍均没有涉及周仓其人，百度百科里就铁板钉钉地认为，周仓将军是一个虚构的人物。这就难免让人觉得有点不服，忽然就想起了《追捕》里的那句著名的台词："召仓跳下去了，堂塔也跳下去了……"感觉是"周仓也跳下去了！"哈哈！"跳下去就融化在蓝天里了……"

被"融化在蓝天里"两千年的周仓将军若地下有知，定然也会掀髯大笑。

周仓将军这么一个有始有终、有血有肉的人竟然是虚构的，他一定觉得自己是个男版窦娥！下面试举出一些疑问来，如果专家能解答得笔者心服口服，那我就承认"周仓果然是跳下去了……"

首先说《三国志》无传，大将军向宠都没有传，甚至关帝爷的另一个铁跟班——他儿子关平也没有传，另几位比如陈到、马岱等在《蜀书》里都没有传。何况《关羽传》仅1200余字；《张飞传》才800余字；《赵云传》只有可怜的400余字。如果不能在《关羽传》里提到周仓，那他在史书中就真"无葬身之地"了。

可怜的周仓220年就陪着关羽自杀在麦城了。陈寿是233年才出生的，他先是私下著史，到281年才开始写《三国志》。当时，魏国已有王沈的

《魏书》，吴国也有韦昭的《吴书》可作参考，而蜀汉既没有史官，也没有现成的史书，全凭陈寿自己的记忆再加上到处打听，搜集史料就特别困难了，这都是客观情况。关羽的一个部将，过了五六十年之后被写史的人遗漏也正常，周仓将军是沧海遗珠，被挂万漏一了。至于写作《后汉书》的范晔和为《三国志》作注的裴松之更是200年以后的事，周仓将军再次被埋没，也只有苦笑而已。

其次，《三国演义》并没有虚构周仓将军，至少是有历史参照的，这参照也不是什么元末明初的《三国志平话》，而是在宋代关帝庙就已经兴建了不少，关帝爷作为山西人的骄傲，山西关帝庙林立，几乎是有村就有关帝庙。这里要说的最有力的一个证据在山西新绛县店头乡龙香村，此处关帝庙里的元代雕塑中，周仓将军就已经栩栩如生地挺着大刀站在那里了，若没有历史参照沿袭，周仓将军难道是建庙的工匠们虚构出来的？

这座关帝庙中的雕塑具有典型的绘塑结合的元代风格，先塑后绘，而且具有浓郁的生活气息，这些特点可以与晋城市玉皇庙西配殿内二十八星宿像互为参照。

全国现存最早的关帝庙建筑当是始建于宋代的阳泉林里关王庙。这里周仓的雕塑是后来重塑的，但是据南宋学者洪迈的笔记《容斋随笔》，他发现民间祭祀关羽的文章里，就已经说周仓是关羽的随从了。

这就说明，"人民不会忘记"，虽然正史无载，但是在民间口口相传，周仓将军这样一个正气千秋的形象还是深入人心的，比那些虽然在正史里有传却"荒冢一堆草没了"的人名气大得多。

再进一步，如果周仓将军确属虚构，那么康熙十八年（1679年）的《平陆县志》中记载："将军城在县北（指老县城）三十里西祁村，有周仓庙及古城遗址。"如何理解？历朝都有为周将军立庙祭祀的，现在广东及台湾都还有周仓庙。

个人认为，周仓将军正是河东平陆人，因为他是关羽地地道道的老乡，两人才可能成就一段忠义昭日月的传奇。

在平陆，不仅有周仓庙，还有"将军城""将军屋""将军灶"，甚至还有周仓母亲的墓，更甚至的是，他的母亲有名有姓，白氏海棠，呵！如果不是史实，那幕后究竟有哪个推手来杜撰这些几乎没有什么意义的事呢？

还有更甚至的事，周仓的生日也是明明白白，三月二十四，每年此日，周仓庙会便红红火火地展开。八十多岁的老人权德成说这庙会从他记事时就有，闻名秦、晋、豫，可见并非当地现在为了发展旅游，而杜撰出来的"文化故事"。

所以，这周仓的事应该是靠谱的。《山西通志》中记载："周仓将军，平陆人。初为张宝将，后遇关羽于卧牛山，遂相从；于樊城之役，生擒庞德，后守麦城，死之。"

清代学者梁章钜在其所著的《浪迹续谈》里也对周仓的事甚表疑惑，他认为"里居事迹，卓然可纪，未可以正史偶遗其名而疑之"。

此语大合吾意，他在后文里又引用了王椷（hán）《秋灯丛话》里的一段周仓给一个姓任的秀才托梦，后来果然在麦城东南四十里发掘出周仓墓的事。梁章钜认为可信，但我们好歹是唯物主义者嘛，听听可以，并不以此为据。

✳ 参考书籍

《三国志》《后汉书》《秋灯丛话》《浪迹续谈》《三国演义》《山西通志》《平陆县志》《容斋随笔》《三国志平话》

诸葛亮的石头可挡十万精兵？揭秘神秘莫测的"八阵图"！

"功盖三分国，名成八阵图。"这是杜甫老先生给诸葛亮写的诗，就是因为这首诗传得神乎其神，结果诸葛亮被神化了，呼风唤雨，撒豆成兵，连这"八阵图"也被神化得不可思议。

不管别人信不信，反正罗贯中是信了，他在《三国演义》里把"八阵图"描写得神鬼莫测，一堆石头可挡十万精兵，陆逊小儿不服，带着人冲将进去，结果阵中"狂风大起，一霎时飞沙走石，遮天盖地……"吓得陆逊差点就尿了裤子，要不是诸葛亮的老丈人救了他，他死在阵里都不知道是怎么死的。

要真是这样，诸葛亮还那么辛苦地打仗干吗？带着一队人马，到魏国每个城市的四门口都摆上一堆石头，不就把城池里的人困死了？这么一路摆石头，不就把汉贼曹操灭了吗？呵，想想这个办法挺有意思的，吓死曹操了！

后来，笔者还在一本书上看到一个误人子弟的解释："八阵图"是指由天、地、风、云、龙、虎、鸟、蛇八种阵势所组成的军事操练和作战的阵图，是诸葛亮的一项创造，反映了他卓越的军事才能。这简直有点不负责任，"八阵"古已有之，不少学者认为是孙膑老先生发明的，将这帽子戴到诸葛亮头上，想必他自己也不敢认账。倒是有一点说得不离谱，"八阵图"是"军事操练和作战的阵图"，而不是什么一堆可以调动六丁六甲天神的神秘石头。

《三国志·蜀书·诸葛亮传》中记载："亮性长于巧思，损益连弩，木牛流马，皆出其意；推演兵法，作八阵图，咸得其要云。"意思是说诸葛亮聪明至极，能造各种精密物件，还会推演兵法，于是制作了"八阵图"，这也充分说明，这只是排兵布阵的阵法，诸葛亮自己也说过："八阵既成，至今行师，庶不覆败矣。"意思也是说如果有了八阵图，待士兵训练精熟之后，再去征战干仗，大概就不会全军覆没了。

说了这么多，那这"八阵"到底是什么呢？其实，"八阵"出自《孙膑兵法》，就是一些用兵的基本原则，一点也不神秘，大概如下：

其一，方阵：用于截断敌人；

其二，圆阵：用于聚结队伍；

其三，疏阵：用于扩大阵地；

其四，数阵：使队伍密集不被分割；

其五，锥行之阵：如利锥，用于突破敌阵；

其六，雁行之阵：如雁翼，展开用于发挥弩箭的威力；

其七，钩行之阵：左右翼弯曲如钩，准备改变队形，迂回包抄；

其八，玄襄之阵：多置旌旗，为疑敌之阵。

其实这八阵也不是独立成篇，应该是再加上火阵和水阵，出现在《十阵》篇里的。

据笔者猜想，后来出现的种种如"一字长蛇阵""二龙出水阵""八卦金锁阵"，以至于所谓的八八六十四阵，恐怕都是出自这个阵形老祖母。

岳飞说："阵而后战，兵家常法，运用之妙，存于一心。"这说明，阵形是训练当中的常规方法，而在实战当中，就看将军的操作了，灵活则生，

呆板则死。

说到这儿,我想起了"乌合之众",一般正规军看不起造反的山贼时,都爱用这四个字嘲笑人家,恐怕是因为自己受过正规阵法训练吧?

扯远了,再扯回来。为什么说"八阵"不是诸葛亮的发明创造呢?因为在汉代经常就有运用八阵的记载了。《汉书·项籍传》中写道:项羽逃至东城,被汉军紧紧围困,"于是引其骑因四隤山而为圜(圆)陈(阵)外向"……这也就是说,人家西楚霸王已经能够熟练运用圆阵了。《后汉书·窦宪传》中也说:"勒以八阵,莅以威神。"明摆着的事儿,窦宪也运用八阵法击败过匈奴。

这些人都比诸葛亮早,也都会用八阵,那为什么到了诸葛亮的手里,"八阵图"就出了大名呢?

应该说,诸葛亮有他独特的贡献。笔者认为,以诸葛亮的巧思,一定是把八阵运用得出神入化,而且他还独出心裁地用石头砌成了训练的道具,这些石堆分布整齐,排列有序,用于严格地标识士兵训练的各种位置,大概相当于我们今天练车时候的电子桩而已!

这就可以解释,为什么诸葛亮的八阵图遗址有三处,一是在今重庆奉节西南七里的江滩上,二是在陕西汉中定军山附近,三是在四川新都北弥牟镇附近。(在自己家门口这是想困住谁?)这几个地方应该都是诸葛亮当年屯军练兵的地方。

✱ 参考书籍

《三国志》《汉书》《后汉书》《孙膑兵法》《三国演义》

好看到停不住的中国史

木牛流马其实是她的原创？诸葛亮的老婆比他厉害？

一直以来，大家都觉得诸葛亮风流倜傥，却甘心找了一个丑老婆黄月英（也有人叫她黄硕，因为她长得身形硕大），用她爹——名士黄承彦的话来说，他的女儿是"黄头黑色"，也就是一个黄毛丫头，皮肤还黑了点。

大家都在替诸葛亮鸣不平，看看人家孙策、周瑜，娶的可是国色天香的大乔小乔；再看看人家曹操，几乎见美女就不放过；就连刘备也去江东娶了孙尚香——老牛吃嫩草，似乎只有诸葛亮是从一而终的，于是大家就觉得这个黄阿丑似乎仅凭一个"贤"字，还是远远不够的，因为这恐怕配不上诸葛亮这样的大才子。

其实一个"贤"字应该是对她最高的评价了，诸葛亮娶妻以贤，也是大智慧的表现，但人们不答应，开始给黄月英赋予各种才能，比如罗贯中就说她："上通天文，下察地理，凡韬略遁甲诸书，无所不晓。武侯在南阳时，闻其贤，求以为室。"这其实就已经有极大的发挥成分了，因为罗贯中的材料来自《襄阳记》的记载："黄承彦者，高爽开列，为沔南名士，谓诸葛孔明曰：'闻君择妇；身有丑女，黄头黑色，而才堪相配。'孔明许，即载送之。时人以为笑乐，乡里为之谚曰：'莫作孔明择妇，正得阿承丑女。'"这里仅提了一个"才"字，但具体是什么才呢？也许是文学之才。

而到了宋代范成大的手里，他的《桂海虞衡志》中有记载："汝南

人相传,诸葛亮居隆中时,友人毕至,有喜食米者,有喜食面者。顷之,饭、面俱备,客怪其速,潜往厨间窥之,见数木人椿米,一木驴运磨如飞,孔明遂拜其妻,求传是术,后变其制为木牛流马。"

范成大还比较老实,写了一个"相传",其实并不能认定,但似乎就把诸葛亮最神奇的"木牛流马"的原创桂冠赠送到黄月英的头上了。到了明代人谢肇淛所著的《五杂组》里,"传"字就没有了,基本上就形成了事实:"诸葛武侯在隆中时,客至,属妻治面,坐未温而面具,侯怪其速,后密觇之,见数木人斫麦,运磨如飞,因求其术,演为木牛流马云。"

这还不算一些民间传说,那更邪乎,诸葛亮的各种奇谋和各种发明创造,包括"隆中对"的基本国策,还有"连弩"都赠送给了黄月英,大方得恐怕诸葛亮都要冷笑,这样下去,他不成了一个小白脸子——前台的"傀儡"?

再说了,"臣本布衣",就是说诸葛亮承认自己是一个农民,但是来了客人,想吃米就吃米,想吃面就吃面,这事靠谱吗?那天正好看了一篇文章,叫《"中国胃"的进化史》,说粟和黍一直是主食,到魏晋南北朝时期,稻米饭都属于奢侈品,直到隋唐统一时,稻米才成了南方人首选的主食。就算诸葛亮家里有钱吃得起大米,那制作面条的小麦可还是稀罕物呢,尤其在南方更不普及,小麦在南方的大面积种植那可是宋代以后的事,所以,仅从这一点来看,范成大和谢肇淛两位老先生都有点想当然了。

诸葛亮自有他的伟大之处,黄月英相夫教子,是个贤惠老婆,这应该是历史的本来面目。老百姓可以口口相传,说点无关紧要的闲话,连范成大这样的士大夫也跟着起哄,就有点不知所谓了。

参考书籍

《桂海虞衡志》《五杂组》《襄阳记》《三国演义》《三国志》

诸葛亮在司马光的眼里竟然是一个"寇"？

诸葛亮是什么人？经过《三国演义》的渲染，他简直是神一样的大IP，收获历代粉丝无数。什么"隆中对"，什么"空城计"，什么"草船借箭"，尤其是最近疯传的视频"诸葛亮骂王朗"更是让人绝倒。

要是一本正经地介绍他：诸葛亮，中国古代三国时期蜀汉的丞相，是中国历史上伟大的政治家和军事家。

呵！这样的介绍像是历史倒退了五十年的感觉。反正无论是从本事到人品，诸葛亮都没得说，他简直是一个完人。

掐指一算，只有从来都不客气的鲁迅先生总是语出惊人，他说《三国演义》"亦颇有失，以至欲显刘备之长厚而似伪，状诸葛之多智而近妖。"就是说，《三国演义》里把诸葛亮写成能呼风唤雨、撒豆成兵，简直快成妖精了。

虽然说他像妖精，但也还算是正面评价吧。可是最近读到《资治通鉴》里的司马光老先生的文章，他竟然敢冒天下之大不韪，把一顶"寇"的帽子牢牢地扣在了诸葛亮的头上，这到底所为何来？

先来看例句：

《资治通鉴》里明确记载魏明帝太和五年（231年）："（诸葛）亮帅诸军入寇，围祁山，以木牛运。"笔者认真看了几遍，确实是这么写的。

笔者找来陈寿的《三国志·诸葛亮传》，这个蜀汉的叛臣屁股没有坐歪，写得也算中立、客观，"九年，亮复出祁山，以木牛运。"

司马光老先生主编的《资治通鉴》是被人们誉为可以与《史记》并列同光的史书，那他怎么就这么打压甚至还黑诸葛亮呢？

客观地说，《资治通鉴》是一部政治史，是给统治者们写的历史，是让他们"以史为镜"的，所以，司马光这个老实人，这个"事无不可对人言"的大儒，还是悄悄夹带了私活，在书里掺入了他个人的好恶，比如他喜欢白居易，那就大书特书，而他看不对眼的杜甫竟然就一笔带过了。难怪朱熹会大怒，说："温公修书，凡与己意不合者，即节去之，不知他人之意不如此。《通鉴》之类多矣。"

究其原因，这位极正统的学究先生恐怕认为蜀汉不是正统，所以在《资治通鉴》里他只给自己认为正统的魏国作纪，而蜀国和吴国就只好干瞪眼了。大概他认为魏是由汉献帝禅让而立的，可蜀汉与汉也是很有渊源的，刘备一直到处说自己是中山靖王的第 N 代孙，到底谁家更正统，一直存在争议，但司马光先生梗着脖子就那么写了，后人其奈我何？

好在《资治通鉴》那么一本大部头的书，也真没有多少人能啃下来，在老百姓中的影响力指数也是极低的，你若认为是"寇"就那么写去吧，老百姓只认《三国演义》，他们从来都不怀疑"诸葛亮就是一尊神"这个说法。

❋ **参考书籍**

《三国演义》《资治通鉴》《三国志》

论喝酒及如何借酒观人，请看诸葛亮怎么说

几天前，笔者跟一位家乡的老同学见面，说到另位一位同学老胡时，他忽然一声长叹，说很可惜，老胡同学去年已经作古了。这消息让一贯闭塞的我很震惊，老胡刚过五十岁，怎么会走得这么突然？同学无奈地说，还不是因为喝酒！

那天中午，老胡和几个同学聚到一块，免不了要喝一场，喝完还没散伙，老胡突然发病倒下，同学们赶紧把他送到医院。当时查出是急性心肌梗死，但已经来不及抢救了，几个人眼睁睁地看着老胡离开了这个世界，看着他从一个活生生的人变成了一张冰凉的遗像。

喝酒喝出人命，这种悲情故事每年都在上演。当年我在深圳时，曾有一位安徽籍的同事帅哥小余，晚上应酬，喝完白酒喝啤酒，喝完啤酒再喝红酒，回去之后醉死在宿舍里，过了几天才被人发现，帅哥倒在了卫生间的马桶旁边。

酒，说起来是种奇妙的东西，妙就妙在小饮怡情，大饮要命。《本草纲目》中说得很明白："少饮则和血行气，壮神御寒，消愁遣兴；痛饮则伤神耗生，损胃亡精。"

道理嘛，清醒的时候人人都懂，问题是一旦坐到了酒场上，"少饮"和"痛饮"的界限很难把握。人年轻的时候身体还能禁得起折腾，一旦上了年纪，再不控制酒量，就会"酒极则乱，乐极则悲"。本来喝酒是一件高兴事，喝出人命来，死者死矣，生者噬脐莫及。

有人说，人都死了，再说什么都是事后诸葛亮，还有什么用？

说到这句话，忽然想到，关于喝酒，诸葛亮先生确实有话在先，这位中国传统文化中忠臣与智者的代表人物对于酒有很高明的认知。

大家都知道他的《诫子书》，这篇主要是说学习和自身修养的，而在另一篇《又诫子书》里，诸葛亮谆谆告诫自己的孩子：

"夫酒之设，合礼致情，适体归性，礼终而退，此和之至也。主意未殚，宾有余倦，可以至醉，无致迷乱。"

大意是，无酒不成宴，朋友客人来了，上酒也是符合礼节的，酒是媒介，可以表达双方的情意。但大家酒量各有不同，不能一概而论，能喝到尽兴但不失礼节，都能保证安全退席，这是最和谐如意的境界。如果主人觉得地主之谊还未尽到，客人也还有余量，那就再喝一点，但有几分醉意朦胧就好了，不能醉到迷乱癫狂。

诸葛亮自己其实也是喝酒的，在《三国演义》里，草船借箭那么凶险的关头，他还不忘在船上带两壶酒，边喝边听着船外箭落如雨，端的是潇洒从容。

诸葛亮作为一个父亲，并不板着脸教育孩子，而是说酒可以喝，喝到尽兴，但不能乱性。但说实话，一旦坐到酒桌上，"醉"和"迷乱"之间的度往往没法掌握，不受本人控制，平时还藏着掖着的，现在都要发作一下，所以有人说，酒壶也是一个炼丹炉。

据传，诸葛亮还真有借酒观人的心术。他有一部兵书叫《将苑》，历来有学者认为是伪托之作，这不是今天要谈的重点，暂且不提。在这

部书中，谈及如何"知人性"，共有七种方法，即问之以是非而观其志；穷之以辞辩而观其变；咨之以计谋而观其识；告之以祸难而观其勇；醉之以酒而观其性；临之以利而观其廉；期之以事而观其信。

"以酒观人"，也许可行，但对于像本人这种天生不能喝酒的，可该如何着手？

所以这句话不管是不是诸葛亮先生说的，其可操作性还有待商榷（què）。

说到这儿，笔者又想起了家乡的一位老哥，他们一帮战友每年过年都要聚在一起喝一场大酒，谁知道去年喝出了麻烦。其中一个战友酒量一向不错，喝到最后，大家便开怀畅饮，应该说他的酒品和人品都是经得起考验的。

但令人非常难过的是，他回了家躺在床上就再也没起来。看着他的老婆哭得肝肠寸断，战友也都觉得心里有愧，谁能想到会出这事？把最好的战友喝死了！大家一商量，要表达一下歉意，每人给了家属几万元。

本来以为这事就完结了，谁知道战友老婆只要哪天想起老公，心里觉得不平衡了，就跑到这位老哥的单位来找他哭诉，哭得声嘶力竭，一层楼的人都没法办公。后来，这位老哥只要在单位门口看到那个女人的身影，就惊得魂飞魄散。再后来，他请门卫帮忙，只要看到那个女人就立刻通知他，他再以最快的速度从后门逃走。

✳ 参考书籍

《三国演义》《本草纲目》《又诫子书》《将苑》

三国绝响

叁

◆

曾是昂藏豪强，怎奈末路悲凉

酹酒江上，天地寥廓苍茫

◆

孔明和刘备的最大败着，苏东坡父子三人批得很尖锐

对于刘备与孔明的用兵，历代各有高论。有意思的是，名满天下的三苏谈到用兵之道时，似乎都看到了他们的最大败着，语调出奇的一致。后人冷眼看前世，兴许其中真藏有可以借鉴的道理。

苏洵在《权书·强弱篇》里是这样评价孔明伐魏的。他说，当年刘邦最大的敌人其实就是项羽，但他是先取了九江，再攻取了魏、代、赵、齐，然后再集中优势兵力拿下项羽的。再往前说，当年秦国与六国的博弈，也是先取了最弱的蜀国，最后才攻取最强的楚国。依此来看，孔明当年出兵时，就直接找魏国开战，这是蜀国自取其亡的败着。原文为："诸葛孔明一出其兵，乃与魏氏角，其亡宜也。"

其又说道，"古之取天下者，常先图所守。诸葛孔明弃荆州取西蜀，吾知其无能为也。"说的是看到当年诸葛亮放弃荆州而去取西蜀，就知道他们成不了一统天下的大事了。这里有点小小的瑕疵，孔明和刘备哪里是放弃荆州，既然荆州也是好不容易才骗来的，肯定是派了最得力的大将关羽镇守，只是后来因为关羽的轻敌而失去，是正儿八经被吴国抢走的，何谈一个"弃"字？何况，仅有荆州之地就可以了吗？取西蜀天府之国为大根据地，进可攻退可守。个人认为，孔明之举仍不失为上策。

要说失误，取了西蜀之后，将镇守荆州的关羽调往汉中前线，而派诸

葛亮来镇守荆襄,似乎更为稳妥。

说到取西蜀,苏东坡是赞同他老爸的主张的。他也认为刘备和孔明采取的诈力,跟秦国当年没什么两样,不是仁者所为。"仁义诈力杂用以取天下者,此孔明之所以失也。"在荆州刘表死后,孔明曾经想杀其子而夺其兵,刘备没有下决心干。后来,刘璋好心好意请他们到蜀,没几个月,他们就"扼其吭,拊其背而夺之国",这事干得极其奸诈,所以苏东坡很不客气地说:"此其与曹操异者几希矣!"这跟阴毒的曹操根本没什么两样!

所以后来诸葛亮几次出兵伐魏,长驱东向,"而欲天下响应,盖亦难矣。"以兴复汉室为名伐取曹魏,虽然诸葛亮鞠躬尽瘁,但终是难奏其功。所以,后人也哀叹:"出师未捷身先死,长使英雄泪满襟。"

注意,这里就有了矛盾。三国鼎立之后,按苏洵和苏东坡的意思是不应该直接伐魏,难道应该先取吴国?事实上是关羽失了荆州之后,刘备曾经举倾国之力讨伐吴国,结果夷陵之战差点把家底全打光了。如果再继续跟吴国耗到底,拼个两败俱伤,那坐在岸上的曹魏不是就笑纳了渔翁之利吗?

苏辙也赞同父兄的意见。他认为,刘备弃荆州而入蜀,则非其地,用诸葛孔明治国之才,而当纷纷之冲,则非其将。意思是论治国,孔明当然是不二人选,但是用其为主将攻伐,似乎不是其所长。这跟陈寿所说的"应变将略,非其所长"是一个意思,但是试问,蜀国的诸将当中,除了诸葛亮,谁还有如此经略一方的才能呢?

三苏都是大文学家,这没说的,但他们是否具有治国安邦的才能,是合格的政治家兼军事家,那还很难说。文人胸怀,毕竟少有厚黑的手腕。而在那样的乱世之中,崇尚仁义,刘备和孔明可能连荆州也混不下去,或者继续流浪，或者很快就被曹操和孙权等人收拾得尸骨无存了。

❋ **参考书籍**
《三国志》《资治通鉴》《权书》

周瑜英雄一世，怎么有这么败家的纨绔儿子？

东吴周瑜一代英才，二十四岁就被封为建威中郎将，帮着孙策开疆拓土，"入为心膂，出为爪牙"，为了给孙家打下一片锦绣江山，"身当矢石，尽节用命，视死如归"。

孙策也真把他当兄弟，要不，得了顶级战利品——桥公的两个绝色女儿，大桥小桥（后惯用大乔小乔），也不会一人分一个，当了打断骨头连着筋的连襟。

可惜，天妒英才，周瑜死得早，本以为虎父无犬子，谁知道那么优良的种子却没有结出什么好果。人常说，好汉都折在儿女手里，这不能不让周瑜这样的英雄气短。

周瑜生了两子一女，大儿子周循还是不赖的，至少遗传了周郎的基因，人长得极帅，而且才干也很好，所以能娶了公主，但遗憾的是，天不假年，他死得太早，年纪轻轻，人就没了。

女儿也不错，配给了太子孙登，就不说了。

这里要说的是周瑜的老二周胤，这家伙不争气。按道理，孙家念在跟周瑜有感情的份儿上，对他的后人实在是不错，先让周胤当了一个兴业都尉，而且到了年龄就给他在孙家的宗族里选了一个老婆，这样孙周两家等于亲上加亲再加亲，还"授兵千人"，让他屯在公安。孙权肯定是希望他能像周瑜一样，漂漂亮亮地干出一番事业来的。总之，平台给他搭得是没得说。到了黄龙元年（229年），孙权封他为都乡侯。年纪轻轻的周胤封侯了，这在所有功臣后代里爵位是最高的。

谁知道，这周胤可倒了他爹的行情，也许是成功来得太容易，这小子不断胡来生事。用孙权的话来说就是"酗淫自恣"，意思是喝酒胡闹，骄淫无度，完全没人样。孙权也像当爹的一样，"前后告喻，曾无悛改"。苦口婆心地劝说过他，但没用，这小子实在越闹越不像话。

具体他到底犯了什么事，史书中语焉不详，在诸葛瑾给他求情的奏疏里，也只说他"不能养之以福，思立功效，至纵情欲，招速罪辟"。这"纵情欲"应该是栽在了"酒色"上呗，但到底"纵"到了什么敏感而重要的女人身上，不得而知，反正是干下了很丢人现眼的事儿，要不也不会让孙权那么生气。

孙权在权衡之后，并没有杀他，还是以教育为主，把他发配到了庐陵郡。后来，诸葛瑾他们就求情，想让放他回来，孙权不给面子，他解释说"追胤罪恶，未宜便还，且欲苦之，使自知耳"。这小子做的恶太多了，还不能那么便宜把他放回来，还是受点苦有好处，让他明白做人的道理。

显然孙权是在替周瑜管教这个没爹的孩子，也是一片殷切的父母之心。后来，朝里大臣朱然和全琮也上疏，说是看在周瑜的面子上，给他一个重新报效立功的机会吧，孙权被说得心软了，就下令赦免了他。

奈何孙权饶了他，但也许是自作孽，不可活，老天却不肯饶他，赦免的诏书还在路上，周胤自己先病死了。

❋ 参考书籍

《三国志》《吴书》

三国绝响

气死刘备又气死曹休的那位强人，是怎么被孙权气死的？

《三国志》是一部纪传体史书，作者陈寿此人兴许是懒，兴许是奸（算不算得上良史？尚且值得推敲，反正王安石很不满，甚至想重写一遍三国史），除了君王之外，他几乎不为臣子单独立传，连后世封神的关公也是和其他四人睡了大通铺。但有两个人例外，住了豪华单间，其中一个，您掐指一算，当然是诸葛亮；而另一个就是本文的主人公，令人想也想不到的江东陆逊。凭印象来说，江东人物连周瑜、鲁肃和吕蒙都扎堆挤在一个屋里，至于陆逊？有人禁不住要问一句：此公何德何能？

陆逊，字伯言，出身江东四大名门望族的陆家，其余三家为顾、朱、张。若论长相，他似乎也能跟"羽扇纶巾"的超级男神周瑜媲美，借用《三国演义》里对他的描述："身长八尺，面如美玉，体如凝酥"，美固然是很美，但男人不是靠这个吃饭的，陈寿也未必认账，那么陆逊究竟有什么功业能够震古烁今呢？

个人总结了一下，陆逊的传奇和"气"有关，不，应该和"气死"有关，他首先气死了西蜀开国皇帝刘备，后来又气死了曹魏的擎天柱石大将军曹休，再后来，他甚至把自己也气死了（《三国演义》里写周瑜是气死的，其实人家是病死的，周瑜倒是替陆逊背了铁锅），陆逊的死和孙权有关，曾经亲密无间的君臣，结局为什么会如此让人寒心呢？

好看到停不住的中国史

一、气死刘备，桃园三兄弟的死都跟他有莫大关系

陆逊是如何起家的？既是望族，他的起步平台就比常人高，过程不赘述，一把拉到他与关公较量的时候。那是公元219年的冬天，此时，陆逊的官职是右部督，相当于孙权禁卫军的头儿。他在芜湖拜见吕蒙，献上了对付关公的一计，吕蒙早有此意，认为可行，于是把都督的职位给了他这个无名之辈，以此为骄敌之计。陆逊上任后还装模作样给关公写了一封相当谦卑的信，果然得手，结果关公调走了荆州的兵马，最后败走麦城，以至身死。

二弟一死，大哥刘备当然气冲牛斗，于公元222年倾蜀国之兵来为他报仇（有这样重义气不重江山的大哥，关公委实应该含笑九泉），于是有了一场夷陵大战，而东吴一方指挥主力兵团作战的人正是陆逊。

陆逊是新晋人才，被任命为大都督时内外交困。外部不说了，大军压境，一招不慎，玉石俱焚；而帐下的诸位大将，如韩当、孙桓、徐盛、潘璋等辈，都是资历深厚的，或孙策旧将，或宗室贵戚，谁也不甘心接受这么一个白面书生的管教约束。

于是陆逊说："我虽然是一个书生，但也接受了主上的委命，因为我还有一些长处，现在我能够忍受屈辱承担重任，是以国家大局为重，所以委屈各位听从我的指挥。"（言外之意，难道我的刀斧手就砍不下你们的脑袋？）

到后世，人们能够脱口而出的成语——"忍辱负重"正是由此而来的。

再说两家攻战，《陆逊传》中仅写道："以火攻拔之。一尔势成，通率诸军同时俱攻，斩张南、冯习等首，破其四十余营。"看官若想看得热闹点，就去读《三国演义》第八十四回："陆逊营烧七百里，孔明巧布八阵图。"

反正刘备败得惨不忍睹："其舟船器械,水步军资,一时略尽,尸骸漂流,塞江而下。"

刘备趁夜仓皇逃得性命,回到白帝城后一病不起。每次想到自己败在书生陆逊之手,即羞愤交加,不由得仰天长叹:"吾乃为逊所折辱,岂非天邪?"意思是我这样的盖世大英雄,竟然被如此无名后生晚辈羞辱,这难道不是老天爷的意思吗?

他不认为是败给了陆逊,以为是老天爷跟他过不去。要说陆逊是无名晚辈也说得过去,当时刘备已经六十二岁,乃是名满天下的豪杰。但要说陆逊是后生小子,也不准确,陆逊并不年轻了,此战之时,他也已经三十八岁了,在那个时代也差不多当爷爷了。比起二十四岁辅佐孙策的周瑜,二十七岁出山的诸葛亮,风头算不得很强劲。

熬到次年四月,刘备带着对陆逊的满腹怨愤撒手人寰。西蜀自此元气大伤。

所谓"一将功成万骨枯"。陆逊一战成名,孙权拜其为辅国将军,领荆州牧,后又改封为江陵侯。

关羽是被吕蒙和陆逊偷袭而败死;张飞是急于伐吴为二哥报仇而鞭打兵将,公元221年被张达、范强杀死,首级被送往东吴;紧接着,刘备大败被活活气死,桃园三兄弟就此陨落。可以说,刘关张皆因陆逊而死。

二、石亭御魏,千里驹一旦遇上陆逊,还真是逊色不少

不仅蜀国被陆逊折损得七零八落,魏国也被陆逊重伤过。

接着说魏国的一位重臣。史书上说此人是曹操的族子,即族弟的儿子,现在一般称为侄子,但曹操一直待他像亲生儿子,让他带领虎豹骑宿卫。

在汉中之战时，他曾经识破张飞计谋，大败吴兰。曹魏建立后，他镇守东线，都督扬州，多次击破吴军，不少吴将都降伏在他的帐下。曹丕驾崩，他受遗诏成为四大辅政大臣之一。曹叡即位，他官至大司马，成为曹魏军队的最高统帅，此人即是被封为长平侯的曹休。

曹操曾经很欣慰地捋着胡子说："此吾家千里驹也。"但这"千里驹"一旦遇上陆逊，还真是逊色不少。

公元228年，吴国鄱阳太守周鲂派人送亲笔信给曹休，谎称受到吴王责难，实在过不下去了，打算弃暗投明，请求派兵接应。

周鲂一共给曹休写了七封信，把东吴排兵布阵的机密还有他如何如何里应外合的计划写得非常周密，曹休当然也派出不少间谍，所获得的情报确实跟周鲂写的一样，所以曹休就相信这个周鲂了。

当时赤壁之战刚过去20年，曹休就忘了他叔被黄盖诈降的伤疤，亲自率军十万杀来，兵锋直指皖城。

但曹休的侄儿明帝曹叡倒还清醒，命大将军司马懿和建威将军贾逵分别率军策应曹休。

此时的陆逊意气风发，斗志昂扬，他统领六师和禁卫军，甚至可以摄行王事。孙权为了让他卖命，亲自执鞭为他开路，甚至令百官给他下跪。

曹休发觉自己可能中计的时候，已经陷于吴军的包围之中，但一向甚为自负的他耻于被骗，自认为大魏国兵精将广，不愿意怯怯地示弱撤退。

双方最终战于石亭，即今天的安徽潜山市东北，陆逊自为中部，令奋武将军朱桓、绥南将军全琮为左右，各统兵三万袭击曹休，魏军全线崩溃。陆逊等督军一直追到夹石一带，即安徽桐城市北，穷追了一百多里地，沿途斩杀擒获魏军一万余人，缴获牛马骡驴车乘万辆，军资器械无数。如果

不是贾逵接应得及时，曹休恐怕就全军覆没了，连生还的希望也没有。

大败之后，曹休上书谢罪，明帝还算仁义，很给他叔面子，遣人宣旨抚慰，礼节赏赐更加隆重。但这恰得其反，曹休本来就很悔恨，明帝的大度又让他相当愧疚，没过多久，"痈发于背"，背上长出大疮，与世长辞了。

三、陆逊是位高权重的"社稷之臣"，又怎么会被孙权气死？

陆逊的石亭之战，打得魏国十几年不敢对吴国用兵，而孙权也借此坐上了龙床，过了一把皇帝瘾。陆逊出将入相，孙权甚至把自己的印信都交给他保管，大事小情决策之前都要问问他的意见。

据《吴书》记载，战后，陆逊回镇荆州。孙权将自己的车盖赠送给他，又脱下裙帽和带金环的腰带赠送给他，还亲自给陆逊戴上，接着又赠给陆逊缯彩、丹漆。孙权大开酒宴，喝得豪情万丈，命陆逊跳舞，一高兴又脱下自己的白鼲子裘相赠，后来干脆自己也下场跟陆逊对舞。孙权对陆逊的评价是如此之高："昔伊尹隆汤，吕尚翼周，内外之任，君实兼之。"

这正是恩宠至极，但所谓水满则溢，月盈而亏，危机已经悄悄潜伏。

在陆逊崛起的时候，江东老一辈军事家（如周瑜、鲁肃、吕蒙等）纷纷凋零，而江东四大家族的势力越来越大，尤其作为四家之首的陆家。陆逊又是一人之下的丞相，陆凯、陆云、陆机等人也都渐露峥嵘之相，再发展下去，简直就是"孙与陆共天下"的格局了。

对于孙权来说，这不是一件小事，问题很严重，那么，打压陆逊就成为他必须的选择。

但以陆逊的智商，不但深谋远虑，而且谨小慎微，孙权一时拿不住他的把柄。

从公元242年起，太子孙和与鲁王孙霸为了争夺储位而逐渐形成两股势力，朝廷内外的官员都不得不站队。全琮写信向陆逊告知情况，陆逊认为自己应该保持中立。

孙权年纪越大，猜忌之心也越重。后来，太子孙和与父亲的关系恶化，全琮和太子太傅吾粲也几次与陆逊互通消息，请他替孙和说几句好话。于是陆逊忘记了自己的中立立场，屡次上疏陈述嫡庶之分，又请求进京参见孙权。

这实在是犯了帝王家的大忌！本来孙权就一直想找借口收拾你，想不到你送上门来。更何况，孙权从陆逊的奏疏中读出了他在禁中所说的废长立幼的私密话，这更让他寝食不安。他怀疑陆逊看自己老了，要投靠新帝王，而且明显已经与太子联合了。

于是，孙权遣使写信责备陆逊探听宫中机密，你究竟意欲何为？

这个头一开，孙权指责陆逊的信接踵而来，这让陆逊非常生气又非常惶恐，本是一片爱国之心，奈何反成了打击自己的重器！

公元245年，东吴一代名臣陆逊，死了，准确地说，他是被气死的。据《三国志·陆逊传》记载："逊愤恚致卒，时年六十三，家无余财。"

四、盖棺论定，陆逊是死于情商太低？

一向谨慎的陆逊本可以善始善终，但他还是卷入了太子之争，自蹈险地。这与智商无关，而是情商出了问题，他犯了一个"卑不谋尊"的忌讳。

陆逊竟然看不出孙权对他有极深的猜忌，还要介入人家父子的"天字号"纠纷里。在他死后，孙权还派人拿出以前杨竺告发他的20条罪状，找他的儿子陆抗核实。由此可见，陆逊即使死了，孙权依然不能释怀！

那么这个广陵人杨竺为什么要告发他呢？也是因为陆逊做过一件情商极低的事，这次他犯的错是"疏不间亲"。

杨竺有才，年轻时就名声很大，但陆逊认为他最终会惹祸败亡，于是居然傻傻地劝杨竺的哥哥杨穆与他分开生活，另立门户。这肯定把杨竺气得七窍生烟。

最奇葩的是，疏不间亲的事，陆逊还办过一次更离谱的。

当时，太子孙和同鲁王孙霸两宫并立，全琮次子全寄是孙霸的宾客，前文交代过全琮曾经写信给陆逊透露这个机密，他万万没想到，陆逊在回信里竟然劝他学金日（mì）磾（dī）杀子以防羞辱家门，全琮当然十分不满了，两家从此积怨渐深。

话又得说回来，人非圣贤，孰能无过？何况陆逊每次都是操的好心。

再说陆逊身后，陈寿对他评价极高："予既奇逊之谋略，又叹权之识才，所以济大事也。及逊忠诚恳至，忧国亡身，庶几社稷之臣矣。"

后世对陆逊功业的认可程度也相当之高。唐朝建中三年（782年），礼仪使颜真卿曾向唐德宗建议，追封古代名将六十四人，并为他们设庙享奠，当中就包括"吴丞相娄侯陆逊"。同时代被列入庙享名单的只有关羽、张飞、张辽、周瑜、吕蒙、邓艾、陆抗。

宋宣和五年（1123年），依照唐代惯例，宋室为古代名将设庙，七十二位名将中亦包括陆逊。北宋年间成书的《十七史百将传》中，陆逊亦位列其中。

看到这样的荣誉，被气死的陆逊还是应该露出一点微笑吧？

《三国演义》的作者罗贯中不仅小说写得极精彩，给陆逊的诗也写得很有品位。

其一：

陆逊运良筹，能分吴国忧。

挥毫关将堕，焚铠蜀王羞。

功业昭千载，声名播九州。

至今巫峡地，草木尚添愁。

其二：

持矛举火破连营，玄德穷奔白帝城。

一旦威名惊蜀魏，吴王宁不敬书生。

✱ 参考书籍

《三国志》《三国演义》《吴书》《十七史百将传》

从数据来看真实的三国时期三大战役之夷陵之战

民间有"四大虚"之说,笔者认为,应该再加上一虚,就是小说家的笔。比如在《三国演义》里,罗贯中老先生写夷陵大战,从第八十一回"急兄仇张飞遇害,雪弟恨先主兴兵"到第八十四回"陆逊营烧七百里,孔明巧布八阵图",用了将近四回的篇幅绘声绘色地描述了这一场重大战役,尤其写到蜀军的声势,那更是极尽夸张之能事:"川将数百员,并五溪番将等,共兵七十五万,择定章武元年七月丙寅日出师"。

好家伙!整整七十五万人马!简直是旌旗蔽日,更可以投鞭断流了。要真是有这么多的人马打过来,我估计孙权根本就不准备抵抗,直接就投降了哈!

为什么说"虚"?事实上,蜀国人口在三国中是最少的,据《三国志·后主传》注引《蜀记》记载:"(刘禅)又遣尚书郎李虎送士民簿,领户二十八万,男女口九十四万。"意思是到阿斗兄刘禅投降的时候,蜀国也只有九十多万人,要是让七十五万人出征,估计连十岁的孩子也得拿着红缨枪上战场了!

但我们不能责备罗先生,写小说就得有虚构的本事,笔下能流出大江大河的才是高人。

那真实的夷陵之战,刘备到底带了多少人马?双方到底各有多少

好看到停不住的中国史

人参战？

先说这场战争的起因，大家都知道是刘备要为他死难的二弟关羽报仇，所以重义气而不重江山，倾全国之兵杀奔东吴。这个不再细说，但要提醒大家的是，关羽不仅丢了荆州，还损失了数万人马，这也是让蜀国实力大损的事。

有不少文章说，刘备仅带了五万多人，而东吴一方派出的也是五万多人，双方势均力敌。这种说法并不准确。

虽然损失了荆州兵马，但蜀国的兵力还不止这些。总结蜀国的亡国教训，笔者认为其死于"穷兵黩武"，这是一个十分好战的国家，所以刘备既然亲自出马，还准备血洗东吴，五万多人是远远不够的。

镇北将军魏延守汉中以御魏兵，诸葛亮保太子守两川，得留下不少人马。除去这些，刘备可以调动的兵马应该还在十万以上，包括后来加入的五溪蛮夷一万余人。《中国战争史》第四卷认为，刘备的总兵力为"约十万人"。《中国军事通史》也认为刘备总兵力"约近十万"。若没有这样的强大军事力量，怎么威慑东吴？东吴的十几万人马难道是吃豆腐的？刘备真的被仇恨冲昏了头脑？

据《三国志·文帝纪》卷二所引《魏书》记载："刘备支党四万人，马二三千匹，出秭归。"这是一个确切的数字，可以视为刘备的先头部队，那么他的全部兵马加上中军部队四万人左右，再加上虎威将军赵云率领的后援部队近两万人，还是十万人，可以用陈毅元帅的诗给他们打打气："旌旗十万斩阎罗"。

那东吴一方到底派出多少人迎敌呢？这倒有具体的数字，据《三国志·陆逊传》记载："黄武元年，刘备率大众来向西界，权命逊为大都督，

督朱然、潘璋等五万人拒之。"

接下来，说一下这场战役的过程：夷陵之战大致可以分三个阶段：

第一阶段是猇亭火攻。吴将朱然领兵五千人，走水路截断蜀军后路，放火引起骚乱，跟步兵联合前后包抄，蜀将冯习所督前军四万人挤在山谷，全军覆没。据《三国志·吴主传》记载："临阵所斩，及投兵降者数万人。"这是"火烧连营"的由来。

第二阶段是涿乡水战。蜀军以己之短斗敌之长，他们的水军本就不敌东吴的精锐水军，此一战可认为全军覆没，"死者万数"。江北黄权部队的后路也被彻底切断，他不愿投降，只好率领五千人投降了曹丕。

第三阶段是马鞍山之战。蜀军被陆逊包围，刘备收拢所有主力殊死抵抗，结果依然如《三国志·陆逊传》所载："（刘备军）土崩瓦解，死者万数。"刘备只能从石门山仓皇逃跑。同时，五溪蛮夷也战败。

这加起来可就六七万人了，最后在永安刘备仅率残部数千人逃回，所以蜀军战损计在八万人以上。

据《傅子》记载："权将陆议（即陆逊）大败刘备，杀其兵八万余人。"这应该是靠谱的。

"夷陵之战"仍然是一场以少胜多的著名战役，所以才与"官渡之战""赤壁之战"并称为三国的"三大战役"。如果双方人数接近，那战败的刘备也不至于那么耿耿于怀，最后还被活活气死。

经过此战，蜀国元气大伤，后来诸葛亮百般努力，屡次北伐，所能调动的兵力最多也就十五万人左右。

夷陵之战是蜀国由盛转衰的分水岭，多年来积攒下来的兵力物力损伤殆尽，前期那些叱咤风云的人物因为各种原因凋零了大半，从此蜀汉就开始走下坡路。

✳ 参考书籍

《三国志》《蜀记》《傅子》《三国演义》《中国战争史》《中国军事通史》

三国绝响

专家说：张飞慈眉善目，没长胡子，可能是"通诗文之美男子"？

一个"豹头环眼，燕颔虎须"的八尺莽汉变成了一个文武兼备的美男子，号称儒将，再大大地跨越一步，又演变成一个慈眉善目的菩萨！张飞此人，连善变的双子座都超越了，哇呀呀呀！如果他能活过来，一定得大喝一声：呔！你们到底要把俺老张变成一个什么斯文模样？

说起来，这事就怪罗贯中，是他先把张飞写走了样，再往前推一步，还得怪陈寿，他在《三国志》里写道刘备"大耳垂肩，双手过膝"，又写道关羽"美髯公""相貌堂堂"，却没有把张飞的样貌介绍清楚，哪怕写一句话也行，但就没有，所以罗贯中就撒开了想象的野马。当然了，艺术创作允许人家这样，罗贯中也不胡写，还是有所依据的，比如李商隐的《娇儿诗》写道"或谑张飞胡，或笑邓艾吃"。意思就是张飞有大胡子，而到了元代的《三国志平话》中就已经演变成："生的豹头环眼，燕颔虎须，身长九尺，声若巨钟。"

其实上述这些说法都不算走样，只是那位罗贯中先生，他简直是一位神奇的整形大夫，不管人物性格还是相貌都给大大地整了一下。要不，鞭打督邮这样的事，本来是刘备亲自干下的，罗贯中非要移植到张飞的头上，然而大家也都买账不是？

所以，罗贯中就一路把张飞给写得糙了，写得粗了，写得野了，当然，

好看到停不住的中国史

一个猛字，一个暴字，如《三国志》中所述都还在，要不，面对汹涌而至的曹军，张飞怎么仅率二十多人就敢断后。在当阳那座不知名的断桥边，他手握长矛，朝着士气正盛的曹军大吼："呔！身是张益德也，可来共决死！"绝世虎将，声震长坂，山河失色，神鬼皆惊！（您可别以为笔者打错了"益"字，是罗贯中给人家改成了"翼"字的，倒不怕您笑话，是怕张飞大喝……）

文学创作就是这样的，这使我们看到一个深入人心的张飞形象，但是近几年，不断有人为张飞翻案，先说他是儒将，后又说他是书法家，再又说他是擅画美女的大画家，再后来就登峰造极，在四川又发现了他的石像，竟然是一副慈眉善目的菩萨像。霎时，我整个人都不好了……喝断长坂坡可是历史事实，这样的一个人怎么能吓得住曹操的大军？他们一定笑嘻嘻地说："哦哦哦！喊得真好听，帅哥哎！再来一遍！"于是，曹军都被张飞的佛口婆心感化，变成热情难挡的粉丝，漫山遍野地扑上来，感觉张飞要被生擒了……

我怀疑后来的兰陵王高长恭打仗的时候要戴上一个凶神恶煞一样的面具，就是从这儿受到的启发……

就发现张飞头像这事，笔者还真有几句话想说。

大约2004年，文物部门在四川简阳张飞营山上发现了一个石人头像，约高四米，宽三米多。传说这是唐代工匠为纪念"五虎上将"张飞专门雕塑的。这位"张飞"先生慈眉善目，耳长唇厚，脸上竟没有一根胡须！这些唐代工匠简直是要了唐代诗人李商隐的好看！

但是，我把这头像上上下下看了百八十遍之后，才感叹，我的佛呀！他还真是我的弥勒佛！

为什么说是弥勒佛呢？在唐代，弥勒佛造像风行，尤其以武周时期最多，这与当时老百姓把武则天称作是弥勒佛降生有关。那全国各地都雕的是弥勒佛，怎么四川简阳就雕出如此大的一个张飞？说实话，您真不怕则天皇帝知道了不高兴，一道旨意下来就能要了多少人的小命！再说了，从那时到现在，走遍全国，也没有见几个偶像是如此雕琢的，这不是钱的事儿，没有信仰，哪能办成？更进一步，中国人的偶像崇拜，不是建庙就是建祠，玩这么大个石雕像的，请恕在下孤陋寡闻了！再说说有关书法家的事儿，目前所存与张飞有关之所谓"立马铭"（该通铭文经专家学者加以考辨，认定其为伪刻）、"与张辽书""真多山题名"等作品，已经有专家论证，既不见于《华阳国志》《水经注》《太平寰宇记》《舆地纪胜》《方舆胜览》等地理著述中，也不见于明中叶以前各种金石著录之内。那就是说，在明中叶以前，张飞这个书法家在此类文献上完全是空白的。

推究张飞书法家之说，其始作俑者即是明代杨慎，他当初也只是想给这位猛将添一点温雅气息，大概是他看到《三国志》和《资治通鉴》中都有"飞爱礼君子而不恤军人"。爱跟诗书君子近乎，他想，这人应该也有点斯文气吧？谁料后人顺风扬土，持续加油添醋，张飞摇身一变，成为"通诗文之美男子"。

这实在是滑天下之大稽。比张飞稍晚的西晋给事中袁准说："张飞、关羽与刘备俱起，爪牙腹心之臣，而武人也。"听着了吧？武人也！整个《三国志》当中说是工书善画又能统兵征战的惟诸葛瞻一人耳，如果张飞有那么好的书法绘画水平，奈何陈寿竟视而不见？

在正史记载中，张飞忠勇果敢，却一点也不粗线条，他能义释老将严颜，还能计败张郃，因为他不到二十岁就跟着刘备闯荡江湖，大仗小仗打过无数，义释严颜跟文化无关，那是一种气量和胸怀，计败张郃说明他学会打仗了，但是从史实考证，张飞很少独当一面，这说明刘备对他还是知根知底的。

所以，陈寿对张飞的评价还是相当准确的："飞暴而无恩，以短取败，理数之常也。"如果他是一个文武兼备的儒将，怎会每天鞭打身边的战士，就因为这，刘备还曾经警告他，但他还是不当回事儿，最终因此而枉送了一条大好的性命。

所以，综合以上观点，个人认为，张飞还是一位勇猛而且并不乏心计的大将，所以刘备可以称他为"召虎"，这是合乎史实的。至于他能文会画，还擅画仕女什么的，懒得辩驳，谁不嫌拧巴谁就信去。至于那尊石雕像，就别再让张飞顶缸了，逼急了，小心他大喝一声吓傻几个！若要再逼我非得认下此事，我只能哭喊着说，桓侯呀！难道你真是弥勒佛的化身吗？

参考书籍

《三国志》《三国志平话》《资治通鉴》

三国绝响

山西解州关帝庙里被烧掉的秘密——张飞像与一截枯木

关公故里，运城解州关帝庙中曾经藏着一个有关盐枭的秘密，这个秘密不仅和关帝有关，还跟他的义弟张飞有关，而且在清代的关帝庙里，曾经还塑着张飞的雕像，就跟关帝一起面南而坐。

据资料显示，关帝庙在康熙四十一年（1702年）曾经发生一场大火，几乎将整个庙焚毁无遗。到康熙五十二年（1713年），康熙帝发帑（tǎng）金一千两，时任知州才将关帝庙修复如前。

时间应该是在这次修复之后，清代文人有一个叫岳萝渊的，字水轩，生于1699年，有才名，是康熙朝的知名幕僚。他来到关帝庙拜谒，看到与关帝一起排排坐的张飞像颇为不解，还看到旁边有怒目圆睁的周仓将军像，更诡异的是他手拖一根铁链，铁链上锁着一根朽木。岳萝渊不知道这所为何来，当地人就指着那朽木说："这个是盐枭。"这就让他更加不解了。

当地人解释说："在宋元年间，盐池的水突然发生异常，熬煎几天都熬不出盐来。商人和百姓都惶恐困惑，就去关帝庙祈祷。结果有数人皆梦见关帝召大家来，说：'你们的盐池被蚩尤之魂所占据，所以熬不成盐。我享用你们的贡品，自会料理此事。蚩尤之魄我能制服，只是他那个叫枭的老婆，凶恶强悍，必须我义弟张翼德来才能擒服她。我已经派人去益州召唤他了。'"

"惊醒之后，大家决定在庙里增加一个张飞张桓侯的雕像。当夜，风雷大作，有朽木一根出现在铁链之上。第二天老百姓再取水煮盐，盐量是之前的十倍。"

岳水轩由此悟出"盐枭"一词的典故应该由此而来，回去后就认真记录了下来。笔者去过几次关帝庙都没有看到张飞这尊塑像，是不曾对外开放，还是已经不存在了呢？

如果被毁，据笔者的推测，应该还是因为数场大火，时间是光绪三十三年至宣统元年（1907—1909年），关帝庙连遭大火，午门、大门、乐楼、东西角门、东西华门、钟楼、庙外西侧木坊、部将祠、追风伯祠、官厅、崇圣祠及百余间廊房皆成灰烬。这尊雕像还有最神奇的枯木，应该也是在这数场大火当中一起被烧毁了。

令笔者特别好奇的是，在神界、仙界也是一路神仙一路法，关帝可以降伏蚩尤之魄，却对付不了他的老婆，而张飞偏偏就能，个中原因又是什么呢？一起已经沉埋在历史长河中的公案，今天又挖掘出来，确实是想向高人们请教。

另据《大唐传载》记述："解县盐池，当安史时水忽淡，銮舆反正复如故。"这也是奇哉怪也，造化之神奇，原非人力所能揣度，但逆天而行则必遭天谴，我等升斗小民，老实做人踏实吃饭睡觉，有些事想不通也正常。就像蜗牛一定认为蝴蝶有神通，蝴蝶一定认为老鹰有神通，老鹰一定认为能造出飞机来的人有神通，而人力又何其微忽？一个盐池变淡就让我们想破脑袋也想不出原因了。

❋ 参考书籍

《子不语》《大唐传载》

也说《军师联盟》：张春华哪里是"猛张飞"，都被司马懿冷落羞辱得要绝食自杀了

《军师联盟》曾经热播，有人说是在洗白司马懿，其实司马懿本来也不是一个太烂的人，原来被人抹黑过，现在还人家清白也说得过去，但是剧中把张春华演成"张飞"，还把司马懿写得怕老婆怕得跟龟孙子似的，还就真有点搞笑了。

首先声明一点，司马懿这样的人，他是英雄也好，奸雄也罢，跟怕老婆没有一点关系，更何况他哪是什么情圣，不说姬妾成群，可也并非只有一个结发的糟糠之妻张春华，除了剧里演的那个"从天而降"的柏灵筠之外，他登记在册的小老婆还有两个，一个姓伏，另一个也姓张。而且司马懿平时也不是被张春华"专宠"着，他忙着呢，其他几个老婆都给他生儿育女了。

先说这个被改编得面目全非的张春华，人家才不是什么江湖侠女，乃是曹魏粟邑令张汪之女，也算是大家闺秀吧，年少有德行，智慧和见识远超常人。如此看来，剧里是把她的这些优点匀给柏灵筠了。

张春华被人编排成"张飞"，大概是因为她为了保护司马懿杀过人。司马懿年轻的时候也毛糙，不想屈服于曹操，就在家装病。谁知道演戏穿帮了，明明装的是风痹（八成是中风之类），可看到要下暴雨他就蹿出去收正在晾晒的书籍，这份爱书之心倒也令人钦佩，可不幸的是，家里的一

好看到停不住的中国史

个婢女看到他"矫若游龙"一样的健康状况了。张春华担心泄露出去招致灾祸，就亲手将婢女灭了口。这下没人做饭了，张春华就自己下厨。司马懿由此十分看重她。

这么说，毕竟也算是共患难过的夫妻吧？可是司马懿后来还是嫌她老了丑了，这家伙长期专宠着柏灵筠，张春华想见他一面都难。

有一回，司马懿生病了（该！），张春华本来是好心去探望，司马懿却对张春华说："老物可憎，何烦出也！"意思是"面目可憎的老东西，怎么还麻烦你出来现世！"

这个长了反骨的家伙就能把这么难听的话当着自己老婆的面说出来！

被人嫌弃到这份上，张春华羞惭愤怒，要绝食自尽，司马懿并不在乎，直到听说张春华的儿子们也要跟母亲一起绝食，他这才不得不向张春华道歉。

事后，司马懿很猥琐地对柏夫人说："老物不足惜，虑困我好儿耳！"意思是"老东西死了没什么好可惜的，我只担心苦了我那群好儿子啊！"

《晋书》中记载，曹操说过一句话："司马懿非人臣也。"他也算是有识人之明了。

✱ 参考书籍

《三国志》《晋书》《魏略》《三国演义》

三国绝响

看看刘备刘邦吴起勾践之流，当普通人还是当枭雄，你真想好了吗？

我们所处的这个世界，人人都想出人头地，殊不知真正能出人头地的人都是由特殊材料组成的。不管英雄也好，枭雄也罢，与普通人那就是不一样。如果你觉得自己只是普通人，不想折腾，那就老老实实过你的日子，跟那些枭雄连朋友也不要做，以策安全。因为我觉得，人之所以普通，是因为受到的磨难太少而良心太多，枭雄之所以能兴风作浪，是因为与常人有不同之处。

也许有人不服，那就选几个例子，让你服气为止。某一天，当你为了达到某种目的，也可以像这些枭雄一样，做出那种令人瞠目结舌的事情的时候，你就基本上脱离了普通人的队伍，至少在某个范围内有些枭雄的意思了。但是从我的内心来说，个人是不希望有人成为枭雄的，纵观历史长河，把这个社会搅得乱七八糟的，大部分是枭雄。

先说说刘备吧，这人在李宗吾的厚黑学里是厚脸皮的代表人物，借了荆州不还不说，还财色兼收，娶了孙权的妹子当他的小老婆。为了取益州，先是当人家刘璋的亲戚，后来就顺便把益州占了，这就不是一般人能做得来的。

刘备能收买人心，还舍得摔孩子。当赵云血战长坂坡，七进七出救阿斗之后，刘备违心地说："为汝这孺子，几损我一员大将！"说完把自己的

好看到停不住的中国史

孩子摔在了地上。想一想，当时的阿斗还在襁褓里，一个当父亲的自己没本事被人家打得东奔西跑，更没本事自己把孩子救出来，别人帮忙救出来了，他倒舍得扔在地下，这种当父亲的心肠可见有多硬！一个正常的父亲看见自己的儿子磕了碰了，都要心疼得流泪，除了刘备还有谁舍得摔自己的儿子！不仅是自己不能摔，你摔一下试试，看他不跟你拼老命？不过话又说回来了，阿斗这倒霉孩子如果当时将他不幸摔死了，对于蜀国来说，未必不是一件好事。

所谓此一时，彼一时也。创业的时候刘备觉得赵云重要，阿斗是个累赘，到传位的时候他可没有想起来要把皇位传给赵云，毕竟还是自己的儿子亲。由此来看，刘备的脸皮厚度与虚伪程度真是古今罕有了。

根据自己的需要，有人可以不把子女当回事，也有人可以不把老爹当回事，这种不孝的忤逆子也算枭雄，刘邦就是这么个玩意儿。

楚汉两军在广武山对峙时，汉军断绝了项羽的粮食，项羽窘迫无奈，就将刘邦父亲太公放在一个专门装盛牛羊等祭品的高大的祭器上作为人质要挟他说："如果你不答应我的条件与要求，我就把你的父亲煮了吃掉。"刘邦不仅不急，反而嬉皮笑脸地说道："当初起兵反秦时，咱们俩曾一起受命于楚怀王，并结拜为兄弟。照这么说来，我的父亲就是你的父亲，如果你烹煮你父亲的话，请别忘了分一杯鲜汤给我喝。"

这就是所谓枭雄的嘴脸，为了自己的千秋大业，当老爹面临被煮成汤的危险的时候，他竟然要求分一杯鲜汤喝喝。我不知道当时刘邦的老爹听见他说的话会做何感想，反正如果我要有这么一个儿子，宁愿被项羽煮死还好受些。

从这点上来看，如果谁家里出了个枭雄之类的玩意儿，家里人在他成

功之前一定少不了跟着倒霉，提心吊胆就别说了，被人抓去送了命也是常有的事。

所以女人嫁人也要慎重考虑，嫁一个本分人可能会吃点小亏，但是可以白头偕老。如果净想着攀高枝，不小心嫁给枭雄之类的人，那你也许风光一时，但是说不定哪天就变成他拿去交易的筹码了。

根据《明史》的记载，崇祯十二年（1639年），李自成的农民军被明朝督师杨嗣昌所指挥的大军困于巴西鱼腹山一带。李自成的军队士气低落，很多人逃去投降明军，紧接着，军中头号勇将刘宗敏也想出降，这给了李自成又一次沉重的打击。于是他把刘宗敏单独叫到一座庙中，对他说："我现在占一卦，如果不吉利的话你就砍下我的头去投降吧！"结果连占三次都是吉卦。刘宗敏终于相信李自成就是真命天子，为了表示自己愿意以死相随，从此再无牵挂，他回去后就把两个老婆都杀了。

现在看起来这事也有点骇人听闻，你该突围就突围，为了表现忠心，你可以第一个往上冲，问题是老婆何辜？当刘宗敏拎着两个老婆的脑袋来给李自成看的时候，李自成一定是假惺惺地责备了他。当我看到这段历史的时候，脊梁骨却一阵阵往上冒冷气，这些枭雄果然是没有人性的。

无独有偶。刘宗敏在危险的时候先把妻子宰了，也许还有几分无奈，担心她们被敌人俘虏糟蹋，但还有人为了当官，竟然先拉老婆当垫背的。

"吴起者，卫人也，好用兵。尝学于曾子，事鲁君。齐人攻鲁，鲁欲将吴起，吴起取齐女为妻，而鲁疑之。吴起于是欲就名，遂杀其妻，以明不与齐也。鲁卒以为将。"

这是历史书记载的真事，为了取得鲁国的信任，吴起还就把与自己同床共枕、同甘共苦的老婆杀了，仅仅因为她是齐国人！如此看来，给枭雄当老婆的危险系数真是不低。

杀老婆相比于献老婆来说相对更容易一点。枭雄们认为，闭着眼睛一刀给个痛快就行了，反正她迟早也是要死的，但是把老婆送给别人，那可不是一般人能干出来的。

唐朝有个崔湜，传闻是太平公主的男朋友。崔湜妻子女儿都长得貌若天仙，漂亮异常，崔湜就带她们去陪皇太子。皇太子很高兴，崔湜就步步高升，最后位极人臣，成为操持官吏升黜大权的宰相。

这事说着都觉得恶心，但是甚至有比这更过分的。

咱就说勾践，可以算得上枭雄吧？这枭雄也真够贱！这家伙被夫差抓来，为了以后有报仇的机会，想尽一切办法讨好人家，甚至在金殿上尝夫差拉下的臭屎，真难为他竟然能从臭屎里尝出了夫差有什么病，并且由此入手，治好了夫差，取得了他的信任，终于找机会逃回了越国。

后人一直津津乐道的是他的卧薪尝胆，其实尝胆相较于尝屎来说，实在是小儿科。我疑心是后人觉得尝屎实在不雅，而且毕竟勾践也算是总统级别的干部，所以给他留了些面子。

费了这么多的口舌，不知道诸位看官明白了没有？如果有机会在当枭雄与当普通人之间做一个选择，你会选择哪个？

✲ 参考书籍

《三国志》《汉书》《资治通鉴》《明史》

三国绝响

照亮曹魏史册的十大山西名将，个个故事精彩

一提到三国时代的山西名将，大家首先想到的一定是五虎上将之首的关羽关云长，民间不仅尊其为"关公"，还是武财神，明代奉其为关圣帝君，清代奉其为关圣大帝，在佛教是护教伽蓝菩萨，在儒家也被推尊为武圣。纵观中国历史，截至目前，还没有哪位武将的身后地位可以跟关老爷相提并论！

后汉末年，群雄并起，名将辈出，而山西历来就是个出将的地方，想必是将星璀璨。于是有心查了查，结果一查吓一跳！仅曹魏一方，山西籍名将就达十人之多，而且哪一个分量都不轻，一个个"擎天白玉柱，架海紫金梁"，都是响当当的好汉。

喜欢读《三国演义》的人都知道，当年曹操手下猛将如云，其中翘楚为五子良将，呵！其中五分之二是山西人。

第一位：征东将军晋阳侯张辽张文远

张辽，雁门马邑（今朔州市）人，五子良将之首，随曹操四处征讨，智勇双全，战功赫赫，连一向很傲气的关老爷也对他青眼有加。

不说白狼山之战，斩杀乌桓单于蹋顿；也不说勇登天柱山，击灭陈兰、梅成。张辽威震三国的巅峰之作是合肥之战，他以七千之众大破吴军十万，一直冲杀到对方帅旗下，差点把吴主孙权给当场拿下。由此而诞生了一个流传千古的典故"张辽止啼"——江东小儿夜啼，闻父母言张辽之名而噤声。

张辽为历代所推崇，位列唐朝"武成王庙六十四将"之一，曹操麾下唯此一位享此殊荣，排名尚在蜀前将军汉寿亭侯关羽和吴偏将军南郡太守周瑜之前，很能说明问题。

第二位：右将军阳平侯徐晃徐公明

徐晃，杨县（今临汾市洪洞县）人，五子良将之一，曹魏政权的开国元勋。他参与官渡、赤壁、关中征伐、汉中征伐等重大战役，治军严明，作战勇猛。

徐晃的代表作是在樊城之战中，他率军击退关羽，又追杀其后，连破十重围堑，不仅彻底解除樊城之围，还为后世留下一个成语——"长驱直入"。徐晃打了胜仗，曹操来到军营视察，其他将领的士兵都跑出来想看看这位传奇人物的真容，唯徐晃的部队岿（kuī）然不动，因此曹操盛赞他为"吾之周亚夫"。

《三国演义》作者罗贯中一向对曹营的人不感冒，对徐晃却鲜有微词，只是他的死被写得有点窝囊，竟然被无耻小人孟达射死了，其实正史记载他是病死的。

第三位：车骑将军阳曲侯郭淮郭伯济

郭淮，阳曲（今太原市）人。这位魏国名将熟读兵法，数次平定羌人叛乱，威镇边疆。他的成名作是在与诸葛亮的对阵中，招招料敌在先，连老奸巨猾的司马懿也不得不佩服此人。

234年，诸葛亮五次伐魏，司马懿率军阻击。当时诸葛亮正进兵五丈原，司马懿与魏将皆喜，认为对魏军有利。郭淮却认为，如果诸葛亮跨过渭水登上北原，就可以连兵北山，断绝陇道，乃国家安危之大患。司马懿猛醒，急命郭淮等率兵移屯北原。结果这边营寨还没扎好，那边蜀军已经杀来了，但攻而未克，两军遂成对峙状态。几天后，蜀军西行，郭淮认为诸葛亮是佯攻西围，实攻阳遂。当晚，蜀军果然猛攻阳遂，幸魏军早有准备，无奈，蜀军只好退兵。

第四位：征东将军菑阳公卫瓘卫伯玉

卫瓘，河东郡安邑县（今运城市夏县）人，晋朝开国皇帝司马炎称赞他："忠允清识，有文武之才"。

武的方面，卫瓘是典型的名将杀手，当年司马昭三路伐蜀时他是监军，先是平定钟会叛乱，钟会和姜维被诛杀，接着居功自傲的邓艾也走上绝路，可以说三国后期的三大名将都死在他的手上。卫瓘从此青云直上，从青州刺史一直到司空，领太子少傅，位极人臣。作为帝师，他与汝南王司马亮共辅朝政，被赐予"剑履上殿，入朝不趋"的特权，想当年，只有董卓和曹操才享受过这般待遇。

文的方面，卫瓘是颇有创意的书法家，善隶书章草，兼工各体。唐朝张怀瓘《书断》中评其章草为"神品"。卫瓘的儿子卫恒也承继了他书法的香火。最难得的是他的孙子卫玠（jiè），一位清谈家兼玄学家，因为长得太帅，被女粉丝围住，活活看死了，史称"看杀卫玠"。

第五位：建威将军阳里亭侯贾逵贾梁道

贾逵，河东襄陵（今临汾市襄汾县）人，《唐会要》尊其为魏晋八君子之一。曹操认为贾逵才德兼备，说："假使天下二千石（太守的代称）官员都能像贾逵这样，我还有什么可担忧的呢？"

贾逵历仕曹操、曹丕、曹叡三世，是曹魏政权中的军政全能型人才。担任豫州刺史期间，他兴修水利，便民利生，凿通运河二百余里，时称"贾侯渠"。曹操逝世后，贾逵拥立世子曹丕袭位，黄初六年（225年）参与征吴之战，击破吴将吕范。尤其是在石亭之战中，他力挽狂澜，率军救出曹休，否则魏军将全军覆没。

一个很可笑的段子是：曹休被救，倒埋怨贾逵来迟了，还当场训斥，命令贾逵帮他捡拾弃仗。贾逵昂然说："本人是国家的豫州刺史，不是来此为大司马拾捡弃仗的。"于是引军而去。

第六位：车骑将军南乡侯王凌王彦云

王凌，太原祁（今晋中市祁县）人，孝廉出身，不仅政绩卓越，而且能征善战。

王凌参加洞口之战，跟从张辽击败吴将吕范；参加石亭之战，跟从曹休征伐东吴，累建功勋；齐王曹芳继位，王凌联合孙礼击败吴将全琮。嘉平元年（249年），其担任太尉之职。

因为不满太傅司马懿专擅朝政，王凌决心起兵讨伐，谋立楚王曹彪为帝。失败后，被押解回京，当路过老乡贾逵庙前时，他大喊："贾梁道！只有你才知道王凌是大魏的忠臣啊！"又说："行将八十，身名俱裂！"于是饮药自尽。

司马懿出手狠毒，不仅夷灭王凌三族，还下令将他暴尸三日。结果遭了现世报，他频频梦见贾逵和王凌作祟，夜不能寐，同年，一命归西。

第七位：镇东大将军安邑侯毌（guàn）丘俭毌丘仲恭

毌丘俭，河东郡闻喜（今运城市闻喜县）人，这又是一位文武双全、才识拔干的复合型人才，曹魏后期战功赫赫的名将。他曾经随司马懿攻灭辽东公孙渊，两次远征灭了高句丽王国，还击败过东吴诸葛恪。

毌丘俭一心效忠曹魏，任镇东大将军时，因为不满权臣司马师废黜魏帝曹芳并杀害好友夏侯玄、李丰，于是兴兵西进讨伐。在项城乐嘉战役中，他不幸战败而中箭身亡。站在曹氏的立场来看，毌丘俭乃鞠躬尽瘁、忠心不二的节臣，确有国士之风。

毌丘俭博闻多才，是魏晋之际的著名诗人，代表作有《承露盘赋》《承露盘铭》《答杜挚》《罪状司马师表》等，合集有《文集》二卷、《纪》三卷等，被收录于《全三国文》中。

第八位：骠骑大将军京陵侯王昶王文舒

王昶，太原郡晋阳县（今太原市）人，出身太原王氏，少有才名。

王昶曾经著兵书十余篇，言奇正之用。后来魏明帝下诏求贤，时任太尉的司马懿推举的正是王昶。王昶德才兼备，很快就受到重用，数年间就升任为征南将军，都督荆州、豫州军事。同样当上征南将军的曹仁是追随曹操征战多年才得到这一职位。

嘉平二年（250年），王昶率军在江陵与吴军激战。王昶埋设伏兵，诱敌出战，东吴大将施绩果然派兵追杀，一时伏兵四起，吴军大败。施绩逃跑，其手下大将钟离茂、许旻被杀。

五年之后，山西老乡毌丘俭举兵讨伐司马氏，王昶率兵前往"平叛"。老乡打老乡，也是两眼泪汪汪。毌丘俭兵败身死，王昶因功加官晋爵，晋升为骠骑将军。

第九位：镇西将军关内侯郝昭郝伯道

郝昭，并州太原（今太原市）人，为人雄壮，少年从军，屡立战功。曾经平定胡人叛乱，他镇守河西地区十余年，威名远著。

郝昭的代表作是与诸葛亮的较量。太和二年（228年）年初，曹真派郝昭和王双驻守陈仓。陈仓城小，仅有军兵一千余人镇守。

次年年初，诸葛亮突然率领大军从散关出击，将陈仓团团围住。

诸葛亮想不战而胜，于是让郝昭的山西老乡靳详劝降，但郝昭已经抱定了一死的决心，在城楼上说："我认得先生，弓箭却不认得先生。你回去告诉诸葛亮，只管来攻城吧！"

于是诸葛亮率数万兵马，开始昼夜攻打，双方相持数日，但郝昭守城有方，竟然无法攻下。此时，曹真的援军已到，诸葛亮只好撤军而去。

第十位：征东大将军京陵公王浑王玄冲

王浑，太原郡晋阳县（今太原市）人，他的父亲前文已经推出，正是曹魏司空、骠骑大将军王昶。王浑克绍箕裘，于是成就一对父子英雄。《唐会要》中尊其为魏晋八君子之一，晋主司马炎曾高度赞扬他："平定秣（mò）陵，功勋茂著"。

西晋建立后，王浑担任征虏将军，积极筹划伐吴方略。279年，王浑

与杜预等奉诏伐吴，率军从横江出击，又派部下进攻东吴各城，所向披靡，吴都建业岌岌可危。吴主孙皓派丞相张悌督丹阳太守沈莹、护军孙震和副军师诸葛靓等率兵三万迎战。王浑派安东司马孙畴和扬州刺史周浚进击，吴军大溃，张悌（tì）、沈莹和孙震全部战死，斩杀七千八百余人，令东吴军民闻风丧胆。

有意思的是，当时还有一个凉州刺史叫王浑，他是山东琅琊王氏，虽然本人不出名，但他的儿子大名鼎鼎，是"竹林七贤"之一的名士王戎。

至此，十员山西大将介绍完毕。也许有看官说，山西人才就这十位吗？哪里哪里！另有骠骑将军中都侯孙资孙彦龙，曹魏四朝重臣，平遥县人，虽然当过将军，但没有实际带兵征战，且不说也罢。还有闻喜裴氏的两位名臣，一位裴潜，官至尚书令、光禄大夫，赐爵清阳亭侯；一位裴徽，官至冀州刺史，加金紫光禄大夫，赐爵兰陵郡公。其他大大小小的州县官就不用一一列举了吧？

笔者曰：古人从军，舍生忘死，无非图的是拜将封侯，才算功成名就。

王勃写："冯唐易老，李广难封。"飞将军李广一辈子时运不济，最耿耿于怀的就是没有封侯。以上所述十位山西名将的官与爵没有一个是轻易得来的，都是在沙场殊死拼杀的回报。过去人讲："山左出相，山右出将。"以前还觉得有点底虚，看了三国曹魏的山西将军阵容，此话也该算实至名归了。

参考书籍

《三国志》《晋书》《魏略》《唐会要》《全三国文》

好看到停不住的中国史

关羽身高如易建联，吕布如姚明，那五虎上将可以组队打NBA了！

看三国，很有意思的一件事是各位名将的身高，这让我迷糊了好多年。

且来看《三国演义》中罗贯中对第一名将关羽的描述："身长九尺，髯长二尺，面若重枣，唇若涂脂，丹凤眼、卧蚕眉，相貌堂堂，威风凛凛。"

"身长九尺"什么概念？放到现在得三米高，快成怪物了。有人说，咋这么没文化呢？古时候"布指知寸，布手知尺"，汉代的一尺比现在短多了，大概也就相当于现在的二十三四厘米。好吧，这样算下来，关羽的身高也超出了二米一，至少有易建联的高度，也算是一条顶天立地的大汉，就算是当不了将军，或者也打不了NBA，那去家装公司刷天花板，都不用踩梯子吧？

关羽是这样威武的一个大个子，那结义的三兄弟呢？一看也吓一跳，都不是一般的人物，张飞身长八尺，大哥刘备最低还七尺五寸呢，算下来，张飞也有一米九，连刘备都不低于一米八，在那个年代，这样几个让时代风云变色的大汉，也的确是出类拔萃、非同凡响。

关羽是一个如假包换的大个子，还耍了一把相当分量的大刀（八十二斤，合现在估计得三十多斤吧？）到了曹操那边之后，曹操曾问关羽的坐骑为何瘦弱，关羽答道，身体较重，长期驱使之故。这也是关羽身高体长的一个证据，所以不是赤兔马那样的宝马还真是受不了。

三国绝响

那在罗贯中的笔下,是不是关羽就算最高个呢?也不是,起码华雄、魏延、郝昭和王双都是身长九尺,也都是进家门不小心就被磕破眉骨的主。另外,还有两位名气不大,个子倒不小,一位是曹洪麾下部将晏明,据说长得身长一丈,可惜这个傻大个在长坂坡被赵云一枪刺死了。还有一位叫兀突骨,南蛮乌戈国之主,身长丈二,估计是罗贯中写秃噜了,不说也罢。

依在下观察,三国里还有一位大将的身高和身手都在关羽之上,此人就是号称第一猛将的吕布吕奉先了。

吕布身长一丈,就是两米三,那跟两米二六的姚明差不多高了。也许有人说这不是猜的吗?罗贯中写过吕布的身高吗?人家在《三国演义》就说了吕布是"丁原背后一人生得器宇轩昂,威风凛凛,手执方天画戟,怒目而视"。还说"生得极长大",这个"极"字用得泼辣但是略显含糊,那吕布到底多高呢?

看这个例子:《辕门射戟》那一回,纪灵见刘备在座,转身就要逃走,被吕布一把提了回来,"如提稚童"。呵呵!"如提稚童"就是提着纪灵的后脖领把他拎回来了,那纪灵乃身高八尺山东大汉也,不说吕布劲大,就说身高也得有绝对优势才办得到吧?

说清吕布身高的版本来自《三国志通俗演义》:"丁原背后一人身长一丈,腰大十围,弓马娴熟,眉目清秀,五原郡九原人也,姓吕,名布,字奉先。"其实这个有可能是真正的罗贯中的原本,而我们通常看到的《三国演义》是经毛纶、毛宗岗父子加工过的,称之为毛本也不为过。

如果把两方面结合起来看,这个"身长一丈"的吕布还是站得住脚的,要不,董卓、曹操和吕布对阵时怎么都曾产生"貌若天神"的感觉呢?这样说来,三英战吕布的虎牢关前,似乎更让人心驰神往。

如此看来，三国中刘备手下五虎上将个个身高都不得了，组织一支球队杀进 NBA 也是绰绰有余呀：且看关羽九尺，张飞八尺，马超八尺以上，黄忠八尺开外，赵云也有八尺，何况还有超级替补九尺的魏延和超级蓝领周仓呢？

以关羽的能力和个性必然是中锋了，马超当大前，张飞委屈当小前，剩下黄忠百步穿杨自是得分后卫，赵云大局观强，是不是组织后卫的不二人选？大将多了也扎手呀！您觉得这个阵形还行不？或者您一定有更高的见解让他们一人弄个冠军戒指回来，送给老婆当顶针？

写到这儿，有人会怀疑我们换算错了，不会有这么多的高人吧？当然了，也有低人呐，比如身长五尺的张松之辈。要我说，在全国范围之内涌现这些魁梧大将军也不算过分吧？这倒真让我们对古代的战场生了几分寒意，试想一下，你觉得自己武艺不赖，跃马挺枪准备出阵建功立业光宗耀祖，想不到对面阵中冲出来一个顶盔贯甲的姚明，他大喝了一声……我现在理解为什么夏侯杰能被张飞吓死了……

那是不是古代人长得本来就高大，后代越来越不争气，长得越来越矮小了呢？那也不是，其实古人跟我们现在人身高变化不大，不信？你看古人的尸骨、服装、棺椁包括金缕玉衣之类的尺寸跟现在并没有实质性的差别，所以我们也不用气馁啦。

❋ 参考书籍

《三国志》《三国演义》《三国志通俗演义》

诸葛亮说魏延"脑后有反骨",真相究竟如何?学点相骨术

因为"脑后有反骨",魏延差点白白死在了诸葛亮的刀下。那现实中到底有没有人长着反骨呢?又该如何来看人的"脑后反骨"呢?

莫急,且听笔者慢慢道来。话说《三国演义》第五十三回写道:因黄忠没有射杀关羽,被太守韩玄推下问斩。正在这紧要时刻,帐外突然闪进一将,手起刀落,斩杀韩玄并救下了老将黄忠。此人便是蜀汉名将魏延!

然而,当关羽高高兴兴领着魏延归来时,诸葛孔明却"喝令刀斧手推下斩之"。刘备急问何故,孔明说:"吾观魏延脑后有反骨……故而斩之。以绝祸根。"刘备说:"军师呀!若斩此人,恐降者人人自危。望军师恕之。"

不能不说,刘备是从大局出发考虑的,孔明也不得不慎重,于是他指着魏延曰:"吾今饶汝性命。汝可尽忠报主,勿生异心,若生异心,我好歹取汝首级。"

刚反应过来的魏延当时肯定吓毛了,诸葛亮的招子太亮了,于是诺诺连声而退。他算是保住了性命,却再没有被重用过。诸葛亮死后,魏延果然反了,马岱受军师遗命于军前斩之。《三国演义》中埋下这么大的伏笔都是为了证明诸葛亮神鬼莫测的本领。当然,也有不少人替魏延喊冤,这是另话不提。

那到底什么是"脑后有反骨"呢?《三国演义》中也没有具体描写魏

延的骨相，历史上真实的魏延倒也有将才，但"性矜高"，就是恃才傲物而已。

有人说，反骨指的就是枕骨，又名后山骨。上面突出处，称为"脑杓"。下面耳后突起的那块骨头，叫"完骨"。这实在有点荒唐走板。

后脑勺大的哥们大概是因为小时候睡觉不老实，没有躺平，自己不嫌难看就行了，哈哈！跟反骨不沾边。完骨突出的人也不用太担心，你只是性格执拗，脾气臭而已，但也得注意，你太不合群了！

那反骨是不是脑后多长出一块什么东西呢？呵！老天爷不偏心，人的头骨形状和骨块的数量那都是一样的，这也可以完全放心，多长一块出来的，那是犄角！

正式进入主题。笔者认为，"脑后见反骨"大家都理解错了，不是脑后长着反骨，而是从脑后可以看到反骨，再准确地说即是"脑后见腮"。

"脑后见腮"说的是腮骨相对扩张横出以至骨角明显。从此人的脑后也能看到腮骨的轮廓。此为本文中心，切记切记。

说得再专业一点，腮骨突出的人阳气极旺，是为金气太盛。这类人胆儿大，心气儿也高，是行动力很强的人，但大多数不安本分。说得文一点是"才有余而德不足"。相书里说："腮骨不起、庸庸碌碌；腮骨大起、豪强之辈。"

如此，创业期倒也可以同甘共苦，但是当他事有所成的时候，就容易见利忘义，这块反骨就会隐隐振动，做出点什么大不韪的事了。

如此说来，三国里反来反去不嫌累的人应该数吕布了，此人的腮骨该会横邪到什么水平呢？

呵，写到这儿，做人力资源研究的人在招聘的时候，是不是需要让求

职者在你面前转一圈呢？其实诸葛亮就是这么干的……

话说诸葛亮初见魏延时，摇着鹅毛扇围着他转了一圈，上上下下打量，忽然从脑后看到了魏延的腮骨，于是就动了杀机……

✱ 参考书籍

《三国志》《三国演义》《麻衣相法》《柳庄相法》

刘备和孔明都很器重的蜀国大将，为何罗贯中轻描淡写？

有这么一个神人，连三国里最牛的高人诸葛亮都对他青眼相看，在《出师表》里郑重向刘禅推举过他，理由除了说他的一堆优点之外，还说"先帝称之曰能"，意思就是说你爹刘备也认为他很有才干。但是这样的一个大能人，罗贯中在《三国演义》里几乎一笔带过，而陈寿在《三国志》里甚至都没有专门为他立传。

此人姓向名宠。在今天四川成都南郊的武侯祠，有一个建于清道光二十九年（1849年）的武将廊，十四武将塑像排名依次是赵云、孙乾、张翼、马超、王平、姜维、黄忠、廖化、向宠、傅佥、马忠、张嶷（yí）、张南、冯习。仅以此来看，向宠在武将当中的地位也还是不低的，可列在他身后的马忠、张嶷等人在《三国志》中都有传，史家对他似有不公。

如果不是诸葛亮在《出师表》里专门提了向宠一笔，此人就被彻底埋没了。实际上，向宠打仗还是很有几下子的，刘备伐吴被火烧连营，打了一个大败仗，逃命时丢盔卸甲、溃不成军，仅以身免。在乱军之中，唯有将军向宠所率的部队能够全师而退，这体现出了极高的军事素养和指挥才能，所以刘备才对他刮目相看。

但是这段历史，罗贯中并没有写进《三国演义》当中，陈寿也只是在给向宠的叔叔向朗写传的时候，顺便提了这么一笔："朗兄子宠，先主时

为牙门将。秭归之败，宠营特完。建兴元年封都亭侯，后为中部督，典宿卫兵。……迁中领军。延熙三年，征汉嘉蛮夷，遇害。"

向宠也是出身名门，其叔向朗也算是蜀国重臣，因为在不该耍义气的时候耍了一把——他跟着诸葛亮北伐的时候，竟然敢包庇失了街亭的马谡，知情不报，被诸葛亮一怒之下免了官。马谡失街亭还有这么个小插曲，有点意思，顺便一提。

向宠起初是一个牙门将，大概就是主将帐下的偏将之类。据我所知，王平在诸葛亮写出师表北伐的时候也就是一个牙门将，到诸葛亮北伐时，向宠被提拔为中领军，封都亭侯。您可别小看了这个都亭侯，一直为蜀国打前锋把脑袋拴在裤腰带上的魏延才封了都亭侯。而中领军本书也曾经专门介绍过，一般由主帅最信任的人担当。

《三国演义》至此到了第九十一回——"祭泸水汉相班师，伐中原武侯上表"的时候，才提了一句："于是孔明乃留郭攸之、董允、费祎等为侍中，总摄宫中之事。又留向宠为大将，总督御林军马。"也就是说，向宠因为办事牢靠，忠心可鉴，一直给刘禅当卫戍司令。

回头再说，诸葛亮在《出师表》中是这样大赞他的："将军向宠，性行淑均，晓畅军事，试用于昔，先帝称之曰能，是以众论举宠为督。愚以为营中之事，悉以咨之，必能使行陈和睦，优劣得所也。"

这是公元227年的事儿，这样到了240年，汉嘉地区的蛮夷发生叛乱，向宠率军前往平定，在混战中身亡（这真让人有点怀疑诸葛亮的眼力——"晓畅军事？"）。由于向宠平时深得部下爱戴，所以向宠的属下得知他被害后，返兵奋力冲杀，把向宠的遗体夺回，送到成都安葬（看来因为"性行淑均"颇得军心倒是真的，否则就死无葬身之地了）。

仅从目前所能掌握的资料来看，向宠的一生也算是波澜壮阔的，但是罗贯中和陈寿都选择性地忽略了。个人认为，原因有以下两点：

一是几乎不曾活跃在三国战争的主线上，与罗贯中主要描写的人物交集太少，而若专门写他，似乎又犯不着费笔墨。

二是不能为小说家提供想象空间，性格无特点。你想，他是一个给刘禅看大门的人，最大的功劳就是踏踏实实、平安无事，他这里要是故事不断，诸葛亮还怎么一门心思北伐呢？

✱ 参考书籍

《三国演义》《三国志》《华阳国志》

诸葛三兄弟效忠三个国家，个个封侯，是有意安排的？

三国时，吴国人韦昭在《吴书》（注意不是《三国志》中的《吴书》）里写过这么一段话："瑾为大将军，而弟亮为蜀丞相，二子恪、融皆典戎马，督领将帅，族弟诞又显名于魏，一门三方为冠盖，天下荣之。"

这里说的就是三国时期诸葛家族的三位兄弟，让天下人赞羡不已。长兄诸葛瑾是吴国的大将军，领豫州牧，册封为宛陵侯；弟诸葛亮是蜀国丞相，领益州牧，册封为武乡侯（后追谥为忠武侯）；另有族弟诸葛诞曾任扬州刺史，后是魏国的征东大将军，任司空，册封为高平侯。

忽然有个脑洞大开的想法，三兄弟分守三州而地域相近（中间仅有荆州），如果要成立一个"诸葛国"……哈！那实力足以与蜀吴抗衡，三国历史由此改写！当然，这只是一个假设（三人并非同时任职），其实三兄弟各自效忠其主，没有二心且都被高度认可，位极人臣，算是把官做到了极品。

要说桃园结义的三兄弟刘关张让人千古景仰，诸葛三兄弟在历史上恐怕也是前无古人后无来者。既然是兄弟，难免有人要品评高下。最早的说法来自《世说新语》："诸葛瑾弟亮及从弟诞，并有盛名，各在一国。于时以为'蜀得其龙，吴得其虎，魏得其狗'。诞在魏与夏侯玄齐名；瑾在吴，吴朝服其弘量。"

这种说法有些误导人,尤其是对于诸葛诞的评价太过刻薄了。若论运筹帷幄,他也许不如兄长,但论沙场驰骋、决胜千里,他却在兄长们之上。而且,此人为人特别豪爽义气,有数百将士生死相随,被人赞为田横一流人物,值得专门写文以志纪念。所以,诸葛诞可为熊狮之属,至少也是彪豹,方不辱其名。

在评论了三兄弟的才华之后,也会有人认为,这是不是诸葛家族的"巧妙安排",是乱世当中求保全的"狡兔三窟"之计?个人认为,三兄弟分属三国,并非有意而为之,是自然而然形成的,可谓无意插柳柳成荫。

首先,从时间上来说,诸葛瑾比诸葛亮要大整整七岁,诸葛瑾逃难前往江东之时是建安五年(200年),当时他们兄弟几个是失散的,根本没有机会商量去跟谁打江山。何况,诸葛亮当时还不到二十岁,刘备三顾茅庐恳请他出山是七年以后的事。诸葛诞年龄更小,史书里没有他的出生时间,但在他的族兄们叱咤风云的时候,他基本上还在底层打酱油。234年,诸葛亮病逝于五丈原。241年,诸葛瑾也走了,又熬到了251年,诸葛诞才正式崛起,成为镇东将军、扬州都督。

其次,从形势上来说,诸葛亮八岁丧父,与弟弟诸葛均一起跟随被袁术任命为豫章太守的叔父诸葛玄赴任。后来,东汉朝廷派朱皓取代了诸葛玄的职务,他只好投奔荆州大佬刘表。到建安二年(197年),叔父去世,诸葛亮就在隆中隐居歌唱《梁甫吟》了。此时,在江东漂泊的诸葛瑾并不知道两个弟弟都在荆州,何况他自己的前途还一片茫然。孙策此时还没有独立,名义上还依附于袁术。也就是说,时局是相当混乱的,谁灭了谁还真不一定,如何能看出将来三国的走势?

转眼,时间来到了公元207年,刘备风尘仆仆地来隆中访贤了。一是

诸葛亮能慧眼识英雄，二是刘备也有足够的诚意，三是刘备有背景、有头衔、有可供诸葛亮施展才华的基础军队，所以两人一拍即合。并不是诸葛亮早就掐指算好，在隆中专门等着刘备的。而族弟诸葛诞其实已经是远亲，只是同为西汉诸葛丰的后人而已。他本身在魏国的地盘上，那就当魏国的官，既谈不上设计，也谈不上和族兄们商量。

再次，从才能上来说，诸葛兄弟在三国发迹，或出将，或入相，凭的是什么？是才华。才华这个东西尤其是不能设计的，唯一的通途就是勤学不辍。学究天人的诸葛亮就不用说了，而诸葛瑾年轻时就治学有专，当时孙权的姐夫弘咨一见他就惊叹不已，马上将他引见给孙权，与鲁肃等一起为宾待。小弟诸葛诞也被称为"四聪八达"之一，自然是"当世俊士"。他们的成功不是借光于父辈，而是靠自己的非凡才华。如果三兄弟都是胸无点墨的人，那就是再有十个兄弟分到十三个国家，也都当不得重任，还折腾个什么劲？

最后还有一个巧合，"一门三方为冠盖"，正是乱世出英雄的年代，而三国分治也给了三兄弟出人头地的机会；否则，放在任何一个主子的治下，他就是脑壳坏了也不可能把这么多的高位授予同一个家族。

说到这儿，看官应该想起来诸葛亮还有一个亲弟弟叫诸葛均的，他倒是一直追随着哥哥的脚步，后来被诸葛亮引荐给刘备，官职还可以——216年出任长水校尉。蜀汉灭亡后他与宗预被迫迁徙至洛阳，在途中病故。他的才能应该也不弱，但因为同在一个国家，只能生活在哥哥的阴影里。

顺便解释一下长水校尉。汉武帝始置，这个官职属八校尉之一，东汉时属北军中侯，秩比二千石。曹操平定荆州，当地土豪蔡瑁归降后担任的就是这个职位。校尉之位在列卿之下，有属官丞、司马等，三国沿置，魏晋时为四品。按现在的话说，诸葛均也享受过省部级干部待遇。

✱ 参考书籍
《三国志》《吴书》《世说新语》《汉书》

感天地泣鬼神，数百兄弟愿意随他而死，此人竟是诸葛亮的兄弟？

三国时期，桃园三兄弟名闻天下，讲的是义气；另有诸葛三兄弟也名重一时，讲的是才气。

诸葛三子各辅其国，长兄诸葛瑾是吴国的大将军，诸葛亮是蜀国的丞相，而族弟诸葛诞是魏国的司空、征东大将军，都是朝廷柱石、国之干城，也称得上是一件美谈。三兄弟分效其主，是否有意安排？可参看拙文《诸葛三兄弟效忠三个国家，个个封侯，是有意安排的？》，此处不再饶舌。

《世说新语》中将三兄弟评价为："蜀得其龙，吴得其虎，魏得其狗"。这里把诸葛诞喻为"狗"，初看很意外，似乎是在贬低和讽刺，其实根本不是。其中还有一个典故，本意应是指"功狗"，比喻奋勇杀敌、功勋卓著的战将。典出《史记》：

"高帝曰：'夫猎，追杀兽兔者狗也，而发踪指示兽处者人也。今诸君徒能得走兽耳，功狗也。至如萧何，发踪指示，功人也。'"

在汉高祖的眼里，只有萧何算得是"功人"，其他跟随他南征北战的开国大将都是"功狗"，以此来看，并不存在任何鄙视的意思。

除了要给诸葛诞正名之外，今天主要讲的是他的另一件事，此事让笔者深为敬仰并再三叹服。

诸葛瑾和诸葛亮是亲兄弟，而族弟诸葛诞和他们就远了，只知道三兄弟都是西汉司隶校尉诸葛丰之后，时间已经过去二百多年了。后来，诸葛亮兄弟几个离开了山东琅琊老家，而诸葛诞却一直生活在琅琊，长大后就当了魏国的官，从基层干起，几经浮沉，到两位哥哥都已经仙逝之后的251年，他才在政坛崛起，当了镇东将军、扬州都督，册封山阳亭侯。

诸葛诞能够出人头地，不能不提他的一个好友夏侯玄，此人乃是征南大将军夏侯尚的儿子、大将军曹爽的表弟。诸葛、夏侯二人意气相投，玄博学多识，精通玄学，是"四聪"之一；而诞才华出众，文武双全，也是"八达"之一。这"四聪八达"都是曹魏的一时俊杰。

诸葛诞当了镇东将军之后曾经打了一个败仗，那是在嘉平四年（252年）的东兴之战中，对手正是他的远房侄子——东吴大将军诸葛瑾长子太傅诸葛恪，但战败的责任并不在他，大将军司马师不听他的，那有什么办法？后来司马师倒也主动承担了责任。

三年之后，诸葛诞配合司马师平定毌丘俭、文钦的叛乱，晋封高平侯，加号征东大将军。当一步步走向权力的高峰时，他也意识到危险正在一步步逼近。

就在平定毌丘俭叛乱之前，中书令李丰与外戚张缉密谋诛杀司马师，准备推举诸葛诞的好友夏侯玄上位执政。谁知密谋之事被人泄露，夏侯玄惨遭杀害，并被夷灭三族，时年四十六岁。

夏侯玄被诛杀后，忠于曹家的诸葛诞难免兔死狐悲，他早对司马家族擅权十分不满，而且知道狠毒的司马兄弟不可能放过他。

王凌和毌丘俭都是因为看不惯飞扬跋扈的司马兄弟而在淮南起兵的，诸葛诞知道自己要步他们的后尘，因为不起兵必死，起兵也许还有一线活路。

甘露二年（257年），朝廷下诏升诸葛诞为司空，并让其入朝任职。

诸葛诞知道这是一个美丽的陷阱，司马昭要对他下手了，只要他去了京城，就是羊入虎口。

于是诸葛诞果断在寿春起兵，杀了扬州刺史乐綝（chēn），再派吴纲带领自己的儿子诸葛靓到东吴请求援兵。

可诸葛诞没想到，司马昭督军二十六万浩荡而来，寿春被大军重重围困，东吴的援兵根本指望不上，城中粮食却渐渐耗尽。诸葛诞数次拼命突围，队伍却伤亡惨重，被逼撤回城内。次年二月，寿春被攻陷，诸葛诞身死并被诛灭三族。历史上著名的"淮南三叛"就此终结，支持曹魏皇室的武装力量基本被消灭殆尽。

历史上最感天动地的一刻在此时来临。

诸葛诞麾下数百人在寿春被俘，誓死不降，他们说："为诸葛公死！不恨。"

于是这些人被推上刑场，行刑时排成一列，每砍下一人的脑袋都会招降下一人，但始终无人投降，全部以死相报，慷慨就义！

此事并非出自《三国演义》，据《晋纪》记载："数百人拱手为列，每斩一人，辄降之，竟不变，至尽。时人比之田横。"

顺便说说田横的事迹。他本为齐国贵族，在陈胜、吴广大泽乡起义后，田横与兄田儋、田荣也反秦自立，兄弟三人先后占据齐地为王。后，汉高祖刘邦统一天下，田横不肯称臣，率五百门客逃往海岛，刘邦派人招抚，田横被迫乘船赴洛，在距洛阳三十里地的偃师首阳山自杀。海岛五百部属闻田横死，亦全部自杀。这也是历史上最让后人肃然起敬的一幕。

《三国志》作者陈寿对诸葛诞的评价是"严毅威重"，也正是因为如此，才能得众人生死相随，这一幕在千百年之后依然令人荡气回肠。想必诸葛诞在九泉之下闻知此事，也足以快慰平生了。

明末清初的文学批评家毛宗岗先生有言："魏有不降贼之兵，则诸葛诞数百人皆义士。"他视司马兄弟为贼，代表了后世多数人的看法。

有佚名诗人赞曰：

"忠臣矢志不偷生，诸葛公休帐下兵。
《薤（xiè）露》歌声应未断，遗踪直欲继田横！"

《薤露》本是送葬的哀歌，旧说出于田横的门客之手。田横自杀后，他的门客哀悼他而作此歌。

"薤上露，何易晞（xī，晒干）。
露晞明朝更复落，人死一去何时归。"

✷ 参考书籍

《三国志》《世说新语》《史记》《晋纪》《三国演义》

诸葛亮的《前出师表》自说自话，没有考虑到后主刘禅的感受？

《前出师表》是笔者从年轻时期就喜爱的作品，不仅反复读诵，还临写赵孟頫的行书帖，许多句子可以朗朗上口，故而对于作者诸葛亮的敬佩是出于至诚的。一句话可以概括，本人绝不是"亮黑"。

随着年龄的增长，笔者在诵读作品的过程中逐渐会有一些思考，对这部著述于近两千年前的名作有了一些自己的分析和理解。

刘勰（xié）在《文心雕龙·章表》中有云："章以谢恩，奏以按劾，表以陈情，议以执异。"诸葛亮此表也是以"陈情"为主的，"鞠躬尽瘁，死而后已"是他要表达的中心目的，行文间有抒情色彩，故千百年来感人至深。陆游有诗赞道："出师一表真名世，千载谁堪伯仲间？"文天祥的《正气歌》亦云："或为出师表，鬼神泣壮烈。"

如此来看，尽管作者是个好在树上挑虫的长嘴鸟，也似乎没有什么可以下嘴的理由和空间。但是，像诸葛亮这样的智者千虑，必有一失；像笔者这样的愚者千虑，也必有一得，这也是笔者斗胆写此小文的信心基础。

笔者的考虑是，从诸葛亮的角度来说，上表皇帝，要表明北伐的必要性和自己亲自率军出征的赤胆忠心，事实上他这部分写得无可挑剔。但从现代人的角度来看，文章固然好得呱呱叫，但也只是"八字"的一撇，还有一个重要的问题是，这不是诗歌或散文，而是一篇有劝谏用意的公文，是要实现一定诉求的。就是说，皇帝看了这个表，是不是很受用很受启发，能不能愉快地接受您的谏议，体会到您披肝沥胆的忠心，是"八"字的一捺。

笔者细读文章多遍，有一个不太乐观的判断，后主刘禅接到丞相诸葛亮的《出师表》，读完会觉得很不舒服、很不痛快，为什么这么说？这需要从三个方面来阐释：

一、提到先帝刘备的次数太多了，似乎在用爹压儿子？

首先需要给大家厘清一个事实，后主刘禅暗弱不假，但绝不像某些文学作品里描述的那样是一个傻子。要是真傻，诸葛亮也没有必要点灯熬油地写《出师表》，反正他也看不懂，有什么话当面直说就是了。正史里的刘禅智力是正常的，至少也是中人之资，比曹丕和孙权那样的人精当然是差点，但智商还是够用的。要不先帝刘备也不好意思夸赞他"气量甚大增修，过于所望"，而且诸葛亮也曾经赞扬后主"天资仁敏，爱德下士"，敢用一个"敏"字，这也能说明，刘禅不是庸愚之辈。

进入正题。文章一开始就先把刘备抬了出来——

"先帝创业未半，而中道崩殂，今天下三分，益州疲弊，此诚危急存亡之秋也。然侍卫之臣，不懈于内；忠志之士，忘身于外者；盖追先帝之殊遇，欲报之于陛下也。"

开始这部分对于刘禅来说，就有点硌得慌，他读后的直觉是，江山是爹打下来的，这些臣下也都是爹留下的，大臣们也都是看在爹的面子上才保卫他这个皇二代的，那他这个皇帝当得是不是有些无德无能呢？

"诚宜开张圣听，以光先帝遗德，恢弘志士之气；不宜妄自菲薄，引喻失义，以塞忠谏之路也。"话虽然说得委婉，但是很不中听，什么都是

爹好儿子不好,"妄自菲薄,引喻失义,塞忠谏之路",不是就直接说到"陛下"的脸上了吗?

接下来举了朝中的几个人,郭攸之、费祎、董允等,都是"先帝简拔以遗陛下"的,还有一位将军向宠,也是"先帝称之曰'能'"的,似乎是不提"先帝"不说话,后文中也还在不断地提及,如"以伤先帝之明""此臣所以报先帝而忠陛下之职分也""以告先帝之灵""深追先帝遗诏,臣不胜受恩感激"……

诸葛亮写《出师表》那年,先帝已经死了四年了,刘禅是207年出生的,到227年,也已经整整二十岁了,正是血气方刚、挥斥方遒的年龄,更是逆反心最强,最听不进老人言的时期。可以想象,一篇文章里有半篇在讲他的父亲是如何了得,而对于他的能力却只字不提,这个年轻人必然会觉得有点委屈甚至感到愤怒吧?

二、老臣的语气由始至终,是否有倚老卖老之嫌?

从通篇文章来看,诸葛亮的语句中确实有父辈的口气,当然,在刘禅面前,已经四十六岁的他确有父辈的立场。223年春,先主病重,召诸葛亮到成都交代后事,刘备当时的话说得有些蹊跷,他说诸葛亮的才能十倍于曹丕,安邦定国,一定可成大事。接下来的话却让诸葛亮听得毛骨悚然,继而泪下如雨。刘备说:"如果嗣子(刘禅)可以辅助,你就辅助他;如果他实在没有才干,你可以自行取度。"诸葛亮边哭边表明自己的态度:"臣必定竭尽股肱的力量,报效忠贞的节气,到死为止!"刘备似乎就是要等他说这句话,然后交代刘禅:"汝与丞相从事,事之如父。"

事实上,刘禅还算是一个听话的儿子,在诸葛亮面前一直恭谨如晚辈,但这是他的事,是他的姿态。作为诸葛亮,毕竟有君臣之分,内外之别,自己不可以真以父辈的角色出现,并像教训儿子一样对刘禅说话。

连亲爹的话也听不进去是人之常情,也是大多数儿子的表现,更何况一个"亚父"呢?

除了前文中提到的"不宜妄自菲薄,引喻失义,以塞忠谏之路",接下来又有——

"宫中府中,俱为一体;陟罚臧否,不宜异同。若有作奸犯科及为忠善者,宜付有司,论其刑赏,以昭陛下平明之治;不宜偏私,使内外异法也。"

"宜"与"不宜",直说就是你应当这样,不应当那样。刘禅会不会认为,所有事情都是你定的规矩,"政事无巨细,咸决于亮",可我也是二十岁出头的汉子了,大蜀天子,想锻炼一下自己处理事务的能力,做一点主就那么难吗?

"臣本布衣,躬耕于南阳,苟全性命于乱世,不求闻达于诸侯。先帝不以臣卑鄙,猥自枉屈,三顾臣于草庐之中,咨臣以当世之事,由是感激,遂许先帝以驱驰。"

这一段,刘禅从小听他父亲说过应该也有几百遍了吧,这里再强调一次老臣与先帝的关系,尤其是最后一句"遂许先帝以驱驰",事实倒是事实,只是会令人产生歧义,如果不是先帝的遗德,我何苦辅佐你这样的一个无知小子,我回到南阳草庐里当我的快活神仙不好吗?

三、毕竟是君君臣臣,诸葛亮是否应该以臣子身份表表忠心?

也许是关心则乱,我们完全可以理解诸葛亮的一片赤诚之心,但是刘禅最想听到的是,你作为臣下,向他这个新皇帝表达你的忠心,但是可惜

没有。他找来找去，只找到一句——

"今南方已定，甲兵已足，当奖率三军，北定中原，庶竭驽钝，攘除奸凶，兴复汉室，还于旧都。此臣所以报先帝而忠陛下之职分也。"

说完了北伐中原的必要性，终于提到了"忠陛下"三字，但在此之前，依然有"报先帝"那样一个大帽子。就像给刘禅吃了一个甜枣，但被"先帝"这个大枣核噎住了。

接下来，"陛下亦宜自谋，以咨诹善道，察纳雅言。"依然是谆谆教导。

文章给刘禅讲完大道理就结束了，依不才笔者的理解，刘禅会认为，这是给他的身上多绑了几道绳子，一句宽心的话也没有。哪怕你就鼓励我几句也不难吧？比如说我也是可以造就的，是有治理蜀国的才能的，我也会很欣慰。表明你的"鞠躬尽瘁，死而后已"过去全是为先帝，而现在全都是为了我，这样会让人愉快地接受你的观点。至少也不会让我觉得，你这篇表简直就是追悼先帝的诔（lěi）文，将置我这个皇帝的脸面于何地？

"今当远离，临表涕零，不知所言。"这是诸葛亮的结句，常规"表"的结尾会有"臣某诚惶诚恐、顿首顿首、死罪死罪"之类的话，表明一种谦恭的态度，诸葛亮何以不说，也不难猜度。

《出师表》分析完了，咱们再说点诸葛亮逝世之后的事，当时后主素服发哀三日，安汉将军李邈却把诸葛亮的离世看成是蜀汉的幸事，上书曰：

"亮身杖强兵，狼顾虎视，'五大不在边'，臣常危之。今亮殒殁，盖宗族得全，西戎静息，大小为庆。"

此据《华阳国志·卷十》，是出现在刘禅耳朵边上的"杂音"。这些杂音缘何而来，需要深思。后来，刘禅果断诛杀李邈并禁止任何人诽谤、非议诸葛亮，后人评价刘禅这样做很有智慧。到这里不由得说一声侥幸，

好看到停不住的中国史

幸亏笔者身在现代，否则难免要摊上非议诸葛亮的罪过了。

✱ 参考书籍
《三国志》《后汉书》《华阳国志》

三国绝响

孙权既是东吴的开国者,也是东吴的掘墓人

三国纷争,各路英雄跑马圈地,尽显其能,江东孙家也出了几个响当当的好汉。今天不说孙坚之勇锐,也不说孙策之剽悍,单说孙权不仅能够继承父兄遗志,还能将其发扬光大,开拓出足以与曹刘抗衡的基业,也算得上是神武命世,雄略之主。

东吴名臣陆逊对孙权的评价是"破操乌林,败备西陵,禽羽荆州,斯三虏者当世雄杰,皆摧其锋。"意思是在乌林大破曹操,在西陵大败刘备,又在荆州生擒关羽。这三个人可都是当世一等一的豪杰,但都曾败在他家"陛下"的手上。客观地说,陆逊的话并不算在拍马屁,早年的孙权确实有气吞万里之威。

然而到了老年时,孙权办了不少糊涂事,不幸被后人评了一个"昏"字,甚至有人说他"无道"。人活在这个世界上,没有不犯错误的,但错误有大小,而孙权的错误给东吴后世埋了不少雷,以至于"三世而斩",这就不能不说道说道了。

第一错:废立失度,动摇国本

黄龙元年(229年),孙权于武昌(今湖北鄂城)登基为帝,建国号为吴,孙吴王朝正式亮相。孙坚从184年开始参加讨伐黄巾军,至此已经奋斗了整整45年，孙家父子三人前仆后继，拼出了一个繁花似锦的江山。据《晋阳秋》记载，孙吴在公元280年共领4个州，43个郡，共有313个县。

孙权登基的同时，立长子孙登为太子。孙登也确实是个人才，并且已被培养了多年，经常能给老爹提出很有价值的建议，按说是一个合格的接班人。但可惜这是个有分无福的苦命孩子，孙权还没有准备把东吴的重担交到他手上，他就驾鹤西游了，年仅三十三岁。

孙登死于赤乌四年（241年），让孙权大帝有些措手不及。本来二小子孙虑也是一个很好的人选，此子多才多艺，又能遵奉法度，深得孙权器重，曾任镇军大将军。遗憾的是这孩子更没福气，232年，在他的大哥孙登去世的前九年，刚满二十岁的他就英年早逝了。

没办法，孙权只好论资排辈，把三小子孙和立为太子。孙和倒也不是泛泛之辈，他爱好文学，擅长骑射，可谓文武兼备。孙权把他扶上马再送一程，也是能够坐稳江山的。

可是，就在第二年，孙权出了一个昏招，把他家的小四儿孙霸封为鲁王，而且他的态度让太子孙和非常担心，因为孙霸很受宠。鲁王慢慢就盯上了太子的位置，开始跟三哥孙和较劲。虽然不是一母同胞，却也是血缘兄弟，但小四儿顾不上这些了，他私下结交大臣，阴谋陷害太子，于是祸起萧墙，朝野动乱，一场"南鲁之争"把江东群臣分成了两派，一时间暗流涌动。

个人分析，孙权大帝的初衷，有可能想利用鲁王制衡太子，但想不到小四儿孙霸野心那么大，还那么不安分，他的党羽全寄和杨竺天天在孙权面前谗毁太子。三人成虎，孙权终于将孙和软禁，太子一派的人当然不干了，他们往头上抹了泥巴，又把自己捆绑了，前来为孙和求情。孙权大怒，打的打，杀的杀，干脆将孙和流放到外地去了。

孙和、孙霸的这场夺嫡之战，比曹丕、曹植之争的烈度还要大得多。

孙权为了弥补裂痕，不得不将孙霸一起放弃，他钟爱的小四儿被赐死了。

第二错：立幼为储，宗室相残

"南鲁之争"延续了七八年之久，严重动摇了东吴的国本，这场内乱是孙权一手酿成的。

在局面难以收拾的时候，孙权大开杀戒，鲁王的党羽全寄等人悉数被诛。

一错之后，孙权在立储问题上又犯了大错，他这次竟然改立小儿子孙亮为太子。孙亮的生母潘夫人本是罪臣之女，一个卑微的女工，因为生得漂亮，成为孙权晚年最宠爱的妃子。这是孙亮能够上位的重要原因，再加上全公主孙鲁班及全氏家族的支持，这个近乎"儿戏"的决定出炉了。

孙亮是小七，当时刚刚八岁，本来在他的前面还排着五哥孙奋和六哥孙休，纵然孙奋有点不靠谱，但是孙休是比孙亮大五岁，又好文向善，也是一个不错的人选。孙权这次一怒之下立了最小的，又一次给江山埋下了祸患。

立孙亮是250年的事，次年孙权就得了风疾，又熬了一年，他就撒手人寰了。

孙亮十岁即位，政权主要把持在托孤大臣诸葛恪、孙峻和孙綝手中。孙峻和孙綝险恶傲慢，嗜好杀戮。他们先是利用少帝当幌子，设"鸿门宴"诱来诸葛恪，在席间用刀将其砍死，尽揽朝中大权。然后就开始痛下杀手，铲除异己，群臣宗亲中对他们稍有不满的或者胆敢反抗的，统统人头落地，其中重臣朱异、吕据、滕胤等都被杀害。大将王惇也密谋杀死孙綝，可惜事败被杀。废太子孙和、公主孙鲁育、宣太子孙登之子孙英等也先后被杀。

孙綝飞扬跋扈,孙亮形同虚设,双方矛盾当然越来越深。小皇帝决意干掉孙綝,暗中与全公主孙鲁班、太常全尚、将军刘承制订了详细的计划。想不到全尚此人嘴上竟然没有把门的,回家就忘了小皇帝的再三嘱咐,把密谋的事告诉了自己的老婆,他明明知道她是孙綝的堂姐。结果老公没有堂弟亲,堂姐还是告了密,孙綝带人先下手为强,不仅废了少帝,还抓了全尚,杀死刘承和尚书桓彝（yí）。

朝堂之上又掀起一场血雨腥风,大批宗室遭受无妄之灾,甚至人头落地。

十六岁的皇帝孙亮被贬为会稽王,被逼离宫。他的噩运并没有结束,两年后,孙亮忽然死了,他的死因在史书上有多种记载,总之是非正常死亡。

事后,孙綝改立琅琊王孙休为帝,是为吴景帝。

50年间,东吴经历了六任掌权者,严重的内耗使整个国家奄奄一息。

不过,这一幕幕人间悲剧,地下的孙权都看不到了。

第三错：诛杀大臣，罪流无辜

夺嫡之争让东吴元气大伤。太子被中伤,遭废黜,支持太子一方的人都被重处,因劝谏而被诛杀流放的多达几十人。

起初,在太子孙和被孙权幽禁时,无难督陈正和五营督陈象就直言进谏。他们以春秋时期的骊姬之乱来劝喻,当时晋献公杀掉申生改立奚齐,结果晋国大乱。哪里想到孙权会恼羞成怒,将陈正和陈象满门抄斩,朝臣相顾失色。尽管如此,仍然有不怕死的太子辅义都尉张纯冒死进谏,结果也惨遭不幸,被孙权处死。

屈晃以忠义著称于世，当时任尚书仆射。此人志匡社稷，刚直耿介。太子被幽闭，他和丞相陆逊、大将军诸葛恪、骠骑将军朱据等激切上书，但没有任何效果。他就和朱据等率诸将吏泥头自缚，连日固谏，甚至叩头直至流血。但这也感动不了孙权。最后，屈晃被杖一百，斥归田里，次年即忧愤而死。

陆逊和陆抗是东吴的股肱之臣，其中陆逊也因为上书提出了自己的建议，屡次被孙权责骂，甚至还怀疑他想谋反，之后忧伤过度而死。

除此之外，江南大族也惨遭重创。朱氏的朱据、张昭之子张休、名士吾粲等均被杀害，顾氏的顾承和顾谭被流放交州而死。朝堂上的儒学之臣几乎被清洗一空，江东士族大受打击，各家子弟明哲保身，纷纷远离权力中枢。

东吴原本人才济济，但是人才再多，也禁不起这样一茬一茬割韭菜。内乱的结果是曾经的谋臣勇将一部分自然凋零；另一部分因为站队被害，后来真到了用人之际，尤其是晋国大军浩浩荡荡杀来的时候，已经没有可以统帅三军的大将了。

有一句话形容蜀国后继无人，叫"蜀中无大将，廖化当先锋"。也有人说："江东无良佐，元逊为太傅"。元逊指的是诸葛恪，虽然此人很聪明，负有盛名，但他作为托孤重臣还不够斤两，连他的父亲诸葛瑾也并不看好他。孙权也觉得诸葛恪刚愎自用，但是环顾四周，再没有更合适的人选了。

不能说上天不给孙吴机会，当时曹魏淮南军团的将领们反对司马氏专权，接连发动"淮南三叛"，尤其是诸葛诞专门派人来与他联合时，本来是天赐良机，可以趁着曹魏内乱挺进中原，开疆拓土，但东吴的孙家子弟们在自相残杀，只能眼睁睁看着机会稍纵即逝。

第四错：横征暴敛，民怨沸腾

孙权并非不会治国，吴国初期能够朝气蓬勃，政局稳定，跟他一系列的举措有关，比如他下令压缩军备开支，还实行轻徭薄赋制度。

但到了晚年，他不再体恤民情了。国内杂役越来越重，民怨四起。一些有见地的大臣，如顾雍和陆逊等人几次三番奏请减少赋税，减免杂役，无奈孙权始终不同意。更糟糕的是，他还重用吕壹那样的酷吏，此人苛刻残忍，颁布的法令很严酷，太子等人劝谏过，孙权也不听。

孙登死后，孙权受到打击，性情大变。他看到了生老病死的无情，开始寻找长生不老之术，甚至学秦始皇出海寻仙，每一次动辄花费巨资。

羊毛出在羊身上，百姓无法忍受繁重的杂役和赋税，只得铤而走险。仅仅234—237年，东吴就爆发了三次规模巨大的农民起义。

236年，孙权曾强制发行流通了一种名为"大泉五百"的货币，这种货币以五铢钱为本位制，价值大概等于五百枚五铢钱。当时的孙权可能没有意识到通货膨胀问题，所以发行货币时肆无忌惮，"大泉五百"出台之后他还不满足，又相继发行了大泉一千、大泉两千，后来这一货币甚至高达五千。

《三国志》记载：孙权在"嘉禾五年春，铸大钱，一当五百。""赤乌元年春，铸当千大钱。"这些货币和实际商品是不等价的，完全靠政府强制兑换，造成了极为严重的通货膨胀，这无疑是对财富的强行掠夺，百姓苦不堪言，当然暴乱不断了。

尽管东吴国库财政赤字严重，孙权还肆意地赏赐别人钱财。

《三国志》记载："黄龙二年征夷州、宜洲；赤乌五年征珠崖。"劳师远征，耗费甚巨。

以此来看，孙权交给继任者的本就是一个千疮百孔的国家，再传到末代皇帝孙皓的手里，此人暴虐治国，好酒色，还大兴土木，所以民心尽失，亡国只是时间问题了。

《三国志》的作者陈寿评价孙权："性多嫌忌，果于杀戮，暨臻末年，弥以滋甚。至于谗说殄行，胤嗣废毙，岂所谓贻厥孙谋以燕翼子者哉？其后叶陵迟，遂致覆国，未必不由此也。"

所以笔者认为，孙权既是东吴的开国者，也是东吴的掘墓人。

如果说孙权有一个长项是曹操和刘备都无法企及的，就是命长，他在位24年，终年七十一岁。而刘备活了六十三岁，曹操活了六十六岁。孙权倒是三国时代统治者中最长寿的一个。

参考书籍

《三国志》《后汉书》《资治通鉴》《东汉观记》《吴书》《晋阳秋》

孙权，原来你是这样的一朵江南奇葩

印象里的孙权是打虎英雄，身手了得，驾驭英雄的功夫也很了得，要不怎么可能在三国混战中牢牢霸据江东之地。其他的两位英雄想跟他叫叫板，结果曹操败于赤壁，刘备败于夷陵，都被他打肿了脸。

近来看《三国志》里有关孙权的资料，忽然发现此人喜欢耍弄嘴上功夫，经常调侃捉弄别人却时不时被人反打脸，但他一生都孜孜不倦地练习恶搞。

据《三国志》记载，蜀汉使臣伊籍抵达东吴首都建业，前来拜见孙权。孙权早就听说此人有辩才，他表示很不服气，想挫一挫伊籍的锋芒。

伊籍进殿后，正在拜见行礼时，孙权当头就打了他一棒："劳事无道之君乎？"——服侍无道昏君，跑这么远来是不是很辛苦啊？

伊籍想也没想就对答："一拜一起，未足为劳。"——给您行礼，也不过是一拜一起的事儿，算不上辛苦吧！

本想给人家一个下马威，没想到瞬间就被怼回来了，还怼得这么劈头盖脸。

在下面站着的吴国大臣们想笑又不敢笑，孙权脸上一定阴一阵、晴一阵，好尴尬。

被蜀汉使者呛水难堪还不止这一次，费祎也臊过孙权一回。费祎此人

可不是等闲角色，而是一代名臣，诸葛亮死后，他初为后军师，后为尚书令，再迁大将军。诸葛亮深为器重，在著名的《出师表》中，称赞他为"志虑忠纯"。不仅如此，225年，诸葛亮征讨南中凯旋，朝中大小官员出迎数十里，这些官员的年龄或官位多在费祎之上，但诸葛亮特请费祎同乘一车。因此，众人都对费祎刮目相看。

费祎来到东吴，孙权下令宴请，但他忽然就起了一个很顽皮的心思，事先吩咐参加宴会的群臣："使至，伏食勿起。"他的意思是费祎这家伙来了，你们只管低着头吃喝就是了，不用起来见礼。

费祎走进宴会大厅的时候，只有孙权放下杯筷跟他打招呼，其他人都像没有看见他似的，只管闷着头吃东西。费祎看到这种情形，灵机一动，大声嘲讽说：

"凤凰来翔，麒麟吐哺；驴骡无知，伏食如故。"

短短的十六个字，简直妙到毫巅，费祎自比为凤凰，倒也没得罪孙权，用麒麟来比喻他，但东吴的群臣可就惨了，全成了驴骡。

"凤凰翩翩飞来，麒麟停杯接待；驴骡愚昧无知，依旧低头吃菜。"

哈！吴国群臣听了，面面相觑，不知如何应对。孙权搬起石头砸自己的脚，尴到极致。

救场如救火，此时诸葛亮的大侄子诸葛恪站了起来，很高调地回敬了几句：

"爱植梧桐，以待凤凰，有何燕雀，自称来翔？何不弹射，使还故乡！"

这二十四字的攻势也相当凌厉！我们种好了梧桐，本是等待着凤凰，哪知道来了一只燕雀，也敢在这里飞翔，小心我们弹射你，还不赶紧滚回家乡！

局势反转，很急很高能，费祎一时接不住，知道遇到了高手，嘲弄不成反受其谑。诸葛恪机智反讥，一举解了孙权和众大臣的围，不能不说，这位天才神童果然出手不凡。

说到诸葛恪，孙权也曾经跟他撕扯过，还不止一次。

在诸葛恪还是一个小屁孩的时候，孙权有一次问他："你爹和你叔诸葛亮谁更优秀？"这问题其实挺刁钻的，诸葛三兄弟一龙一虎一狗，当时就有评论，论声望，哥哥诸葛瑾是要弱于诸葛亮的，但是当儿子的怎么能说爹不行呢？那不是让孙权抓了小辫子？以他那股促狭劲儿，下次见到诸葛瑾肯定会揶揄他，你儿子都说你不如你弟诸葛亮呢！那必然会让诸葛恪的老爹非常难堪。

诸葛恪当时就毫不迟疑地回答："当然是我的父亲更优秀。"孙权问他原因，诸葛恪说："父亲知道应该辅佐谁，而叔父不知，所以我的父亲更优秀。"小屁孩不仅避重就轻地回答了问题，还顺手拍了孙权的马屁，他听罢大笑。

后来，孙权果然在见到诸葛瑾、诸葛恪父子的时候玩了一次阴的。《古今谭概》里曾有记载："诸葛恪字元逊，瑾长子也。恪父瑾面长似驴。翌日，孙权大会群臣，使人牵一驴入，长检其面，题曰：'诸葛子瑜'，诸臣窃笑。恪跪曰：'乞请笔益两字。'因听与笔，恪续其下曰：'之驴'。举座皆笑，权乃以驴赐恪。"

详细的解读，如果看官感兴趣，可以参看拙作《自称比诸葛亮还聪明的天才，何以招来灭门之祸？》，此处不再赘述。

同样还有《三国志》里记载的这个段子："又一日，大宴官僚，孙权命恪把盏。巡至张昭面前，昭不饮，曰：'此非养老之礼也。'权谓恪曰：

'汝能强子布饮乎？'恪领命，乃谓昭曰：'昔姜尚父年九十，秉旄仗钺，未尝言老。今临阵之日，先生在后；饮酒之日，先生在前，何谓不养老也？'昭无言可答，只得强饮。权因此爱之，故命辅太子。"

孙权好酒，经常和群臣喝大酒，还总是在酒席上难为人，这是他的一贯作风，而且他开玩笑的尺度很大，不光要过"泼水节"，还要过"落水节"。

在武昌钓台，孙权和群臣宴饮，又喝得大醉，他让手下人往大家头上洒水，还说："今天痛饮，得有人醉得掉进台下的水里，才算喝好了。"话音一落，酒量有限的张昭吊着脸就走了，到外面坐进自己的车里。孙权派人来喊他，说："大家在一起不过想高兴高兴，您这是何必呢？"张昭正色回答："以前那位无道昏君商纣王不是弄什么糟丘酒池，通宵达旦地喝酒吗？恐怕当时也只是想高兴而已吧？"这句话怼得孙权默然无语，一时意兴阑珊，酒席也就散了。

除了张昭，在酒席上，他还难为过名士虞翻。

当时他刚当吴王，大摆宴席以示庆贺，而且还挨个给大家行酒，喝得意气风发。但是虞翻天生没酒量，看见他又过来斟酒，干脆趴地上装醉，等孙权过去了，他再翻身坐起来，没想到孙权一回头看见了——嗯？我敬酒你都敢装蒜？大怒，竟然拔出剑来要行凶杀人！结果被大司农刘基（可不是明代的刘伯温穿越过来的）一把抱住了，赶紧劝他："大王酒后要杀名士，那你这么多年来招贤纳士的好名声就毁于一旦，这个人杀不得！"孙权还强词夺理："曹操能杀孔融，我就杀不得他虞翻吗？"刘基又劝："曹操那样的人残害士子，算什么东西！大王您可是要当尧舜一样贤君的人呐！"

话说到这份儿上，孙权的酒醒了，知道自己差点酿了大错。好在这个人倒是能知错就改，马上表态：今后凡是我喝了酒要杀的人，一律不能杀！

再说张昭，他和孙权也算是一对奇葩君臣了。

当年曹操带兵打过来，张昭让孙权投降，孙权没听，等打败曹操以后，这事成了张昭终身的污点。呵！孙权只要想起来，就免不了要吐槽张昭两句。

229年，孙权终于当上了皇帝，群臣都来祝贺，时任绥远将军的张昭也过来想说几句吉利话，可还没开口，孙权就说了一句："当年我要是听了张公您的计谋，现在估计已经在要饭咧！"

这是孙权在脱口秀历史上唯一大胜的一次，比他大26岁的张昭表示："昭大惭，伏地流汗。"

再后来，因为与辽东公孙渊勾搭的事，张昭劝孙权别跟他玩，孙权就是不听。

张昭一气之下称病回家了。

孙权一看，哟呵！老头挺倔呀！来人呐！他既然不上朝，那就把他家门用土给我堆上！

被堵在里面的老头大怒，也大喝一声：来人呐！挖土！把门从里面给我堆上！

于是，一堵大门，两面堆土，千古奇观。

外面的孙权听说老头竟然从里面也把门封了，你这是表示绝不出来是吧？一时火起，命令：给我放火烧门！就不信烧不出你来！

一对倔棍就这么杠上了。张昭看着大火熊熊燃烧，梗着脖子，烧死我也不出去！

看见火势，孙权这时有点虚了，怕真把老头烧死，又赶紧让人灭火，自己站在门外给他赔罪。

张昭的儿子们商量了一下，觉得得给这个皇帝一个台阶下，于是把老

头硬架出来，送到孙权的车上，孙权再三道歉，这才算完事。

不得不说，这局孙权输了。

大将朱桓出征，孙权设宴为他送行。朱桓喝大了，忽然端起酒杯说："如今微臣就要远征，要是能摸一摸陛下的胡须，臣就死而无憾了。"孙权闻言，扶着案几，把脑袋伸过去，撅着下巴让朱桓捋了胡须，朱桓边捋须边感叹道："今天才真正是捋到虎须了！"孙权大笑。

《荆州先德传》记载：权好嘲戏以观人。意思是孙权是借开玩笑在观察人，在品人。但是对他这招，后世的朱元璋非常不认可，他认为："君臣之间，以敬为主。敬者，礼之本也。故礼立而上下之分定，分定而名正，名正而天下治矣！孙权盖不知此，轻与臣下戏狎，狎其臣而亵其父，失君臣之礼。"

朱元璋应该是受到了宋儒理学的影响，说得跟个老学究似的，装什么大头蒜。如果仅从这点上来看，孙权是幽默也好，是大智若愚也好，反正比朱元璋可爱多了。

✱ 参考书籍

《三国志》《资治通鉴》《汉晋春秋》《吴书》《荆州先德传》《古今谭概》《江表传》《建康实录》

诸葛亮的把兄弟名盖江东，可惜被小心眼孙权气死了

江湖上的结拜兄弟们有句行话叫：宁学桃园三结义，不学瓦岗一炉香。看《三国演义》让人心潮激荡，在桃园，刘关张"备下乌牛白马，祭告天地，焚香再拜，结为异姓兄弟"。桃园结义成为千古美谈，但也给笔者留下了一个疑惑。

话说刘备三顾茅庐请来了诸葛亮之后，如鱼得水，两人的关系处得非常融洽，但既然刘关张是异姓兄弟，为什么他们不跟诸葛亮结拜？如果一个头磕到地上，关系岂不是更铁了？

或者说诸葛亮骨子里是一个大文人，不屑玩结拜这一套，起初笔者也是这么认为的。最近忽然发现了一条消息，晋代人张勃撰写的《吴录》里记载，诸葛亮还真有一位义结金兰的兄弟，而且是一位江东名士，四方钦仰。

此人姓张名温，字惠恕。

熟读三国的人知道，此张温不是东汉末年的太尉张温。那个张温字伯慎，曾经是董卓、孙坚、陶谦等人的上司，一度威震天下。董卓掌权后，污蔑他和袁术有勾结，罗织罪名将他杀害，这事发生在191年。两年之后，吴郡吴县的张温才呱呱坠地。

他的父亲张允，当过孙权的东曹掾，因轻财重贤，声名远扬，可惜去世得早。张温从小就很争气，学问也好，又出落得堂堂一表人才。后来他

名声大了，传到了孙权的耳朵里，就跟大臣们打听张温这个人怎么样？大司农刘基说："应该跟全琮差不多吧。"但太常顾雍对他非常推崇："你们不了解张温，此人当今无人可比。"孙权很感慨："如果这么有出息，张允也算后继有人！"于是马上征召。

张温风度翩翩地来了，问答之间谈吐文雅、才思敏捷。孙权为之折服，整冠重新施礼以示敬重。张温随即被任命为议郎、选曹尚书，又迁为太子太傅。这个官职的级别虽然不算很高，秩中二千石，位于太常之下，但地位非常特殊，太子见他都要执弟子之礼。试想一下，如果太子即位，此人必然拖青纡紫，飞黄腾达。

《吴录》里对他的记载如下："张温，字惠恕。英才瑰伟，遂以礼躬延见召，对词雅（畅）淹润。帝工容前席拜中郎，聘蜀，与诸葛亮结金兰之好焉。"

这段描写了张温出使蜀国并和诸葛亮结拜的事。

先解释一下什么是"金兰之好"。据唐朝冯贽《云仙杂记》的记载，有一个叫戴宏正的人，每交到一个密友，就会把他的名字写在薄竹简上，焚香禀告祖先，称为"金兰簿（谱）"，亦即结拜的盟约，又称金兰帖，因此结拜又称换帖。"金兰"的含义，应该取自《易经·系辞》中的"二人同心，其利断金，同心之言，其臭（xiù）如兰"。以此借喻兄弟同心同德、亲密无间、情谊长存。金兰谱就是在一张红纸上，写下自己的姓名、生辰八字、家庭住址，以及祖孙三代的姓名。

好了，回头再说张温。黄武三年（224年），这是在夷陵之战的三年后，孙权派他以辅义中郎将身份出使蜀汉，表明和解诚意，重建两国联系。

张温在上呈蜀汉朝廷的文书里不吝称颂蜀汉之辞，再加上气质和才学，这些都是加分项，因此他在这次的外交活动中表现得很出色，得到蜀汉朝廷的高度认可。如果《吴录》记载可靠，那诸葛亮应该很看重张温，二人意气相投，于是结为异姓兄弟。是年张温三十二岁，诸葛亮已经四十三岁了，当然是兄长。

笔者曾想，在军国大事之后加上这么一层私人关系是否妥当？会不会引起两家主子的猜忌？诸葛亮这边倒是不用担心，别说结义兄弟，他的亲哥哥诸葛瑾还是东吴的重臣呢。那张温这边会不会有隐忧呢？

事实是，不但有，而且非常大。

张温回到东吴之后，孙权就很不爽了。

不爽的原因有三个：最在意的是张温竟然在国书里使劲赞赏蜀汉，回来之后还经常宣扬他的大哥诸葛孔明治国有方，你这不是长别人的志气灭自家的威风？在这点上，张温根本没想到孙权会这么小家子气。另外，张温的名声太盛，粉丝太多，孙权担心他不会忠心辅佐他们老孙家，而且还有一点，张温出自吴郡名门望族，孙权早有打压之意。

在孙权处心积虑地想抓张温的小辫子的时候，发生了暨艳事件，等于想瞌睡就有人送来了枕头，孙权正好借此收拾张温。

暨艳本是一身正气，要替主子好好整肃朝纲、改革吏治的，没想到得罪了权贵，最后反被定下了谋反未遂。事发后，他和副手徐彪都不得不自杀。由于暨艳是张温推荐的，所以牵扯到了张温，孙权给他定的罪名是"朋党作奸、贻误军令、炫华惑众、有辱本国"等，还把他下了狱。

朝臣们看看也知道这是欲加之罪，全属莫须有，但都明哲保身，不敢替张温说话。只有将军骆统仗义执言，说张温的罪行事实不清、证据不足，何况他也不是第一个推荐暨艳的人，这都是小人谗言毁誉而已。但孙权心

知肚明，根本不听。

后来，张温倒是逃过死劫，但被削职为民，遣返回乡了。一个才气纵横，本想兼济天下的人，竟落得如此下场。

六年后，张温病逝，年仅三十八岁，应该是被活活气死了吧？

后人对于张温之死有各种看法，为《三国志》作注的裴松之认为他死在了一个"名"字上，"名者公器也，不可以多取"，甚至认为骆统为张温辩护是火上浇油。

裴氏说得还是太片面了。诸葛亮得知义弟病亡的消息后，对张温的总结是"其人于清浊太明，善恶太分"。笔者的理解，这不是张温的缺点，而是他的优点。如果清浊不明，善恶不分，岂不是一个尸位素餐的糊涂蛋？

个人认为，张温没毛病，问题都出在孙权的身上，刚在江东的地盘上坐稳，就容不得才子了。

自古以来，身怀大才的人，被朝臣们一致排挤而郁郁不得志的有很多，但是没有张温这样的，朝中重臣顾雍和张昭都很推重，连诸葛亮都青眼相看的人，他的主子倒没有器量，起了疑忌之心，还要罗织罪名，兴起冤狱，这实在是太少见了。孙权这事干得太小家子气，亏他还被后人视为英雄，个人以为，这英雄的成色恐怕得减几分吧？

孙权年老时，哀叹将帅人才不继，他第一个想起的是吕蒙，第二个竟然是张温！可见，张温在孙权心中的分量有多重，但张温的墓上草都长多高了！

✱ 参考书籍

《三国志》《资治通鉴》《吴录》《太平御览》《三国演义》

自称比诸葛亮还聪明的天才，何以招来灭门之祸？

乱世出奇人，比如东汉末年就有几个天纵奇才。从小就被称为神童，而且名闻遐迩的，非曹冲莫属。《三国志》里这样称赞他："生五六岁，智意所及，有若成人之智。"是说他五六岁就有成人的智商了。这就有点吓人了，那等你长大了，别人不都成了傻子，还有活路吗？所以，有些天才因为太聪明让老天后悔了，就会在寿数上卡得很紧，比如曹冲，只活了十三岁。

除了曹冲就该是诸葛恪了。读三国的人都知道他是东吴大将军诸葛瑾的长子，也是诸葛亮的大侄子，地道的高门子弟。也不知道人家诸葛家的祖坟是怎么选的，冒出了多大的青烟，怎么就会扎堆生出这么多人精一样的子孙？

那诸葛恪到底有多聪明？试举几个段子，看您服不服气。

第一个段子来自《古今谭概》：有那么一天，孙权大会群臣，席间这位一贯喜欢捉弄人的霸主忽然让人牵出一头驴来，他在一张纸上题了四个字，然后就把纸贴在了驴脸上。大家一看，上面写的字竟是"诸葛子瑜"！

于是大家哄堂大笑，都明白这是孙权在嘲笑诸葛瑾的大长脸。估计此时的诸葛瑾也只能搓着手干笑，他一贯忠厚。但是诸葛恪忍不了，老爹受辱，儿子挺身而出，他跪到孙权跟前说："请借您的笔用一下。"

孙权就让人给了他笔，结果小家伙直接在孙权的字下面续了两个字："之驴"！

这孩子太机智了！举座欢笑，孙权也没觉得很尴尬，倒觉得这小孩儿很可爱，干脆把驴赐给了他。

这个段子说明诸葛恪从小就智力超群。个人认为有两个疑点：一是孙权虽然爱开玩笑，但也是分人的，诸葛瑾温厚诚信，他一向敬重有加，这样促狭无礼的事应该干不出来；二是在我印象里，这种牲口一向是北方属性，三国时江南有驴吗？

第二个段子来自《三国志》：还是在一次宴会上（大有奢靡之风），孙权让诸葛恪依次给大家敬酒。当行敬到老臣张昭时，老爷子已有一些醉意，不肯再喝了，推辞说："这不是敬老的礼节。"

孙权一听这话来劲儿了，就怂恿诸葛恪："小子！你要能把老爷子说得理屈词穷，那他就把这爵酒干了。"于是诸葛恪侃侃而谈："从前太师姜尚九十岁时还执旗持钺（yuè），没有告老。如今要说带兵打仗，您总在后面；要说吃饭饮酒，您又总是被请在前面，怎么能说不敬老呢？"

这一番话竟然把张昭怼得张口结舌，只好闷着头把酒一口干了。后来有一天，一群鸟飞到孙权的大殿前，他就问诸葛恪这是什么鸟？诸葛恪答："是白头翁。"当时张昭也在座，他年纪最大，一头白发，他觉得诸葛恪这小子是在故意嘲笑他；就对孙权说："陛下，诸葛恪小子信口开河！我从来没有听说过有什么叫白头翁的鸟，这要是真的，是不是还有白头母呢？"

想不到诸葛恪随口就反驳道："鹦母这种鸟，大家一定都听说过，那是不是请辅吴将军（张昭的头衔）给我们抓一只鹦父来看看？"

呵！张昭又被这小孩儿将住了。

诸葛恪就有如此的急智，难怪孙权曾经对诸葛瑾称赞道："蓝田生玉，真不虚也。"

别的小段子还有几个，不再一一列举。有人说，这不过是耍小聪明而已。也有人说，小时了了，大未必佳。

公元234年，诸葛恪三十一岁，这一年叔叔诸葛亮已经为蜀国"鞠躬尽瘁"了，他被孙权擢升为抚越将军，出任丹阳太守。来这儿当官是因为他吹下了大牛，能平定这里的山贼，还说只要三年，就能征得甲士四万。

丹阳山地势险峻复杂，百姓尚武，常常出山为盗，清剿多年毫无效果。他的父亲诸葛瑾听说他吹下如此惊天大牛，忧心忡忡地说："恪不大兴吾家，将大赤吾族也。"这小子有可能给我们诸葛家带来灭顶之灾呐。

想不到诸葛恪到任后，一面命令坚壁清野；另一面则展开铁壁合围。三年后，他果然收服山民达十万余人，还将其中壮丁四万余人编入了军队。孙权大喜过望，拜诸葛恪为威北将军，封都乡侯。

这件事要再说他耍小聪明，可就有点强词夺理了，必须承认，这是能耐，是智慧。

诸葛恪的成名之作还不是平定这些乌合之众，而是在战场上打得司马师望风而逃的东兴大捷。

252年，孙权驾崩，司马师认为机不可失，率领三路大军气势汹汹杀向东吴。

时任太傅的诸葛恪率军迎敌。手下先锋丁奉等雪夜长途奔袭，魏将胡遵毫无防范，全营大乱，争渡浮桥，结果桥因超载而断，魏兵自相践踏及落水而死者有数万人，而其他两路则吓得不战而走。

诸葛恪此一战天下震动，名闻海内。吴新主孙亮出手也大方，升其为荆、

扬州牧，进封阳都侯，加封丞相，督中外诸军事。此时的诸葛恪位极人臣，论地位、权势均超过他的父亲，可以与他的叔叔诸葛亮比肩了。

两国交战，两军对阵，势如地裂山崩，为大将者审时度势，谋略第一。这场胜利也远不可以小聪明来评论了。

古人说，水满则溢，月盈而亏。

此时的诸葛恪开始膨胀了。大司马吕岱看出他问题不小，曾对他进行了一番劝诫，告诉他遇事要"十思"而行，结果这位长者（比他大四十多岁）的忠告，诸葛恪根本没听进去。

他一心要伐魏，力排众议，率军出征，谁知道二十万大军攻不下一个由三千人守着的合肥新城，士兵死伤枕藉，再加上疫病侵扰，他只好又灰头土脸地回来了。

当时吴国的权臣孙峻早就想拿下他，于是和吴主孙亮合谋设了一个"鸿门宴"，诸葛恪在席间被孙峻砍死。

随后，诸葛恪被苇席裹身，竹篾当钩钩在腰间，抛尸在石子冈。

诸葛亮能看出侄儿的问题所在，曾写信给陆逊，托他转告孙权不要让"性疏"的诸葛恪管理钱粮，结果孙权倒让他领兵了。

应该说，诸葛亮确有识人之明，致诸葛恪于死地的正是"性疏"二字，疏狂骄躁，取死之道。

非常不幸的是，孙峻也是一个狠角色，不仅要诸葛恪死，还要夷灭他的三族。诸葛恪次子诸葛竦和幼子诸葛建都在逃跑的路上被追杀。长子诸葛绰因为参与鲁王孙霸的阴谋活动，数年前被诸葛恪亲自用药酒毒死了。这样的父亲，自古以来也数不出几个。

回想他的父亲诸葛瑾的话，丹阳的事没说准，儿子后来的下场倒是一语成谶。看来知子莫若父,信不虚也。

孙权之子孙休是东吴第三位皇帝,他的点评虽然不免刻薄,但也击中肯綮(qìng):"恪盛夏出军,士卒伤损,无尺寸之功,不可谓能;受托孤之任,死于竖子之手,不可谓智。"

孙权还在位时,曾问诸葛恪:"你和你叔叔诸葛亮相比如何?"诸葛恪毫不遮掩地说:"我比他强!"孙权很疑惑,诸葛恪解释说因为叔叔违抗天命,辅佐的是昏君,而他侍奉的却是明主,在这个最根本的问题上,他的本领超过了诸葛亮。这个变向回旋式的马屁拍得竟然让孙权无话可说。

再说曾经在东兴之战中被诸葛恪击败过的堂叔诸葛诞,257年在寿春起兵,讨伐大将军司马昭,后战败被杀,也是夷灭三族。

再看诸葛亮一家。263年,司马昭派邓艾、钟会伐蜀,他的长子诸葛瞻和长孙诸葛尚在绵竹之战中均战死沙场,仅留下一个小孙子诸葛京移居河东,算是留下了诸葛氏的一线血脉。

都说聪明是好事,家长都盼着自己家孩子聪明,但人若太聪明则容易树敌,未必有好运气,而且太聪明的孩子对家族而言也未必是好事。

北宋的苏轼是五百年才能出一个的大聪明人,也是一个能看透世事的人,他有一首《洗儿戏作》:

"人皆养子望聪明,我被聪明误一生。
惟愿孩儿愚且鲁,无灾无难到公卿。"

❋ 参考书籍

《三国志》《汉晋春秋》《资治通鉴》《古今谭概》《吴书》

诸葛亮和姜维的北伐战争是个伪命题？

前段时间笔者写了几篇文章，其中谈到蜀国之亡，在于好战。立国后，诸葛亮五次北伐，姜维十一次北伐，共进攻魏国十六次，所谓"好战者必亡"，因为连年战争把自己打空了，本来还能挺一段时间的蜀国最先倒下了。

文章发出后，有读者留言表达了不同意见，认为蜀国国小兵微，保守必死，所以诸葛亮和姜维采用的都是以攻为守的战略，表面上看起来也有些道理，但细想一下，似乎又不是那么回事。

今天重点讨论北伐战略究竟是对是错，或者说蜀国伐魏弊大还是利大的问题，至于战术上该采取何种进攻方法，不在探讨之列。

先说诸葛丞相的北伐。

他北伐的目的在《出师表》中说得很明确，要报答先主刘备的知遇之恩，所以要完成先帝的遗愿，那就是"兴复汉室，还于旧都"，这几乎是兴师北伐的旗帜和宣言，但可以明见的是，这个口号并没有多大的感染力和号召力，东汉的腐败政治已经把百姓害惨了，死得理所当然，干吗还要逆天而行？

细看白帝城托孤的过程，刘备在安排后事的时候，也没有给出要诸葛亮北定中原的指示。诸葛亮在平定南方之后，认为"兵甲已足"，有能力跟国力远远大于蜀国的曹魏较量一番，于是就亲自带兵出征了。

个人观点，北伐的初衷其实还是诸葛亮想实现自己的理想。他在隆中曾有规划，占据了益州和荆州之后，"则命一上将将荆州之军以向宛、洛，将军身率益州之众出于秦川"。此时，上将关羽已经失了荆州，诸葛亮只能孤师出兵祁山。

如果诸葛亮能够成功，蜀陇连成一片，进可攻，退可守，有较大的军事回旋余地。

理想当然很丰满，问题是需要付出多少代价。后世对诸葛亮北伐较少微词的原因是，他除了第一次北伐因为错用马谡在街亭损伤兵马之外，其他几次都是一看形势不好，立即撤军，绝不打消耗战，也基本都能全师而还。最重要的是他还能把天水、南安和安定三座大郡的军民全部迁到汉中，彼消此长，一方面，对魏国实施了坚壁清野；另一方面，也扩充了蜀国国力。

诸葛亮在世，在朝中还是掌握绝对话语权的，尽管有什么荆州派、东州派和益州派等，也都掀不起大的浪花，基本上还都能尽职尽责。彼时的蜀国还能同舟共济，一致对外，再加上诸葛亮本人对于国力非常清楚，也非常谨慎，每次出战时都是抓住时机突然出击，一旦占不到便宜就迅速回撤，对国家的损耗相对有限。

但是到了姜维手里，形势就完全不同了。

他没有那样的权威，要像诸葛丞相那样矢志伐魏则是难上加难。

朝中开始还有尚书令陈祗支持他，但陈祗去世之后，姜维几乎处于孤立无援的境地。后方不宁，何以征伐？这也是他屡次失利的主要原因。

接任诸葛亮执掌朝政的蒋琬倒是同意北伐，不过他更愿意走水路。他大造舟船，想沿汉水、沔水东下，袭击魏国的魏兴、上庸二郡，但朝中官

员大多认为水路出兵倒是容易，只是万一失败则不易回返，算不得上策。后来蒋琬病逝，计划搁浅。

按照诸葛亮临终的安排，费祎接了蒋琬的班，但他对于姜维的北伐有清醒的认知：我们这些人比起丞相来差太远了，丞相都办不到的事，我们行吗？不如保国治民，敬守社稷，休养生息，再等有大才能的人去北伐吧。

据《三国志·姜维传》记载：姜维几次想"兴军大举"，却都被费祎从兵员上锁死了，"与其兵不过万人"，就给你这点人马，你看着办！姜维也只能徒唤奈何。

除了这二位外，蜀中大儒光禄大夫谯周也是一个坚定的反战派，他曾经就北伐的事和陈祗展开激烈的辩论，为此还专门撰写了《仇国论》申述自己的观点。他认为，姜维之举不识时务，"极武黩征""民疲劳而骚扰之兆生，上慢下侮，则瓦解之形起"，话虽然听着逆耳，但蜀国的走势还真被他言中了。

如果只有这些人反对，还能理解，事实上，连诸葛亮的儿子诸葛瞻也不支持北伐，甚至主张夺取姜维的兵权。当时诸葛瞻担任代理都护并任卫将军，与辅国大将军董厥共同执掌尚书台，可以说是在行使丞相的职责。景耀五年（262年），姜维北伐再次败回，诸葛瞻和董厥意见一致，都认为姜维好战无功，致使国内疲弊，他们上表给后主刘禅，要让姜维担任益州刺史。

还不光是这些人，武将当中也有反对者，据《三国志·邓张宗杨传》记载，官至左车骑将军的张翼曾经在朝廷上与姜维发生争执，他认为蜀国"国小民劳，不宜黩武"。

另外，蜀国后期的一位重要将领也不支持姜维。据《汉晋春秋》记载，就在姜维景耀五年那次北伐前，廖化就认为："'兵不戢（jí），必自焚'，伯约之谓也。智不出敌，而力少于寇，用之无厌，何以能立？"他的意思是若频繁用兵，将自食恶果。姜维的智谋并不比敌人强，而蜀军的力量又比对方弱，这样不断兴兵怎能成功？

这些人都是蜀国的重臣，且都与姜维意见相左，得不到他们的支持，当然举步维艰了。难道他们都是贪生怕死之辈，或者都是鼠目寸光吗？当然也不是。

个人认为，姜维后期依然坚持用兵，勉强北伐，已经没有那么多高大的理想和空泛的口号，只是为了证明自己，以争取在朝廷的话语权罢了。

再后来，费祎死在了刺客的刀下。姜维终于挣脱了束缚，能甩开膀子大干一场了，于是又开始大规模北伐，但可惜事与愿违，这次不仅没有占领曹魏的地盘，还徒然损耗国力，最终也成为蜀汉被曹魏消灭的原因之一。

偌大的国家变成了空壳，邓艾只带了几千人就把这个纸糊的灯笼戳破了。

以此来看，劳师远征，在大量损伤国力的前提下，主战派的"以攻为守"可就有点不知所谓了。不进攻敌人也不代表就放下武器睡大觉，一样可以练兵，但强兵的前提还是富国。

再说，吴国不是很少北伐吗？主战派认为不打仗容易使人安逸懈怠，那吴国是不是应该死得更快点？事实是蜀国只延续了四十三年，到263年就玩完了。十七年后，吴国才被晋灭掉。

还有一种说法，蜀国不断北伐是为了平衡派系实力，转移内部矛盾。有人把刘备的集团分成了几派，说他们互相倾轧，可是诸葛亮把自己的嫡系都带出去打仗，送到战场上去消耗，比如马谡就因失误而被他斩了，这

是在帮谁？诸葛亮有那么傻？

✱ 参考书籍

《三国志》《资治通鉴》《蜀记》《汉晋春秋》《华阳国志》

姜维的克星、蜀国的难星，竟是这个放牛娃出身的人

蜀汉自立国开始，一心想恢复汉室江山，诸葛亮六出祁山，鞠躬尽瘁，公元234年在五丈原病逝。

史实并不像小说，有"死诸葛吓退活司马"那样的神话段子，其实当时形势非常凶险，魏延不愿意听从杨仪调遣，领军从别道率先撤退，还把他所走过的阁道都烧毁了。若不是姜维挺身而出，统领自己手下的虎步军断后，击退试图追击的司马懿，蜀汉的大军能不能全须全尾地撤回去就很难说了。

此时的姜维受到诸葛亮的赏识和保荐，已经担任了中监军征西将军。

诸葛亮虽然死了，伐魏的大业却没有中止，姜维继承了他的遗志，屡次兴兵出战，但因为种种不顺，收效甚微。

后来，姜维又想出兵控制陇西以便利用羌胡，被当时的尚书令费祎否掉了。费祎认为：诸葛丞相都不能北定中原，咱们这几下子差得太远了！就别折腾了，不如"保国治民，敬守社稷"为上。所以，他把姜维能指挥的军队始终控制在万人之内，姜维有心无力，只能徒唤奈何。

直到公元253年春，费祎被刺杀身亡，军权才又回到姜维手里。此后连续四年，每年他都率军攻魏，有胜有负，但都没有大的进展。

257年，一个绝佳的机会来到姜维面前。当时，曹魏国内大乱，由于

司马氏专权跋扈，继王凌之叛、毌丘俭文钦之叛后，诸葛亮的族弟征东大将军诸葛诞在寿春再次起兵，意图"清君侧"、保曹氏，他还派出长史吴纲带着儿子诸葛靓到东吴当人质，请求援兵。

东吴国内也磕磕绊绊，孙权的小儿子孙亮刚刚亲政，一向把持朝政的孙綝虽然暴虐，倒也能认识到这是天赐良机，派出文钦、朱异等各率人马浩浩荡荡杀向魏国。

消息传来，时任后将军的姜维也敏锐地做出了判断，迅速调集兵马攻向秦川。

司马昭正亲率二十万大军围攻寿春，与诸葛诞交锋，得知西边烽火又起，三线用兵，确实势若累卵。但司马昭心里并没感到绝望，因为在西线有一个他的老爹司马懿格外器重的大将，此人虽然口吃，但用兵绝不含糊，用他来抵挡姜维，司马昭认为足够了。

这员大将就是放牛娃出身的邓艾。

草根出身的邓艾先是被司马懿慧眼看中，提拔他当了一个小小的尚书郎。邓艾由此一步步积累军功，直至升任为镇西将军、都督陇右诸军事，并被晋封为邓侯。

今非昔比，此时他牧守的是大魏国的西部边疆，肩挑着半壁江山。

姜维率兵数万出骆谷，到达沈岭。当时，魏在长城（今陕西周至南）存着大量军粮，且守军力量薄弱。邓艾料到姜维会袭夺长城，立即和征西将军司马望合军据守。姜维果然率军进至芒水，依山为营。因为不少关中兵都被司马昭调去征讨诸葛诞了，邓艾和司马望手里的兵马捉襟见肘，只能近水筑寨，死守不战。

蜀军多次挑战，邓艾、司马望采取的就是甲鱼战术，即龟缩不出。姜维对此也无良计可施，于是两军长期对峙。

对峙的结果就是时间缓缓流逝。他们能等，但诸葛诞那边等不起了，到次年二月，寿春被攻克，诸葛诞兵败出逃被杀。而在此之前，吴国大军因为将帅不和而屡次受挫，已经灰溜溜地退回江东了。

天赐的机会就这样被耗掉了，姜维收到了诸葛诞败亡的消息，知道大事难成，只能引军悻悻而还。

邓艾只用了一个"拖"字诀就化解了危机，随后，他升任征西将军，食邑六千六百户。

姜维遇到了邓艾，此人简直是他命中的克星。

在此之前（公元249年和公元256年），邓艾已经两次击败了姜维。尤其是256年两军交战于段谷，邓艾料敌准确，又能因机制变，始终掌握着战场主动权。此一战，蜀军受重创，姜维败归后，才自请贬为后将军。

两人的最后一战是在262年，时任大将军的姜维起兵再度伐魏，大军攻入洮（táo）阳。

邓艾认为，姜维劳师远征，战线拉得太长，给养困难，必难持久。于是，他派兵抢占有利地势，在洮阳以东的侯和设阵，以逸待劳。姜维到达后，双方一场激战，魏军势不可挡，蜀军大败，姜维只好退往沓中（今甘肃舟曲西北）。

此后的事情熟悉三国的人都知道，邓艾率军偷渡阴平，攀登小道，凿山开路，修栈架桥，越过七百余里无人烟的绝境。降江油、克绵竹、力斩蜀将诸葛瞻和尚书张遵等人，兵锋所指所向披靡，直抵成都城下。

后主刘禅率领太子、诸王、群臣六十多人绑住自己，抬棺至军营拜见。邓艾手执符节，解开绑缚，焚烧棺材，接受投降。

建此大功的邓艾膨胀了，飘了，傲娇得无法自持。一直跟他很不对付的钟会，此时向司马昭诬告其谋反，说他悖逆不道，已经露出叛乱的苗头。于是司马昭下令收押了邓艾，随后，他和儿子邓忠一起被卫瓘派来的田续所杀。

人是死了，但是邓艾的历史使命已经完成，这个人生来似乎就是专门用来对付蜀国的。他不仅是姜维的克星，甚至还是整个蜀国的难星。

✱ 参考书籍
《三国志》《资治通鉴》《魏氏春秋》《魏晋世语》

诸葛亮的继任者并不差，只是天不佑蜀罢了

蜀国之死因种种

蜀国在三国中是最先被干掉的，从公元221年刘备在成都称帝，到263年被魏国灭掉，国祚仅存四十三年。

一直以来，对于蜀国灭亡的原因有种种说法。

个人认为，蜀国之死，就在一个"战"字上，诸葛亮六出祁山，姜维也十一次北伐，这实在是一个野心勃勃的好战国家。魏国的桓范在《兵要》中就高度总结过："故曰好战者亡，忘战者危，不好不忘，天下之王也。"

也有人说，蜀国在诸葛亮在位的时候，还能勉力维持，但他事无巨细，事必躬亲，然后把自己活活累死了。正如老狐狸司马懿所言："孔明食少事烦，其能久乎？"而且诸葛亮管得太细，别人没有锻炼的机会，所以也没有培养出得力的继承人。宋代的范祖禹就认为："欲以一人之身代百官之所为，则虽圣智亦曰力不足矣。"即使孔明先生有"圣智"，毕竟也不是千手观音，怎么可能把百官的事都干了呢？

个人又认为，这只是一种片面的看法，诸葛亮一代良相，鞠躬尽瘁，无可厚非。他死后，蜀国的能臣并不只有一两个，文有蒋琬、费祎、董允等，都是可以挑起丞相重担的人，武也有姜维等人足以保境安民。

蜀国的灭亡，首先是自己穷兵黩武，把国家打空了。这么死缠烂打的原因说起来也可笑，就因为蜀先主刘备号称是中山靖王刘胜的后人，所以蜀国就一直肩负着"恢复中原"的责任。中山靖王在地下都觉得扛不起这么大的压力，你用这么一个名号建个国家玩玩也就是了，还当真要恢复汉室吗？就凭你全国区区一百万人？

一位全能的外交大臣

于是到蜀国的能臣，今天特别要说一说费祎，如果不是突然被刺客害了性命，以他的施政方针，休养生息、励精图治，再加上蜀国的山川之险，不说一统天下吧，至少分庭抗礼，独霸一方，不会第一个出局。

读过《出师表》的人，相信对费祎这个名字都不陌生："侍中、侍郎郭攸之、费祎、董允等，此皆良实，志虑忠纯……"

能够被诸葛亮另眼相看的人，必然非同等闲。诸葛亮其实很早就发现了费祎是个大才。225年，诸葛亮征讨南中凯旋，朝廷官员在数十里外相迎，诸葛亮对费祎青眼有加，请他上自己的车子同坐同行，"由是众人莫不易观"。从此，大家都对默默无闻的费祎刮目相看。

此后，费祎开始崭露头角，先被任命为昭信校尉，经常出使吴国，每次都不辱使命。

吴主孙权是一个喜欢恶搞的谐星，经常刁难蜀国使者。吴国还有一位天才辩手诸葛恪，也是一个斗嘴的高手。费祎不亢不卑，不落下风，甚至还赢得了孙权的尊重。

据《费祎别传》记载：曾经有一次，孙权和他的一帮手下在宴会上用好酒猛灌费祎。看费祎喝得大醉，这帮家伙就开始套他的话，先问关于蜀国的一些情况，又问他个人的一些看法，这些问题都比较隐秘而敏感。费祎虽然大醉，但能守住底线，也就借醉装醉，绝不随口乱说。回去之后，他回想他们的问题，然后一条条列出来，该说的说，不该说的绝对不说，吴人也挑不出任何毛病。

回国后，他被升职为侍中。

一位通晓军机的大将军

227年，费祎就开始跟随诸葛亮北伐，并担任参军。荀彧初事曹操，也干过这个工作。

230年，费祎转为中护军，中护军曾经专文介绍过，执掌禁军，总统诸将，并且主武官选举，赵云曾经任此要职，由此来看，数年间，他已经迅速成为诸葛亮的左膀右臂。

当时，军中的魏延与杨仪二人矛盾很深，每次都哔哔不休，魏延甚至对杨仪亮过刀，意思是你不怕老子宰了你！杨仪是文官，一时哭得眼泪横飞。费祎每次都坐在二人中间，不断劝导开解。也正是因此，诸葛亮在世时，魏延和杨仪还能各尽所能，这都是费祎居中调解之功。

后来，诸葛亮在五丈原为国尽忠，费祎等人智除魏延，随后又除掉了有不臣之心发表叛国牢骚的杨仪，这些不再细表。

236年，费祎当上了尚书令。据《费祎别传》记载，当时国内正是多事之秋，但费祎确有过人的才能，不仅悟性高超，更能过目不忘。他可以一边听取各种汇报，一边接待宾客，其间还能饮食嬉戏，甚至下几盘棋，但每件大事都会处理得合适妥帖。

后来董允也当了尚书令，他想学习费祎的干法，但十天下来，就发现事情"多所愆滞"，完全乱套，不是办误了，就是办差了。董允不得不

叹道："人和人的差距竟然如此之大！费祎的能力我确实赶不上。我每天忙得像陀螺，哪有闲工夫干点别的！"

238年，费祎升任大将军，成为蜀汉的三军统帅。

244年，魏国大将军曹爽发兵十万，杀气腾腾直奔蜀汉而来，由于兵力不足，汉中形势极为危急。费祎亲自率军从成都驰援，间道直插曹爽后方，抢占了军事要地三岭。魏军腹背受敌，这是回撤的必经之地。经过一番苦战，曹爽所带去的军兵死伤枕藉，作转运之用的牛马也几乎耗尽，曹爽才侥幸逃脱。

从此一战即可看出，由于多年跟随诸葛亮行军参习，费祎已经通晓用兵之道。虽然对手曹爽略显草包，但有费祎等人在，蜀国自保还是绰绰有余的。

一位宽济博爱的治世高才

246年，蒋琬执政12年后病逝，刘禅君臣按照诸葛亮生前的安排，让费祎接班，执掌大权。

前文说到董允觉得自己不如费祎，但费祎也很有自知之明，他认为自己比丞相诸葛亮还是差得很远，所以在执政之后，他改弦更张，要培养国力，休养生息，所以严格控制姜维的北伐欲望，"常裁制不从，与其兵不过万人"，甚至就连魏国发生了高平陵之变，他也不为所动。

"兴复汉室"这个有点虚无主义的政治目标在他任期内渐渐淡化。对于蜀汉的治理，他却展示出了高能的本领。

朝中一应庆赏刑威，都要经过他的手眼，政令通达，井井有条，而且在他任内，董允、杜琼、陈祗等能臣也得到重用。几年下来，"边境无虞，邦家和一"，蜀国一派欣欣向荣的景象。

最难能可贵的是，他身居高位，家不积财，过得非常简朴。据《费祎别传》记载，他的儿子们也都是布衣素食，不坐车，没有侍从，和普通人没什么两样。

他"宽济而博爱"（陈寿语），主政期间与吴国关系最融洽，百姓安居乐业，南中地区的叛乱大大减少……

然而，一个最沉重的然而……天不假年，更准确地说是天不佑蜀，费祎的生命最后定格在253年。

这一切都是因为一名刺客的出现。他叫郭循，官拜左将军。郭循本是一名魏国降将，世代居住在关西一带。在一次交战中，郭循战败被俘，为了活命，他假意投降。

据说郭循原本打算刺杀蜀汉皇帝刘禅（要成功了对蜀汉是利是弊？），但实在是没有机会，所以退而求其次。最终在新年宴会上，郭循对二把手费祎突然出手，费祎根本没有防备，被当场杀害。

费祎死了，一个时代结束了。他强行中止的北伐国策，再次启动。姜维掌握军权，开始不断对曹魏用兵，蜀汉国力大损。

更糟糕的是，"自祎殁后，阉宦秉权"，一直蠢蠢欲动的宦官们走到前台，逐步把持朝政。

建国千辛万难，灭国倒很容易。十年后，刘禅出降，蜀汉亡国。

个人感慨：诸葛身后，蜀国并非无人，刘禅也并非小说中描述得那么愚暗、孱弱，只是历代在推崇诸葛先生的过程中，难免将其越拔越高，甚至到了"状其多智而近妖"的地步。一个极其高大的形象树立起来之后，别人就难免会生活在他的阴影里。蜀汉四相皆有经邦济世之能，以费祎为例，即是德才兼备。今天笔者不过是把他从角落里拉出来，给大家亮个相而已。

✶ 参考书籍

《三国志》《资治通鉴》《汉晋春秋》《费祎别传》《古今谭概》《华阳国志》

力主蜀汉投降，谯周是对是错？刘禅为什么听他的？

公元 263 年，大蜀汉国的最后一个冬天。

魏将邓艾率军越过七百余里无人烟的险绝山域，偷渡阴平之后，突然攻克江油。蜀后主刘禅听信了奸宦黄皓之言，认为敌兵打不过来，甚至都没进行城防调度。哪里想到邓艾长驱直入，兵临成都城下。

惊慌失措的刘禅这才急召群臣商议对策。有说往南跑的，去南中地区坚持打游击！有说往东躲的，先到盟友孙吴的屋檐下暂避一时，以图东山再起。此时有一个人站出来说了一番话，竟然说得大家都沉默了，刘禅最后就是听了他的话，弃国而降的。

此人就是后世被许多人诟病的蜀国投降派代表谯（qiáo）周。

谯周究竟何许人，任什么官？为什么刘禅会听他的？

给刘禅提出"投降为上"高论的时候，谯周当时任职光禄大夫，这个官职虽然位列九卿之下，但在大夫中最为显要，因为负责顾问应对议论，也就相当于皇帝智囊团的团长。

谯周力排众议，他是这么分析的：首先，不能奔吴，自古以来，天无二主，谁听说过寄居到别人的国家当天子的？要入吴，就得自降身段臣伏于下。从现在的形势看，魏将来吞掉吴的可能性很大，要是那样，陛下您就要受两次称臣的耻辱了！其次，往南也不可行，如今兵荒马乱，人心难测，何况南方是少数民族聚居之地，物产稀薄。当年诸葛丞相南征时，也是被兵势所迫，无奈顺从。我们去了，他们必然反叛。更何况现在大敌当前，你动身之后，随时会发生不测之变，陛下恐怕您都走不到南中呢！

这一番话说得群臣无可辩驳，于是大家转而认真考虑如何投降，有人就担心如果邓艾不肯接受投降怎么办？

谯周又振振有词地说了一番邓艾不仅会爽快地接受投降，还得优待俘虏的一大番道理。于是，刘禅下了决心，缚了双手，让臣子们抬着棺材去向邓艾请降了。后来，刘禅的待遇也如谯周所言，当了一个乐天知命的安乐公。

写到这里，恍然有一个疑问，史书记载谯周有口吃的毛病，那为什么说到投降的时候会如此滔滔不绝呢？

细看《三国志》里的《谯周传》，其中说他是"巴西西充国人也"（今四川西充县槐树镇，您可别往南美洲联想），"研精六经，尤善书札，颇晓天文"。作者陈寿是谯周的弟子，应该是为师者尊者讳，不敢写他口吃，只好勉强说他"无造次辩论之才，然潜识内敏"。

晋朝王隐所著的《蜀记》有一则记载："周初见亮，左右皆笑。既出，有司请推笑者，亮曰：'孤尚不能忍，况左右乎！'"这里也没有写明，但是推想一下，一身学究气的谯周只有严重口吃才会让诸葛亮的手下如此失礼吧？谯周走了之后，有人说要制裁一下刚才失笑的人，结果诸葛亮很大度地说，我都忍不住，何况他们呢？

说起来，邓艾也是口吃，想不到蜀汉最后亡在这两个人的手里，也是千年一叹。

邓艾自幼丧父，家境贫寒，当过放牛郎。长大后因为口吃，一直没能

担任要职，直到一个偶然的机会，他遇到了太尉司马懿。司马懿对邓艾的才学大为惊叹，直接聘他当了自己的参谋，后又升他为尚书郎。

《世说新语·言语篇》中有一则记录：邓艾有口吃。每次说话，一提到自己时，他就老是连着几个"艾、艾"，司马昭故意戏弄他："你老是'艾、艾、艾'，究竟有几个'艾'啊？"邓艾回答："所谓'凤兮凤兮'，还是只有一凤而已。"

答得很妙！有一个成语"期期艾艾"，就是邓艾与汉朝口吃名臣周昌联袂打造的。

尽管很有才，这位号称"蜀中孔子"的大儒并没有引起诸葛亮的格外关注。后来诸葛亮领益州牧后，任命谯周为劝学从事，也算人尽其才。这是州里的学官，不大也不小，掌文教，地位略次于总领一州之学政的典学从事，大概相当于今天的省教育厅副厅长。

公元234年，诸葛亮病逝于五丈原，谯周当时正好在家，立即动身前往奔丧。后主刘禅后来下诏禁止大臣前往，因为谯周"奔"得快，是唯一赶到的大臣，所以他给诸葛亮送了终。由此来看，他还是高度认可诸葛丞相的。

随后他就被扶正当了典学从事，因为蜀国也就能管一个益州，他这个州教育厅厅长跟国家教育部长差不多，也算是教育战线的顶级干部。

再后来，他的官职就一路向上，从太子仆到太子家令一直到光禄大夫。

其间，他曾经数次上疏直谏，反对刘禅的享乐主义，还反对蜀汉经常对魏国用兵，力陈北伐之失，为此还专门撰写了《仇国论》。

关于他的业绩就不再啰唆了，现在要讨论的是，他的投降主义到底是对是错？

个人认为，世事原无绝对，主要看你往哪儿站队。从刘氏家族的角度来看，他是软骨头，断送了先主辛辛苦苦打下的江山；从刘禅的角度来看，只要能保我一条命就行，当不当皇帝有什么所谓！但是从民众的角度来看，谯周先生没错！

他是益州本地人，他的出发点是为蜀地民众考虑的。《三国志·卷三十五》注引《默记·述佐篇》记载：刘氏政权连年北伐，蜀汉疲敝至极，"空劳师旅，无岁不征，未能进咫尺之地，开帝王之基，而使国内受其荒残，西土苦其役调"。这个穷兵黩武的小国已经打空了，打废了。

当时局势已经明朗，即使刘氏割据政权再抵抗几年，把蜀地打得白骨遍野，受苦的无非还是老百姓，颠沛流离，十不存一，能有什么好？

说到底，对于蜀地的百姓而言，换皇帝也只是换纳粮对象而已。投降能少死多少人？多少人家的儿子可以扛锄头而不用去扛枪填沟壑？谯周当然有功，有"有全国之功"。老百姓只要能活下去，管你什么曹孙刘！所以，"谯公祠"至今还在享受香火。

谯周并没有借投降邀功之意，司马昭被封晋王之后，把他封为阳城亭侯，这是在蜀国没有的待遇，还给了一个官职是骑都尉，级别并不算高。直到晋武帝司马炎泰始六年（270年）秋，才提拔他当了个散骑常侍，也是个在皇帝左右规谏过失以备顾问的官，和蜀国的光禄大夫性质相当。但此时的谯周已经病重，无法到任，同年冬天他就去世了，享年七十岁。

说到他的死，陈寿在《三国志》里还记录了一件异事。就是在谯周去世前一年，陈寿辞官后与他的老师告别，谯周告诉他："孔子七十二，刘向、扬雄七十一岁去世，我已经年过七十岁，命不久矣，今后恐怕不会再见到你了。"陈寿很感伤，也感到很神奇，不知道谯周为何能预知自己的寿数。

其实，陈寿还是不了解他的这位老师，谯周曾经准确地预言司马昭的死期，连月份都能说对，比这个神奇多了。

刘禅投降后，谯周和部分蜀汉大臣被招往洛阳任职，但是谯周走到汉中就病重得无法前行，只能就地休息将养。有一个叫文立的人从洛阳回蜀，路过汉中，就去看望谯周，他当时用笔在手板上写出了"典午忽兮，月酉没兮"八个字，"典午"暗指司马，"月酉"是指八月。司马昭的事，他不敢明说。到了八月，司马昭果然薨（hōng）了。

如此来看，谯周的传记里所写的"颇晓天文"不是虚言，他"宝道怀真，鉴世盈虚"，可以称得上是一位神算子。那么，他对于刘禅的建议是不是出于对三国最终走势的洞察和研判？

绝技来自家学，他的父亲谯岍（qiān）就是一位通晓诸经和图、纬等术的高人。谯周是一位儒学集大成者，他对《周易》术数研究精深，例如在《三国志·谯周传》里，从传文和注文都能见到他数次引用《周易》爻（yáo）文的记载。

当然，各人有各人的看法，谯周身后两千年来一直骂声不断。从东晋的孙绰、孙盛，到明清的罗贯中、毛宗岗、王夫之等人都骂他卖国，没有气节。其实三国之争，皆非义战，顺应统一大势的谯周并非外族入侵时的带路党，并没有他们骂得那么不堪。再换位思考一下，骂人者如果是蜀国的小百姓，他们的儿孙正守在成都城上，恐怕骂声就没有那么高了。能使蜀国提早结束战争，使更多百姓免于灾祸，这是谯周"贵民重生"的人本思想。

✱ 参考书籍

《三国志》《资治通鉴》《蜀记》《世说新语》《华阳国志》

司马懿率军日行三十里？曹操为何说善于奇袭的夏侯渊不会用兵？

说起曹操的连襟夏侯渊，也算是东汉末年响当当的名将，官至征西将军，封博昌亭侯。

夏侯渊擅长千里奔袭作战，当时曾经有流行说法："典军校尉夏侯渊，三日可行五百里，六日可赴千里。"对于别人这样的夸赞，曹操却并不认可，他认为夏侯渊不过是一勇之夫，原话是这么批评他的，"将当以勇为本，行之以智计；但知任勇，一匹夫敌耳。"意思是为将的，必须有勇有谋才行，你就是跑得快、会耍二杆子，那能打得过几个人呢？

自古以来，用兵的人都说"兵贵神速"，按说夏侯渊也算是用兵的高手了，但是军队运动得快有利有弊，并不像练习武术的人——"天下武功，无坚不破，惟快不破。"古代兵法里还有一句话，"百里而趣利者蹶上将，五十里而趣利者军半至。"意思就是急行军一百里，再与敌人战斗会损失上将军，急行军五十里再与敌人相斗恐怕只有一半士兵能赶到。

那古代行军一天以多少里为宜呢？既不能慢到贻误军机，又不能急行军以致将自己喘得背过气去，那还打什么仗？

要论用兵谨慎稳妥，司马懿这方面的本事连诸葛亮都服，当年魏明帝曹叡派他远征辽东，若从洛阳出发，行程大约三千里，皇帝问司马懿大概几时可以得胜还朝？

司马懿算了算说得一年时间。

那他是怎么算出来的呢？司马懿说："往百日，攻百日，还百日，还有六十天用来休息，所以正好是一年的时间。"

他就是按照古人用兵行军的进度"师行日三十里"来算的。

在乾隆的侍讲学士法式善所著的《陶庐杂录》里就记载了善于奇袭的夏侯渊，但是这种战法只能是"偶用之于二三百里之近"，不然，"百里而走利者蹶上将"，让士兵玩儿命一样跑到战场上，在那个冷兵器的时代，上将军送了命，士兵有几个能活着回来？

当然，到了后来，枪炮越来越发达，赶到战场上不是去拼体力的，而是趴在阵地上扣动扳机，那就是另一回事儿了。

再说夏侯渊，他后来是因为奇袭而被"蹶"了吗？倒也不是，却是死于鲁莽的。

建安二十四年（219年）正月，刘备带兵自阳平渡过沔（miǎn）水，在定军山一带与夏侯渊打得不可开交。刘备率精锐万余人，分十部夜袭张郃。张郃奋战反击，刘备一时不能攻克。

此时，夏侯渊派张郃守卫鹿角东部，亲自率精锐守卫鹿角南部，刘备于是集中兵力猛攻张郃，张郃不敌求援，夏侯渊分兵一半去增援。

想不到刘备又玩了一招避实击虚，他在走马谷放火烧鹿角。夏侯渊不知是计，亲自带人前去救火并修补鹿角，此时，讨虏将军黄忠带兵居高临下发动突袭，正是以其人之道还治其人之身，夏侯渊遂战死。

这就是定军山下一段传奇，成就了老将黄忠盖世英名。

曹操在得知夏侯渊的死讯后感叹道："夏侯渊本来并不是会用兵的人，身为督帅就不应该亲自作战，更何况还是去修补什么劳什子鹿角！"

参考书籍

《三国志》《魏略》《陶庐杂录》《太平御览》

想不到刘备和诸葛亮都有这么血性刚烈的孙子！

近来笔者读《十八史略》第三卷时，发现两个了不起的人物，以前没太注意，这次看见却由衷敬服并为他们深深叹息！

"捐身酬烈祖，搔首泣穹苍。"

蜀主刘备的孙子，被封为北地王的刘谌（chén），是后主刘禅的第五个儿子，他自幼聪明，英敏过人，但可惜生不逢时。

263年秋，曹魏权臣司马昭命大将钟会、邓艾率军分路伐蜀。钟会与蜀汉大将军姜维对峙于剑阁，劳而无功，准备撤军。邓艾却率兵偷渡阴平，越过七百里艰险的无人区，突然袭占江油、绵竹，并斩杀蜀军大将诸葛瞻，随后率领数千魏军进逼成都。

魏军兵临城下，蜀国君臣乱成一锅粥，一向懦弱的刘禅根本没有誓死决战的决心，只想接受光禄大夫谯周的建议向邓艾投降。

谯周此人，是为蜀国掘墓的专业户，明明君主还在位，国家还可以战，他就到处散播谣言动摇人心，似乎处心积虑，唯恐蜀国不亡。明末大儒王夫之很厌恶地评价他："人知冯道之恶，而不知谯周之为尤恶也。"

再说处在生死存亡关头的刘禅，一身软骨头的他想不到却生了一个有铮铮铁骨的儿子刘谌。这孩子知道他想投降，极力劝谏："老爹呀！蜀国现在还完全有能力与魏军周旋，即使是战死了，也能毫无愧色地到地下去见先帝，怎能不战而降，把大好的江山社稷拱手送人呢？"

刘谌的原话是这样的："若理穷力屈，祸败必及，便当父子君臣背城一战，同死社稷，以见先帝可也，奈何降乎？"

遗憾的是，儿子一番慷慨激昂的陈词并没有说动怕死的老爹，他还找了一个冠冕堂皇的借口——"诸王不得干政"，命人将儿子轰了出去，然后派张飞之子张绍等人为使者，携带降表、玉玺向邓艾正式投降。

刘备君臣当年历尽千辛万苦建立起来的基业，就这样被几千魏兵轻易地摧毁了。

"是日，北地王谌伤国之亡，先杀妻子，次以自杀。"见《三国志·卷三十三》。

悲愤的刘谌亲手杀死子嗣后，前往刘备当初称帝时所建的昭烈庙中哭告，随后与崔氏等两位妃子在庙中自杀殉国。

后世根据这个感人故事改编出一部名为《哭祖庙》的戏剧，大意为魏军攻蜀，蜀后主刘禅不听儿子北地王刘谌的劝谏，决意降魏。刘谌怒而回宫，其妻崔氏听后，伏剑殉国。刘谌斩杀三子，继而赴"祖庙"哭祭，对先帝灵位倾诉一番衷肠之后自刎而死。

现代人在叹息之余，心里也有不平，你北地王自杀殉国可以，为什么要白白搭上妻子、儿子的性命？手段是不是有些过于残忍了？

其实魏国人做得也确实过分，宋末元初诗人陈世崇说："北平王谌哭于昭烈庙，先杀妻子乃自杀。魏以蜀宫人赐将士，李昭仪不辱自杀。禅不特愧于将士，亦且愧于妇人矣。"

堂堂大魏国对于刘禅的侮辱，是把他的妃子、宫人都变成奖品赏给了有功将士，其中有一位姓李的昭仪由于不堪忍受屈辱而自杀，刘禅这样的

窝囊君主不单对不起列祖列宗，对不起浴血奋战的将士，也对不起他的女人们。

所以，举家殉国以全名节的刘谌就得到了后世文人们的高度评价。宋元之际史学家胡三省认为："庸禅有子如此乎？"平庸的刘禅竟然能有这样的儿子吗？明末文学批评家毛宗岗说："独至后汉之亡，而刘禅虽懦，幸有北地王之能死，为汉朝生色。"《三国演义》作者罗贯中有诗云：

"君臣甘屈膝，一子独悲伤。

去矣西川事，雄哉北地王。

捐身酬烈祖，搔首泣穹苍。

凛凛人如在，谁云汉已亡。"

这样的英烈在老百姓的心目中也是"人如在"的，在四川成都武侯祠中，刘备殿里有一座刘谌雕像，下方檀木上刻其生平，以纪念宁死不降的北地王。连崔夫人也受到后人的敬仰，魏国占领成都后，当地百姓为保护刘备宗庙，改为广生宫道观。康熙五十年（1711年），广生宫道观被重新修缮，更名为古娘娘庙，以祭祀崔夫人，至今仍存。

刘备有刘谌这样一个让他很欣慰的孙子，而诸葛亮在地下见到先主的时候，也应该毫无愧色，因为他也有让人叹服的儿孙，尤其是他的孙子诸葛尚。前文中曾写道邓艾攻克绵竹，斩杀诸葛瞻。诸葛瞻是诸葛亮的亲生儿子（原来曾经过继了一个），而诸葛尚正是诸葛瞻的儿子，所以在前文的叙述中藏了一个重要史实，所谓上阵父子兵，在诸葛瞻战死之后，儿子诸葛尚死得也极其壮烈。

诸葛尚少有大志，博览兵书，武艺精强。公元263年，十九岁的他跟随父亲诸葛瞻迎战魏军于绵竹。身为蜀汉先锋，他两番冲锋陷阵，勇创敌军，曾独自奋力杀退邓忠、师纂二将。

《三国志·诸葛亮传》记载，邓艾还曾经派人诱降诸葛瞻，在信中许诺说："若降者必表为琅邪王。"结果诸葛瞻一怒之下，竟然斩了来使。两军展开决战，诸葛瞻不幸中了敌人的埋伏，身陷绝境，自刎而亡，时年三十七岁。"瞻长子尚，与瞻俱没。"

《三国志》中只轻描淡写地写了一句，没有把诸葛尚的英雄气概写出来，而在《十八史略》中的记载略详细，正在血战的诸葛尚看到父亲自杀殉国，说了一句千载之后依然气壮山河的话："'父子荷国重恩，不早斩黄皓，使败国殄民，用生何为！'策马冒陈（阵）而死。"此节《华阳国志》亦有记载。

意为："国家有大恩于我父子，可恨不能早日斩杀黄皓，让国家受辱人民遭殃，那我活着还有什么意义！"于是诸葛尚策马冲入魏军阵中力战而死。

个人理解，从诸葛尚的这句话判断，即使不降魏军，他也有机会突围而出，是可以像他爷爷当年一样"苟全性命于乱世"的，但是他没有退缩，"将军只合阵前死，何惧马革裹尸还！"

这样的英雄，正像电视连续剧《三国演义》片尾曲中所唱："人间一股英雄气在驰骋纵横"，千载之后，依然凛凛有威。

现在在全国各地的武侯祠中，诸葛亮端坐在大殿正中，左右两侧通常会各供奉他的儿子诸葛瞻和孙子诸葛尚的塑像。

史书记载，诸葛亮"鞠躬尽瘁，死而后已"的时候，诸葛瞻才八岁。他遗传了父母的优秀基因，记忆力超强，既可以盘马弯弓，也可以吟诗作赋。

他从低级军官做起，一路升职到他父亲曾担任的军师将军，后来官至卫将军，一度执掌蜀国朝政。

这对英勇的父子战死沙场之后，看官可能会有担心，诸葛亮还有后人吗？

有。诸葛瞻去世的时候，他的次子诸葛京当时还很小，所以幸存了下来。晋朝一统天下，诸葛京被迁居到中原一带，长大后被征召为官吏，出任过关中地区眉县的县令，很有政绩。

说起来，历史简直是在跟人开玩笑，诸葛亮曾多次想攻打眉县，都未能如愿。他的孙子诸葛京却成了这里的地方长官，后来，还继续升迁，官至江州刺史。

目前，在山东临沂和浙江兰溪各有姓诸葛的族群，他们的家谱中均记载着与诸葛亮、诸葛瑾的渊源。从明代起，兰溪一带的诸葛族人主要以经营中医药业为主，据说这是秉承了"不为良相、便为良医"的祖训，后来形成"兰溪药帮"，曾盛极一时。

对于这一对父子，明末清初的文学批评家毛宗岗的评价是："诸葛瞻父子受命于大事既去之后，而能以一死报社稷。君子曰：武侯于是乎不死。盖战死绵竹之心，亦秋风五丈原之心也。使当日甘心降魏以图苟全，则于'鞠躬尽瘁，死而后已'之家训，不其有愧乎？故瞻、尚亡则武侯存。"诸葛亮有后人为国难而慷慨赴死，武侯之风骨万世流芳。

罗贯中也有诗赞曰：

"苍天有意绝炎刘，汉室江山至此休。

诸葛子孙皆效死，成都卿相尽添愁。"

参考书籍

《十八史略》《华阳国志》《三国志》《资治通鉴》《三国演义》

人才济济的蜀国为什么死得最快？用数据说话

后汉三分天下，人说曹操得天时，孙权得地利，刘备得人和。当初刘备帐下文有卧龙凤雏，武有五虎大将，能攻善守，本是可以逐鹿中原，问一问汉鼎的轻重。可惜蜀汉其兴也速，其亡也忽，国祚仅有四十三年，到他儿子阿斗公手里，这个国家就稀里哗啦地倒下了。

个人认为，蜀国就是死在一个"战"字上，自古好战者必亡。这句话并不是说要蜀国偏安一隅，而是言明其国力薄弱，根本禁不起再三折腾。

先是从皇叔变成皇帝的刘备发动攻吴战争，在夷陵大败而归。旧恨未了，又添新仇，刘备顺便把自己也气死了。这且不说，关键是关羽大意失荆州已经折损了蜀国一臂，而被火烧连营的刘皇帝更是葬送了数万精锐，一时间元气大伤。

说到底，战争拼的是军费。而军费从哪里来，从老百姓的赋税里来，老百姓的基数越大，才能供应越多的军费。但蜀国偏偏是人少志气大，一心想要横行天下。

据《通典·食货七》记载："当三国鼎峙之时，天下通计户百四十七万三千四百三十三，口七百六十七万二千八百八十一。"也就是说，当时三国的总人口数才不到800万人。其中，按263年的统计，蜀国有1 082 000人；魏国有4 432 881人；按280年的统计，吴国有2 562 000人。

当然，这些数据不尽准确，因为部曲、奴仆、山越、蛮夷无法统计在内。不过这个数据也反映了当时各政府能够实际控制的大致人口数量。

可以看出，三国之间差距很大，蜀吴两口加起来也没有魏国人多，联盟都不一定能自保，还要主动掐架？而魏国确实地广人多，家大业大，这也是它赤壁之战惨败之后能迅速恢复战力的原因。

蜀汉占益州与荆州的四分之一。因为人口少，刘备在领有益州之后，多次迁民到成都平原。诸葛亮第一次北伐失败后，也迁陇西居民以实汉中。

尽管如此，蜀国也只有区区一百多万人口，如何能支撑连年的征战？

诸葛亮有著名的"六出祁山"，实际上史书记载的是出师北伐共五次，还有一次是魏军进攻汉中，不能算诸葛亮主动出击，后世却笼统地说成"六出祁山"。这六次都是成规模的战争，但有几次诸葛亮都是有心杀贼，无粮下肚，因为军需供给跟不上，粮尽，不得不往回撤。

这样也就明白了诸葛亮为什么要屯田，有种地的功夫让士兵加强训练不是更好吗？这道理难道诸葛亮自己不知道？主要是因为四次北伐所耗军费太多，加上司马懿的龟守战术，蜀国拖不起了。于是在第五次北伐的时候，诸葛亮打算与魏军长期对峙，不得不在五丈原屯田。后方粮食紧张哦，实属没有办法的事。

另外，诸葛亮兵出祁山，进据陇右，还有一个重要的原因是他想招揽将才，补充兵源。

再说姜维，这位诸葛亮的徒弟还真是听师父的话，《三国演义》里写他发动九次北伐，其实还写少了。正史上记载，姜维一共进行了十一次北伐。总计一下，师徒二人共打了十七次，国家再有钱也得打个精光。后来姜维也不得不带着军队在沓中（今甘肃舟曲）种麦，一方面，为了避祸；

另一方面，军粮肯定是接济不上了。

故，诸葛亮在《出师表》中所说"兵甲已足"是虚，"益州疲敝"倒是实情。要不，刘备也不用下令铸造"直百五铢"和"太平百钱"来对老百姓的财富进行巧取豪夺了。当初蜀国通用的货币是汉朝五铢钱，刘备铸的一枚钱可以兑换一百枚汉五铢。这种强制废掉汉五铢的做法，无异于敲骨吸髓。

如此来看，蜀汉的经济状况确实极不乐观，那后方究竟"疲敝"到什么程度了呢？

只有一百万人口的国家，官吏竟达四万多人，常规军队更在十五万以上。平均每二十七名百姓就得养一个官，并负担近五个士兵。民众要供养如此庞大的国家机器，而且青壮年都得从军，那后方生产第一线的，大多为妇孺老幼。这次第，怎一个"疲"字了得？

可怜的老百姓勒紧裤腰带过日子，再紧点就勒断腰了。沉重的赋税、兵役、徭役把老百姓逼得铤而走险，以至民变不断。

《三国志·蜀书·张嶷传》记载："建兴五年，丞相亮北住汉中，广汉、绵竹山贼张慕等抄盗军资，劫掠吏民。"

《三国志·蜀书·吕乂传》记载："丞相诸葛亮连年出军，调发诸郡，多不相救，乂募取兵五千人诣亮，慰喻检制，无逃窜者。……又亮卒之后，士伍亡命，更相重冒，奸巧非一。乂到官，为之防禁，开喻劝导，数年之中，漏脱自出者万余口。"

这些史料所披露的细节说明，诸葛亮在世时，并非国泰民安。他数次北伐，就连南夷边远之地，赋税都沉重难负，蜀汉各地难以完成征兵任务，士兵逃亡现象时有发生。而诸葛亮死后，军队里甚至出现了大规模的逃兵潮。

所以说，蜀汉的亡国原因就在此一个"战"字，穷兵黩武，竭泽而渔。实际上，在阿斗投降之前，政治、军事、经济等各种因素已经注定他的政权离灭亡只是时间问题了。最后，魏国证明了这一点，邓艾仅带了区区几千士兵就把这个纸糊的空架子国家推倒了。

后世在总结蜀汉亡国的原因时说黄皓专权，打压异己，祸国殃民，这也算是一个原因吧。但国运衰则万物凋敝，妖孽滋生，所以笔者不认为这是主要原因，就像商朝亡国怨妲己一样，李代桃僵罢了。

说到底，在蜀汉政权后期，阿斗基本上是坐困愁城的，他投降与其说是因为软弱，不如说是厌倦了战争。所谓"兴复汉室"，说好听点是一个幌子，说难听点那就是妄想。他宁愿去当太平的安乐公，也不想再穷折腾了。

✳ 参考书籍

《三国志》《通典》《华阳国志》《三国演义》